Juristische Fall-Lösungen

Hilgendorf
Fälle zum Strafrecht I

Fälle zum Strafrecht I

Klausurenkurs für Anfänger

von

Dr. Dr. Eric Hilgendorf

o. Professor an der Universität Würzburg

4., neu bearbeitete Auflage, 2020

C.H.BECK

Zitiervorschlag: *Hilgendorf* StrafR KK I Fall ... Rn. ...

Übersetzung ins Chinesische von Dr. Huang Xiaoyan,
erschienen 2019 bei Peking University Press

www.beck.de

ISBN 978 3 406 73755 8

Wilhelmstraße 9, 80801 München
Druck und Bindung: Druckhaus Nomos
In den Lissen 12, 76547 Sinzheim

Satz: Druckerei C.H. Beck Nördlingen
Umschlaggestaltung: Martina Busch, Grafikdesign, Homburg Saar

CO_2 neutral
chbeck.de/nachhaltig

Gedruckt auf säurefreiem, alterungsbeständigem Papier
(hergestellt aus chlorfrei gebleichtem Zellstoff)

Vorwort

Für die 4. Auflage wurde die Fallsammlung vollständig durchgesehen und aktualisiert. Dabei haben mich *Clara Grieger, Anna Lohmann* und *Paul Vogel* unterstützt, wofür ich ihnen auch an dieser Stelle noch einmal herzlich danken möchte.

Konstruktive Kritik ist wie immer willkommen! Sie ist zu richten an *Hilgendorf@jura.uni-wuerzburg.de.*

Würzburg, im April 2020 *Eric Hilgendorf*

Aus dem Vorwort zur 1. Auflage (2011)

Der vorliegende Band enthält strafrechtliche Anfängerklausuren, vor allem aus dem Allgemeinen Teil. [...] Er geht zurück auf meine Fallsammlung zum Strafrecht, die erstmals 1993 als Heft 117 der JuS-Schriftenreihe erschienen ist [...].

Es gibt inzwischen zahlreiche gute strafrechtliche Fallsammlungen. Der hier vorgelegte Klausurenkurs Strafrecht zeichnet sich dadurch aus, dass in drei Bänden, beginnend mit Anfängerklausuren über Klausuren für Fortgeschrittene bis hin zu Examensklausuren, der Versuch unternommen wird, Klausuren ansteigenden Schwierigkeitsgrads anzubieten, die den Studierenden vom ersten Semester bis zum ersten Staatsexamen und darüber hinaus begleiten können. [...]

Inhaltsverzeichnis

Abkürzungsverzeichnis IX
Literaturverzeichnis XI

Teil 1. Hinweise zur Bearbeitung strafrechtlicher Fälle

A. Die Arbeit des Juristen: Der Fall und seine rechtliche Beurteilung 1

B. Fallbearbeitung als Klausurlösung 3
I. Der Gutachtenstil 3
II. Der Meinungsstreit 5
III. Aufbau und strafrechtliche Besonderheiten 7

Teil 2. Fälle

Fall 1. Zum Einstieg
Totschlag – Körperverletzung – Gutachtenstil – Aufbau der Falllösung 9

Fall 2. Schwere Hiebe
Körperverletzung – Versuch – Notwehr – Schuldunfähigkeit 13

Fall 3. Der Anschlag auf den Professor
Totschlag – Körperverletzung – Sachbeschädigung – Gefährdung des Straßenverkehrs – Versuch – Fahrlässigkeit – Vorsatz 19

Fall 4. AIDS
Totschlag – Körperverletzung – Vorsatz – Fahrlässigkeit 26

Fall 5. Ein Toter zu viel
Mord – Totschlag – Anstiftung – Fahrlässigkeit – error in persona .. 35

Fall 6. Hundeelend
Totschlag – Körperverletzung – Sachbeschädigung – Fahrlässigkeit – atypischer Kausalverlauf – objektive Zurechnung 44

Fall 7. Die Selbstschussanlage
Totschlag – Körperverletzung – Versuch – Fahrlässigkeit – Einwilligung – Notwehr – Notstand – Erlaubnistatbestandsirrtum 53

Fall 8. Randale im Wirtshaus
Totschlag – Körperverletzung – Notwehr – Notwehrexzess 62

Fall 9. Das schwache Herz
Totschlag – fahrlässige Tötung – Sachbeschädigung – Körperverletzung – Handlung – objektive Zurechnung 70

Fall 10. Die Nebenbuhlerin
Mord – Totschlag – Körperverletzung – (bedingter) Vorsatz – dolus generalis – Abweichungen im Kausalverlauf 77

Fall 11. Die Zankhähne
Körperverletzung – Sachbeschädigung – Notwehr – Notwehrprovokation – Notstand 86

Fall 12. Der Denkzettel
Mord – Körperverletzung – unterlassene Hilfeleistung – Sachbeschädigung – Hausfriedensbruch – Versuch – Rücktritt 101

Fall 13. Prügeltipps
Totschlag – Körperverletzung – Versuch – Täterschaft und Teilnahme – Anstiftung – Beihilfe – objektive Zurechnung 111

Fall 14. Der Boxkampf
Körperverletzung – Beteiligung an einer Schlägerei – Beleidigung – Nötigung – Versuch – Einwilligung – Notwehrprovokation 122

Fall 15. Der Erbschleicher
Mord – Körperverletzung – Versuch – Rücktritt – Anstiftung – Tatbestandsverschiebung – Einwilligung – Erlaubnisirrtum 136

Fall 16. Schlechte Erziehung
Körperverletzung – Körperverletzung mit Todesfolge – Misshandlung Schutzbefohlener – Unterlassen – erfolgsqualifiziertes Delikt – Verbotsirrtum – Täterschaft und Teilnahme 150

Fall 17. Rache ist süß
Körperverletzung – unterlassene Hilfeleistung – Unterlassen – Versuch – Fahrlässigkeit – mittelbare Täterschaft – versuchte Anstiftung – (Teilnehmer-)Vorsatz – Irrtum beim Anstifter 162

Anhang 1: Aufbauschemata 177

Anhang 2: Wichtige Definitionen 185

Stichwortverzeichnis 189

Abkürzungsverzeichnis

a.A.	andere(r) Ansicht
abl.	ablehnend
Abs.	Absatz
AG	Amtsgericht
AIDS	Acquired Immune Deficiency Syndrome
Alt.	Alternative
Anh.	Anhang
Anm.	Anmerkung
Art.	Artikel
AT	Allgemeiner Teil
Aufl.	Auflage
BayObLG	Bayerisches Oberstes Landesgericht
Bd.	Band
BGB	Bürgerliches Gesetzbuch
BGH	Bundesgerichtshof
BGHSt	Entscheidungen des Bundesgerichtshofes in Strafsachen (Sammlung)
BSG	Bundessozialgericht
BT	Besonderer Teil
Buchst.	Buchstabe
BVerfG	Bundesverfassungsgericht
BVerfGE	Entscheidungen des Bundesverfassungsgerichts (Sammlung)
bzgl.	bezüglich
bzw.	beziehungsweise
ders.	derselbe
d.h.	das heißt
ebd.	ebenda
EMRK	Europäische Menschenrechtskonvention
EUR	Euro
f.	folgende
ff.	fortfolgende
FS	Festschrift
GA	Goltdammer's Archiv für Strafrecht
GG	Grundgesetz für die Bundesrepublik Deutschland
GS	Großer Senat
h.A.	herrschende Ansicht
HIV	Humanes Immundefizienz-Virus
h.L.	herrschende Lehre
h.M.	herrschende Meinung
Hrsg.	Herausgeber

i.e.S.	im engeren Sinne
i.S.	im Sinne
i.S.d.	im Sinne der/des
i.S.v.	im Sinne von
i.V.m.	in Verbindung mit
JA	Juristische Arbeitsblätter (Zeitschrift)
JR	Juristische Rundschau (Zeitschrift)
Jura	Juristische Ausbildung (Zeitschrift)
JuS	Juristische Schulung (Zeitschrift)
JZ	Juristenzeitung
KG	Kammergericht
krit.	kritisch
lat.	lateinisch
m.Anm.	mit Anmerkung
MDR	Monatsschrift für Deutsches Recht
m.w.N.	mit weiteren Nachweisen
NJW	Neue Juristische Wochenschrift
Nr.	Nummer
NStZ	Neue Zeitschrift für Strafrecht
NStZ-RR	NStZ-Rechtsprechungs-Report Strafrecht
OLG	Oberlandesgericht
Pkw	Personenkraftwagen
RGSt	Entscheidungen des Reichsgerichts in Strafsachen (Sammlung)
Rn.	Randnummer
Rspr.	Rechtsprechung
S.	Seite
sog.	sogenannt
StGB	Strafgesetzbuch
st.Rspr.	ständige Rechtsprechung
StV	Strafverteidiger (Zeitschrift)
StVO	Straßenverkehrs-Ordnung
v.	vom; von
Var.	Variante
vgl.	vergleiche
WaffG	Waffengesetz
z.B.	zum Beispiel
ZJS	Zeitschrift für das Juristische Studium
ZKJ	Zeitschrift für Kindschaftsrecht und Jugendhilfe
ZStW	Zeitschrift für die gesamte Strafrechtswissenschaft
zust.	zustimmend

Literaturverzeichnis

Arzt/Weber/Heinrich/ Hilgendorf	*Arzt/Weber/Heinrich/Hilgendorf,* Strafrecht Besonderer Teil, 3. Aufl. 2015
Baumann/Weber/Mitsch/ Eisele	*Baumann/Weber/Mitsch/Eisele,* Strafrecht Allgemeiner Teil, 12. Aufl. 2016
Fischer	*Fischer,* Strafgesetzbuch, Kommentar, 67. Aufl. 2020
Freund/Rostalski	*Freund/Rostalski,* Strafrecht Allgemeiner Teil – Personale Straftatlehre, 3. Aufl. 2019
Gropp	*Gropp,* Strafrecht Allgemeiner Teil, 4. Aufl. 2015
Haft AT	*Haft,* Strafrecht Allgemeiner Teil, 9. Aufl. 2004
Haft BT II	*Haft,* Strafrecht Besonderer Teil II, 8. Aufl. 2005
Heinrich	*Heinrich,* Strafrecht Allgemeiner Teil, 6. Aufl. 2019
Hilgendorf/Valerius AT	*Hilgendorf/Valerius,* Strafrecht Allgemeiner Teil, 2. Aufl. 2015
Hilgendorf/Valerius BT II	*Hilgendorf/Valerius,* Strafrecht Besonderer Teil II, 2017
Hillenkamp/Cornelius	*Hillenkamp/Cornelius,* 32 Probleme aus dem Strafrecht Allgemeiner Teil, 15. Aufl. 2017
Jäger	*Jäger,* Examens-Repetitorium Strafrecht Allgemeiner Teil, 9. Aufl. 2019
Jescheck/Weigend	*Jescheck/Weigend,* Lehrbuch des Strafrechts, Allgemeiner Teil, 5. Aufl. 1996
Joerden	*Joerden,* Logik im Recht – Grundlagen und Anwendungsbeispiele, 3. Aufl. 2018
Kindhäuser/Böse BT II	*Kindhäuser/Böse,* Strafrecht Besonderer Teil II, 10. Aufl. 2018
Kindhäuser/Hilgendorf	*Kindhäuser/Hilgendorf,* Strafgesetzbuch, Lehr- und Praxiskommentar, 8. Aufl. 2020
Kindhäuser/Zimmermann AT	*Kindhäuser/Zimmermann,* Strafrecht Allgemeiner Teil, 9. Aufl. 2019
Kühl	*Kühl,* Strafrecht Allgemeiner Teil, 8. Aufl. 2017
Lackner/Kühl/*Bearbeiter*	*Lackner/Kühl,* Strafgesetzbuch, Kommentar, 29. Aufl. 2018
LK/*Bearbeiter*	*Laufhütte/Rissing-van Saan/Tiedemann,* Leipziger Kommentar Strafgesetzbuch, 12. Aufl. 2006ff.
Maurach/Gössel/Zipf	*Maurach/Gössel/Zipf,* Strafrecht Allgemeiner Teil, Teilbd. 2, 8. Aufl. 2014
Maurach/Schroeder/ Maiwald/Hoyer/Momsen	*Maurach/Schroeder/Maiwald/Hoyer/Momsen,* Strafrecht Besonderer Teil, Teilbd. 1, 11. Aufl. 2019

MünchKommStGB/ *Bearbeiter*	*Joecks/Miebach*, Münchener Kommentar zum Strafgesetzbuch, 3. Aufl. 2016ff.
NK/*Bearbeiter*	*Kindhäuser/Neumann/Paeffgen*, Strafgesetzbuch, Kommentar, 5. Aufl. 2017
Otto AT	*Otto*, Grundkurs Strafrecht – Allgemeine Strafrechtslehre, 7. Aufl. 2004
Otto/Bosch BT	*Otto*, Grundkurs Strafrecht – Die einzelnen Delikte, 8. Aufl. 2011
Rengier BT I	*Rengier*, Strafrecht Besonderer Teil I – Vermögensdelikte, 21. Aufl. 2019
Rengier BT II	*Rengier*, Strafrecht Besonderer Teil II – Delikte gegen die Person und die Allgemeinheit, 20. Aufl. 2019
Roxin/Greco AT I	*Roxin/Greco*, Strafrecht Allgemeiner Teil, Bd. I, 5. Aufl. 2020
Roxin AT II	*Roxin*, Strafrecht Allgemeiner Teil, Bd. II, 2003
Rüping/Jerouschek	*Rüping/Jerouschek*, Grundriss der Strafrechtsgeschichte, 6. Aufl. 2011
Schönke/Schröder/ *Bearbeiter*	*Schönke/Schröder*, Strafgesetzbuch, Kommentar, 30. Aufl. 2019
SK/*Bearbeiter*	*Wolter*, Systematischer Kommentar zum Strafgesetzbuch, 9. Aufl. 2017
Stratenwerth/Kuhlen	*Stratenwerth/Kuhlen*, Strafrecht Allgemeiner Teil, 6. Aufl. 2011
Valerius	*Valerius*, Einführung in den Gutachtenstil, 4. Aufl. 2017
Welzel	*Welzel*, Das deutsche Strafrecht, 11. Aufl. 1969
Wessels/Beulke/Satzger AT	*Wessels/Beulke/Satzger*, Strafrecht Allgemeiner Teil, 49. Aufl. 2019
Wessels/Hettinger/ Engländer BT 1	*Wessels/Hettinger/Engländer*, Strafrecht Besonderer Teil 1, 43. Aufl. 2019
Wessels/Hillenkamp/ Schuhr BT 2	*Wessels/Hillenkamp/Schuhr*, Strafrecht Besonderer Teil 2, 42. Aufl. 2019
Zieschang	*Zieschang*, Strafrecht Allgemeiner Teil, 5. Aufl. 2017
Zippelius	*Zippelius*, Juristische Methodenlehre, 11. Aufl. 2012

Teil 1. Hinweise zur Bearbeitung strafrechtlicher Fälle

Spätestens wenn im juristischen Studium die ersten Leistungsnachweise zu erbringen und Prüfungen zu bestehen sind, müssen sich die zukünftige Juristin und der zukünftige Jurist auf eine wesentliche Neuerung gegenüber der Schulzeit einstellen: die Eigenarten juristischer Klausuren und des juristischen Arbeitens überhaupt. Hier haben sich in langer Zeit Formen und Konventionen entwickelt, die man kennen und beherrschen muss, um im Studium und dann später im Beruf erfolgreich zu sein. Im Folgenden sollen dazu einige einführende Überlegungen angestellt werden. 1

A. Die Arbeit des Juristen: Der Fall und seine rechtliche Beurteilung

Was wird von einem studierten und examinierten Juristen im Beruf erwartet? Das auswendige Hersagen des gesamten Strafgesetzbuches oder der letzten 20 Bände der Entscheidungssammlung des Bundesgerichtshofes in Strafsachen zählt jedenfalls nicht dazu. Anders als in älteren Rechtssystemen, etwa dem angelsächsischen Case-law-System, gehört in unserer Rechtsordnung die Fähigkeit zum Auswendiglernen von Fallentscheidungen und sonstigen juristischen Texten nicht zu den wesentlichen Voraussetzungen eines Jurastudiums. Die zentrale Aufgabe und Fertigkeit des Juristen ist es vielmehr, Lebenssachverhalte rechtlich zu analysieren und zutreffend zu beurteilen. Was ist darunter genau zu verstehen? Dazu folgender **Beispielsfall:** 2

Marius (M) wirft das Handy der Friederike (F) aus dem Fenster des juristischen Seminars. Das Gerät zerbricht beim Auftreffen auf der Straße in seine Einzelteile. Handelt es sich um eine Sachbeschädigung (§ 303 StGB)?

Dieser kurze Text beschreibt einen Lebens-*Sachverhalt:* Es handelt sich um einen konkreten Vorgang im Bereich der sinnlich erfassbaren Welt. Vom Juristen will man nun wissen, zu welchen Rechtsfolgen die (juristische) Beurteilung des Sachverhalts führt. Häufig interessieren dabei nur einzelne der vielfältigen Rechtsfolgen. In unserem Beispiel ist es die Frage, ob M sich wegen Sachbeschädigung strafbar gemacht hat (man könnte stattdessen beispielsweise nach zivilrechtlichen Schadensersatzansprüchen oder nach einer öffentlich-rechtlichen Pflicht, die Straße von den Trümmern zu reinigen, fragen). Um zu einer rechtlichen Beurteilung eines konkreten Sachverhaltes zu gelangen, arbeitet der Jurist regelmäßig mit allgemein formulierten Regeln (Normen), die von der Rechtsordnung vorgegeben sind. Solche rechtlichen Regeln bestehen dabei typischerweise aus einer abstrahierten Sachverhaltsbeschreibung, dem sog. *Tatbestand,* und einer dafür angeordneten *Rechtsfolge.* 3

Beispiel zu § 303 Abs. 1 StGB: Wer rechtswidrig eine fremde Sache beschädigt oder zerstört (Tatbestand), wird mit Freiheitsstrafe bis zu zwei Jahren oder mit Geldstrafe bestraft (Rechtsfolge).

Der Tatbestand ist dabei so formuliert, dass er eine unbestimmte Vielzahl von Fällen erfasst. Darin unterscheidet er sich vom Sachverhalt, der ein einzelnes, konkretes Ereignis wiedergibt (unabhängig davon, ob es real stattgefunden hat oder fiktional ist). Nachdem eine möglicherweise auf den Sachverhalt passende Rechtsnorm 4 gefunden ist, ist im nächsten, wesentlichen Schritt zu klären, ob ihre tatbestandlichen Voraussetzungen gegeben sind und damit die vorgesehene Rechtsfolge gesetzlich angeordnet wird. Fraglich ist hier, ob M eine fremde Sache beschädigt oder zerstört hat. Das Handy müsste erst einmal eine *Sache* sein. Dies zu thematisieren mag dem Nicht-Juristen haarspalterisch, ja lächerlich erscheinen, wenn man nur den unproblematischen Normalfall betrachtet. Was ist aber beispielsweise zu sagen, wenn M lediglich eine Computerdatei gelöscht hätte? Daher hat die Rechtswissenschaft für das Tatbestandsmerkmal „Sache" (ebenso wie auch für viele andere Tatbestandsmerkmale) eine *Definition* entwickelt:

Eine Sache ist jeder körperliche Gegenstand.

5 Das Handy ist ein körperlicher Gegenstand.[1] Damit ist es eine Sache i.S.d. § 303 Abs. 1 StGB. Die Feststellung, dass der Lebenssachverhalt unter die allgemeine, gegebenenfalls durch eine Definition näher bestimmte Beschreibung des Tatbestandes passt, nennt man *Subsumtion.* Man *subsumiert* den Sachverhalt unter ein Tatbestandsmerkmal.

6 Weiter mit dem nächsten Merkmal: Das Handy müsste laut § 303 Abs. 1 StGB auch eine *fremde* Sache sein.

Fremd ist eine Sache, die im (zumindest Mit-)Eigentum eines anderen steht.

7 Das Handy gehörte der F. Damit war es für M fremd. Die Intuition aus dem Alltagsleben besagt, dass angesichts des Totalschadens am Mobiltelefon hinsichtlich der Handlung wohl die Alternative „zerstört" weiter zu untersuchen wäre.

Zerstört ist eine Sache, wenn ihre Existenz vernichtet oder so wesentlich beschädigt ist, dass ihre bestimmungsgemäße Brauchbarkeit völlig aufgehoben ist.

8 Das Handy ist in seine Einzelteile zerfallen. Es ist damit so wesentlich beschädigt, dass es als Kommunikationsgerät nicht mehr gebraucht werden kann. Damit wurde es zerstört. Nun ist festgestellt, dass M eine fremde Sache zerstört hat, der Tatbestand ist damit erfüllt. Als Folge ordnet das Gesetz an, dass M (unter der Voraussetzung des Vorliegens weiterer Erfordernisse, vor allem der Rechtswidrigkeit und der Schuldhaftigkeit seines Handelns) mit Freiheitsstrafe bis zu zwei Jahren oder Geldstrafe zu bestrafen ist.

9 Mit dieser Feststellung sind wir zu einer (straf-)rechtlichen Beurteilung des Sachverhalts gekommen: Es liegt eine Sachbeschädigung nach § 303 StGB vor. Die Voraussetzungen des Tatbestandes sind gegeben – anders ausgedrückt: der Sachverhalt kann unter die Norm subsumiert werden. Somit lässt sich feststellen, dass die von der Rechtsnorm vorgeschriebene Rechtsfolge (auch) in dem konkreten Fall eintritt.

10 Die rechtliche Beurteilung erfolgt in Form eines logischen Schlusses, des sog. Justizsyllogismus.[2] Dieser besteht aus Obersatz, Untersatz und Schlusssatz. Den Obersatz bildet das Gesetz, das schematisiert anordnet: „Wenn Tatbestand T, dann Rechtsfolge R". Der Untersatz stellt die Übereinstimmung von Sachverhalt und Tatbestand fest: „Sachverhalt S ist subsumierbar unter Tatbestand T." Der Schlusssatz beinhal-

[1] Um eine naheliegende Frage vorwegzunehmen: Es gibt auch nichtkörperliche Gegenstände – namentlich vor allem Rechte, wie beispielsweise ein Pfandrecht (§§ 1204ff. BGB) oder ein Schadensersatzanspruch.

[2] Näheres mit Vertiefung der logischen Hintergründe bei *Joerden* S. 295ff.

tet die abschließende Feststellung „Bei Sachverhalt S tritt die Rechtsfolge R ein." Durch die Aufteilung eines Tatbestandes in einzelne Merkmale und deren Definition kommt es zu einer mitunter recht komplexen Schachtelung solcher Schlüsse.

An dem Beispiel sollte die gedankliche Grundstruktur einer Fallbearbeitung vorgestellt werden. Etwas ganz Wesentliches ist dabei jedoch noch unbeachtet geblieben: Wie ist dieser Vorgang samt seines Ergebnisses in sprachlicher Form darzustellen? Dies ist besonders im Hinblick auf die Anforderungen in Prüfungen jeglicher Art relevant. **11**

B. Fallbearbeitung als Klausurlösung

I. Der Gutachtenstil

Ein unvermeidliches Schlagwort aus der Einführungsliteratur ins juristische Studium wie wohl auch der meisten Anfängerveranstaltungen, die Falllösungstechnik vermitteln wollen, ist der sog. Gutachtenstil.[3] Dieser sei bei der Anfertigung von Klausurlösungen anzuwenden. Im Gegensatz dazu stehe der Urteilsstil, der allenfalls bei unproblematischen Elementen der Lösung zur Anwendung komme. Was hat es damit auf sich? **12**

Um diese Frage zu beantworten, sei nochmals auf die Struktur der juristischen Bewältigung von Sachverhalten hingewiesen: vom „Justizsyllogismus" aus Obersatz, Untersatz und Schlusssatz ist eben schon die Rede gewesen. Mit seiner Hilfe wird aus einer Rechtsnorm und der Beschreibung des infrage stehenden Sachverhalts eine Rechtsfolge abgeleitet. Wie bereits angedeutet, bedarf dieser Vorgang, der die Verknüpfung von Sachverhalt und Rechtsfolge abbildet, einer angemessenen sprachlichen Darstellung, um ihn nachvollziehbar zu machen. Dies kann in verschiedener Art und Weise geschehen: So kann zum einen die Grundstruktur Obersatz – Untersatz – Schlusssatz beibehalten werden. Das Ergebnis steht am Ende, die Begründung wird zuvor entwickelt. Diese der sprachlichen Darstellung nach zunächst ergebnisoffene Variante nennt man gemeinhin Gutachtenstil. **13**

Beispiel: A hat das Examenszeugnis der B verbrannt.
A hat sich wegen Sachbeschädigung strafbar gemacht, wenn er eine fremde Sache beschädigt oder zerstört hat (Obersatz, gibt § 303 Abs. 1 StGB wieder). Das Examenszeugnis war eine fremde Sache. A hat sie durch das Verbrennen zerstört (Untersatz/Subsumtion). Indem er das Zeugnis verbrannt hat, hat A sich deshalb wegen Sachbeschädigung strafbar gemacht (Schlusssatz).

Im Gegensatz hierzu steht der sog. Urteilsstil. Hier steht, wie bei einem Gerichtsurteil, der Ausspruch des Ergebnisses am Anfang und die Begründung wird gewissermaßen nachgereicht. **14**

A hat sich wegen Sachbeschädigung strafbar gemacht (Schlusssatz). Er hat eine fremde Sache beschädigt oder zerstört und damit § 303 Abs. 1 StGB verwirklicht (Obersatz). Das Examenszeugnis war eine fremde Sache. Er hat sie durch das Verbrennen zerstört (Untersatz/Subsumtion).

Sowohl im Gutachten- als auch im Urteilsstil kommt es bei einer praktischen Fallbearbeitung zu einer vielfachen Untergliederung und Verschachtelung. Der Obersatz kann je nach Problemgehalt in einzelne Merkmale zerlegt werden, sodass für **15**

---

[3] Zur Vertiefung vgl. das Buch von *Valerius* zum Gutachtenstil.

jedes davon wieder ein neuer Schluss entsteht. Damit findet die Subsumtion in mehreren Schritten statt; der Untersatz ist gewissermaßen mehrgliedrig.

Beispiel: A hat das Examenszeugnis der B verbrannt.
A hat sich wegen Sachbeschädigung strafbar gemacht, wenn er eine fremde Sache beschädigt oder zerstört hat (Obersatz). Das Examenszeugnis müsste zunächst eine Sache gewesen sein. Eine Sache ist jeder körperliche Gegenstand (Definition). Das Examenszeugnis ist ein körperlicher Gegenstand. Das Examenszeugnis war also eine Sache (Subsumtion). Die Sache müsste außerdem fremd gewesen sein. Fremd ist [...] (nächstes Merkmal). Indem er das Zeugnis verbrannt hat, hat A sich wegen Sachbeschädigung strafbar gemacht (Schlusssatz).

16 In der juristischen Ausbildung bis zum Ersten Staatsexamen, also während des ganzen Studiums, werden von Ihnen regelmäßig Falllösungen im Gutachtenstil verlangt. Häufig geht das bereits aus dem Bearbeitervermerk hervor (z. B. „In einem Gutachten, das auf alle aufgeworfenen Rechtsfragen eingeht, ist die Strafbarkeit des A zu prüfen.“). Wer nach einem solchen Hinweis nicht den Gutachtenstil, sondern etwa den Urteilsstil verwendet, hat sich über eine wesentliche „Spielregel“ der Bearbeitung hinweggesetzt, was keine allzu wohlwollende Bewertung nach sich ziehen wird.

17 Zu beachten ist allerdings, dass innerhalb einer juristischen Falllösung ein Bedürfnis besteht, bestimmte Zusammenhänge, die jedem sofort einleuchten, knapper darzustellen als hochproblematische Abschnitte. Die Setzung richtiger Schwerpunkte in einer Bearbeitung ist eine bedeutende intellektuelle Leistung und spielt auch bei der Bewertung von Prüfungsleistungen eine erhebliche Rolle. Deshalb ist es oft angebracht, zur Darstellung unproblematischer Zusammenhänge einen verkürzten Gutachtenstil – bis hin zur bloßen Feststellung – zu verwenden. Insofern werden strafrechtliche Klausuren gewissermaßen in einem „gemischten“ Stil verfasst, der flexibel darauf abzustimmen ist, inwieweit ein zu prüfendes Merkmal problematisch ist.[4]

Beispiel: A hat das Examenszeugnis der B verbrannt.
A müsste eine fremde Sache beschädigt oder zerstört haben. Eine Sache ist jeder körperliche Gegenstand. Fremd ist eine Sache, die im (Mit-)Eigentum eines anderen steht. Das Examenszeugnis gehörte der B und war ein körperlicher Gegenstand. Damit war es eine fremde Sache. A hat das Zeugnis verbrannt. Fraglich ist, ob es damit „zerstört“ i. S. v. § 303 Abs. 1 StGB wurde. Zerstört ist eine Sache, wenn ihre Existenz vernichtet oder die Sache so wesentlich beschädigt ist, dass ihre bestimmungsgemäße Brauchbarkeit völlig aufgehoben ist. Durch das Verbrennen wurde die Existenz des Zeugnisses vernichtet. Damit hat A das Zeugnis zerstört. Im Ergebnis ist also festzuhalten, dass A eine fremde Sache zerstört und sich dadurch nach § 303 Abs. 1 StGB strafbar gemacht hat (Beispiel für ausführlichen Gutachtenstil).
A hat das Examenszeugnis, einen körperlichen Gegenstand, der im Eigentum eines anderen stand, verbrannt und damit zerstört, sodass er sich nach § 303 Abs. 1 StGB strafbar gemacht hat (Beispiel für verkürzten Gutachtenstil).
A hat eine fremde Sache zerstört und damit § 303 Abs. 1 StGB erfüllt (Beispiel für eine bloße Feststellung).

18 Über die bloße Feststellung ist nicht viel zu sagen: Das Ergebnis wird begründungslos präsentiert, in der Erwartung, der Leser empfinde es samt Herleitung als derart selbstverständlich, dass nähere Ausführungen unnütz wirken würden. Der hier sog. verkürzte Gutachtenstil dagegen verzichtet zwar auf den Obersatz, liefert vor dem Ergebnis jedoch eine kurze Begründung mit eventuellem zumindest angedeuteten Eingehen auf einzelne Tatbestandsmerkmale und Definitionen. Dazu ein weiteres Beispiel:

[4] Der Maßstab ist dabei durchaus dynamisch. Am Anfang des Studiums wird man eher breite Ausführungen zu grundlegenden Dingen erwarten – anderes dafür noch überhaupt nicht.

Beispiel: A gibt der B eine Ohrfeige.
Indem A mit der flachen Hand in das Gesicht der B schlug, hat er sie durch eine *üble und unangemessene Behandlung, die das körperliche Wohlbefinden mehr als nur unerheblich beeinträchtigte,*[5] körperlich misshandelt. Er ist nach § 223 Abs. 1 StGB wegen Körperverletzung strafbar.

Gegenüber der bloßen Feststellung hat diese Darstellungsweise den Vorteil, ihren 19
Urheber nicht dem Vorwurf auszusetzen, völlig unbegründete Ergebnisse in den Raum zu stellen. Vielmehr wird der Subsumtionsvorgang, wenn auch verkürzt, abgebildet, sodass das Ergebnis überprüft werden kann. Wesentlich ist, dass das Ergebnis am Schluss steht und damit die Grundausrichtung eines Gutachtens gewahrt bleibt. Häufig wird gerade in Anfängerveranstaltungen geraten, Unproblematisches im „Urteilsstil" zu behandeln. Dies ist nicht falsch, wenn man unter „Urteilsstil" eine knappe, sich auf das Ergebnis konzentrierende Darstellungsweise versteht. Nicht empfehlenswert wäre es jedoch, wie im richterlichen Urteil die Begründung erst nach der Darstellung des Ergebnisses folgen zu lassen.

Beispiel: A ist nach § 223 Abs. 1 StGB wegen Körperverletzung strafbar. In dem Schlag mit der flachen Hand in das Gesicht der B liegt eine üble und unangemessene Behandlung, die das körperliche Wohlbefinden der B mehr als nur unerheblich beeinträchtigte.

Welche der drei Darstellungsformen Sie wählen sollten, hängt von einer Vielzahl 20
von Faktoren ab. Hat man Ihnen in der Arbeitsgemeinschaft des ersten Semesters gerade ausführlich den Tatbestand der Körperverletzung erläutert, so wird man in einer Klausur wahrscheinlich nähere Ausführungen – und damit eine ausführlichere Darstellung im Gutachtenstil – von Ihnen erwarten, wenn „A die B mit der flachen Hand kräftig ins Gesicht schlägt". Sehen Sie sich hingegen einer Examensklausur gegenüber, die eine Vielzahl weiterer und weit schwerere Probleme beinhaltet, sind nicht mehr als zwei bis drei Sätze zu diesem (für fortgeschrittene Studierende sehr einfachen) Teil des Sachverhalts zu verlieren. Feste Richtlinien wird man kaum aufstellen können. Die Frage der richtigen Gewichtung und Ausführlichkeit ist nur durch in langer Klausurpraxis erworbene Erfahrung zu beantworten. Eine vielleicht hilfreiche Faustregel lautet: Wenn Sie glauben, dass ein Problem für manche Studierende Ihres Semesters noch eine Herausforderung darstellt, sollten sie es ausführlicher prüfen, sonst nicht.

II. Der Meinungsstreit

Eine juristische Besonderheit ist bisher noch unerwähnt geblieben: Die Darstellung 21
unterschiedlicher Ansichten zu Rechtsfragen im Gutachten. Nicht jede Definition eines Tatbestandsmerkmals, nicht jede Einordnung einer tatsächlich-rechtlichen Konstellation aus systematischer Perspektive ist derart unbestritten wie die soeben beispielhaft genannte Definition der körperlichen Misshandlung.

Allerdings sollte der Begriff „Meinungsstreit" nicht zu der Annahme verleiten, es 22
käme in der Darstellung maßgeblich auf die Benennung der entsprechenden Protagonisten an. Die Angabe solcher Begleitdaten ist grundsätzlich verzichtbar, für die Qualität einer Arbeit ist die inhaltliche Darstellung verschiedener denkbarer Positionen wichtiger. Grundsätzlich ist also, wenn man sich nicht gänzlich sicher ist und die entsprechenden Positionen geradezu zum juristischen Allgemeingut gehö-

5 So die Standarddefinition der körperlichen Misshandlung. Sie wird Ihnen im Laufe Ihres Studiums noch oft begegnen.

ren, die Formulierung „eine Ansicht meint", „eine andere Ansicht meint", Darstellungen wie „der BGH sagt" oder „Professor Mustermann vertritt" vorzuziehen.

23 Ein Tatbestandsmerkmal ist regelmäßig dann zu problematisieren, wenn es in der Auslegung nicht völlig eindeutig (und damit regelmäßig in der juristischen Literatur umstritten) ist. Es sind zunächst die verschiedenen Ansätze darzustellen. Dann sollte direkt die Anwendung auf den konkreten Fall vorgenommen werden. Unter Umständen stellt sich nämlich heraus, dass sich keine Unterschiede in der Falllösung ergeben, sodass es auf den Meinungsstreit gar nicht ankommt. Die Entscheidung kann dann offen bleiben.

Beispiel: A will B töten. Dazu hat er auf einer belebten Einkaufsstraße eine Bombe in einem Papierkorb deponiert, die er fernzünden möchte, wenn B auf dem Heimweg (wie jeden Tag) dort vorbeikommt. So geschieht es. B stirbt, und nur durch Zufall wird sonst niemand verletzt oder getötet.
Ein Totschlag (§ 212 StGB) liegt vor. Fraglich ist, ob A den B mit gemeingefährlichen Mitteln (§ 211 Abs. 2 StGB) getötet hat. Gemeingefährlich ist ein Tatmittel, wenn sein Einsatz geeignet ist, über das Opfer hinaus eine Mehrzahl unbeteiligter Dritter zu gefährden, weil der Täter die Wirkungsweise des Tatmittels in der konkreten Situation nicht kontrollieren kann. Umstritten ist, ob schon eine Gefährdung der körperlichen Unversehrtheit ausreicht, oder ob eine Gefährdung des Lebens erforderlich ist. Hier war die Bombe geeignet, auch das Leben unbeteiligter Passanten zu gefährden. Daher kann die Frage, ob eine Eignung zur Lebensgefährdung erforderlich ist, dahinstehen. […]

24 Ergibt sich jedoch eine unterschiedliche Lösung, je nachdem welcher Ansicht gefolgt wird, so müssen Argumente für die verschiedenen Ansichten vorgebracht werden, und schließlich muss man sich für eine Lösung entscheiden.

Beispiel: A stößt B in einen Stacheldrahtverhau. Dieser zieht sich dabei einige Schnittverletzungen zu.
[…] Es ist zu prüfen, ob A ein gefährliches Werkzeug (§ 224 Abs. 1 Nr. 2 Alt. 2 StGB) verwendet hat […]. Dies ist jeder Gegenstand, der nach seiner objektiven Beschaffenheit und der konkreten Art der Verwendung geeignet ist, erhebliche Verletzungen herbeizuführen. Fraglich ist, ob auch unbewegliche Gegenstände von § 224 Abs. 1 Nr. 2 Alt. 2 StGB erfasst sind oder nur bewegliche. Der Stacheldrahtverhau ist mit dem Boden fest verbunden, somit kein beweglicher Gegenstand. Damit wäre nach erster Ansicht der Tatbestand erfüllt, nach letzterer nicht. Dafür, auch unbewegliche Gegenstände als gefährliches Werkzeug anzusehen, spricht, dass deren Gefährlichkeit für das Opfer prinzipiell nicht geringer ist als die beweglicher Werkzeuge. Andererseits überdehnt diese Sichtweise den Sprachgebrauch des Alltags, der nur bewegliche Gegenstände als Werkzeuge betrachtet und Grenze der Auslegung sein muss. Damit sind nur bewegliche Gegenstände als gefährliche Werkzeuge anzusehen. § 224 Abs. 1 Nr. 2 Alt. 2 StGB ist vorliegend nicht verwirklicht […].[6]

25 In juristischen Begründungen wird häufig auf die „herrschende Meinung" Bezug genommen. Es handelt sich dabei um solche Ansichten, die in Meinungsstreitigkeiten klar überwiegen, etwa weil sich die Rechtsprechung (z. B. der BGH) für sie entschieden hat. Die Figur der „herrschenden Meinung" („h. M.") ist vielen Nicht-Juristen suspekt; früher wurde sie oft als die „Meinung der Herrschenden" ironisiert. Man sollte jedoch nicht übersehen, dass der Bezug auf eine „h. M." in erheblichem Umfang die juristische Argumentation entlastet. Es ist einfach nicht möglich, bei der Falllösung juristische Meinungsstreitigkeiten immer wieder von Grund auf neu aufzurollen. Stattdessen kann man sich auf die „überwiegende Meinung" stützen und in den Fußnoten Hinweise für eine nähere Beschäftigung mit dem Thema geben.

[6] So die Lösung nach h. M., vgl. etwa *Fischer* § 224 StGB Rn. 9; *Wessels/Hettinger/Engländer* BT I Rn. 236.

III. Aufbau und strafrechtliche Besonderheiten

Im Strafrecht ist der Aufbau der einzelnen Delikte mit der Dreigliederung in (1.) Tatbestandsmäßigkeit, (2.) Rechtswidrigkeit und (3.) Schuld nach heute weithin herrschender Auffassung vorgegeben und sollte im eigenen Interesse in der Klausur auch so durchgeführt werden. Weitere Konventionen sind, die schwersten Delikte zuerst zu prüfen sowie bei mehreren Beteiligten mit dem Tatnächsten zu beginnen. Dann ist nämlich später bei anderen Beteiligten die Frage nach dem Vorliegen einer rechtswidrigen Haupttat für § 26 bzw. § 27 StGB oder einer zurechenbaren Tathandlung bei § 25 Abs. 2 StGB schon geklärt. **26**

Nicht zuletzt aus Respekt vor der Unschuldsvermutung und dem Grundsatz „in dubio pro reo" (im Zweifel für den Angeklagten) gilt die Konvention, im Strafrecht bei Verneinung eines Tatbestandsmerkmals keinesfalls hilfsgutachtlich weiterzuprüfen. Fehlt also in der Prüfung der Strafbarkeit ein Tatbestandsmerkmal, so ist die Prüfung abzubrechen und festzustellen, dass eine Strafbarkeit nach dieser Vorschrift nicht gegeben ist. **27**

Für strafrechtliche Klausuren ist es von ausschlaggebender Bedeutung, richtige Schwerpunkte zu setzen, da die Aufgaben in der zur Verfügung stehenden Zeit oft nur schwer zu bewältigen sind. Zu einer guten Bearbeitung gehört auch eine sinnvolle Aufteilung des Geschehens in Tatkomplexe, die das Gutachten im Hinblick auf den Sachverhalt strukturieren. Nicht zuletzt diese Fertigkeiten lassen sich schwer theoretisch vermitteln, sind jedoch durch Klausurpraxis zu erwerben. **28**

In der juristischen Argumentation kommt es im Kern darauf an, für einen gegebenen Fall eine rechtliche Lösung zu erarbeiten, die mit dem Gesetz und den Regeln der juristischen Argumentation, also insbesondere den vier „kanonischen" Auslegungsregeln (1.) nach dem Wortlaut, (2.) nach der Systematik, (3.) nach der Gesetzesgeschichte und (4.) nach dem Sinn des Gesetzes in Einklang stehen.[7] Sehr häufig ist nicht nur eine einzige Lösung aus dem Gesetz herleitbar; vielmehr lassen sich mehrere unterschiedliche Lösungen vertreten. Deshalb sind „Vertretbarkeit" und Überzeugungskraft die Gesichtspunkte, die eine gute Falllösung von einer schlechten unterscheiden. Welche Lösung die überzeugendste ist, darüber kann man oft mit guten Gründen unterschiedlicher Meinung sein. Betrachten Sie die Lösungen in diesem Buch also ruhig selbstbewusst und kritisch als das, was sie sind: Vorschläge. Viel Erfolg! **29**

---

[7] *Zippelius* § 8.

Teil 2. Fälle

Fall 1. Zum Einstieg

Schwierigkeitsgrad: sehr leicht

Sachverhalt

A stößt dem B einen Dolch ins Herz. B stirbt.

Hat sich A nach § 212 und § 223 StGB strafbar gemacht?

Gliederung

Rn.

I. Totschlag (§ 212 Abs. 1 StGB) ... 1
1. Tatbestand ... 2
a) Objektiver Tatbestand ... 2
b) Subjektiver Tatbestand ... 4
2. Rechtswidrigkeit ... 6
3. Schuld ... 7
4. Ergebnis ... 8

II. Körperverletzung (§ 223 Abs. 1 StGB) ... 9
1. Tatbestand ... 10
a) Objektiver Tatbestand ... 10
b) Subjektiver Tatbestand ... 11
2. Rechtswidrigkeit ... 12
3. Schuld ... 13
4. Ergebnis ... 14

III. Gesamtergebnis, Konkurrenzen ... 15

Lösung

Hinweis: Bei der Lösung eines strafrechtlichen Falles müssen Sie zunächst den Sachverhalt sorgfältig lesen. Jedes Detail kann rechtlich von Bedeutung sein. Danach sollten Sie feststellen, was überhaupt gefragt ist. In unserem Einstiegsfall geht es lediglich um die Strafbarkeit von A. Die Strafbarkeit von Toten ist in aller Regel nicht zu untersuchen. A könnte sich also strafbar gemacht haben – aber wie? Das Gesetzlichkeitsprinzip, das in Art. 103 Abs. 2 GG und § 1 StGB festgelegt ist, besagt, dass eine Tat nur bestraft werden kann, wenn die Strafbarkeit gesetzlich bestimmt ist. Für die Lösung des Falles bedeutet dies, dass Sie im Gesetz Straftatbestände suchen müssen, die ein im Sachverhalt beschriebenes Verhalten des A unter Strafe stellen. A hat das Leben des B beendet, sodass der Tatbestand des Totschlags (§ 212 Abs. 1 StGB) infrage kommt. Zu denken ist aber auch an eine Körperverletzung (§ 223 Abs. 1 StGB). Hier nimmt gerade auch die Fragestellung im Aufgabentext Einfluss auf die Lösung des Bearbeiters: Ausführungen zu § 211 StGB (Mord), § 224 StGB (gefährliche Körperverletzung) und § 227 StGB (Körperverletzung mit Todesfolge) sind nicht gefragt.

I. Totschlag (§ 212 Abs. 1 StGB)

1 Indem er dem B den Dolch ins Herz stieß, könnte sich A nach § 212 Abs. 1 StGB strafbar gemacht haben.

Hinweis: Nach dem Einleitungssatz, der (im „Gutachtenstil") das untersuchte tatsächliche Verhalten und die dadurch möglicherweise verletzte Strafnorm nennt, werden die Voraussetzungen der Strafbarkeit diskutiert. Es geht um die Frage, ob die einzelnen Tatbestandsmerkmale der angesprochenen Strafrechtsnorm vorliegen. Für unseren Fall heißt das:

1. Tatbestand

a) Objektiver Tatbestand

2 Dazu müsste A einen anderen Menschen getötet haben. Unter Töten ist das Herbeiführen des Todes zu verstehen.

Hinweis: Diese Aussage mag banal erscheinen. Sie stellt jedoch den ersten Schritt der Prüfung eines Tatbestandes dar: die Auslegung (oder auch Interpretation). Es geht darum, möglichst genau zu bestimmen, was mit dem Text des Gesetzes gemeint ist. Daran schließt sich der nächste Schritt an: die Subsumtion. Hier geht es darum, festzustellen, ob einzelne Angaben des Sachverhaltes unter die durch Auslegung gefundenen Merkmale des gesetzlichen Tatbestandes passen (d. h. sich subsumieren lassen).

3 B ist gestorben. Damit ist der tatbestandliche Erfolg, nämlich der Tod eines anderen Menschen, eingetreten. Dieser müsste jedoch auch kausal auf eine Handlung des A zurückzuführen sein. Kausal i. S. d. Strafrechts ist jede Bedingung, die nicht hinweggedacht werden kann, ohne dass der Erfolg in seiner konkreten Gestalt entfiele (notwendige Bedingung oder conditio sine qua non). Denkt man den Dolchstoß in das Herz des B hinweg, wäre dieser nicht gestorben. Damit war die Handlung des A kausal für den Tod des B. Der objektive Tatbestand ist verwirklicht.

Hinweis: Nach der Prüfung des sog. objektiven Tatbestandes, d. h. der Frage, ob die Merkmale des Tatbestandes „in der äußeren Wirklichkeit" erfüllt sind, gilt es festzustellen, ob auch der subjektive („innerpsychische") Tatbestand gegeben ist.

b) Subjektiver Tatbestand

Hinweis: Beim vorsätzlichen Delikt beinhaltet der subjektive Tatbestand zunächst den Vorsatz, der verkürzt als „Wissen und Wollen der Tatbestandsverwirklichung" beschrieben wird. Das Vorsatzerfordernis ergibt sich aus § 15 StGB.

4 A müsste auch vorsätzlich gehandelt haben (§ 15 StGB). Vorsatz ist das Wissen und Wollen der Tatbestandsverwirklichung.[1]

Hinweis: Denken Sie daran, die Gesetze, unter die Sie subsumieren, zu zitieren (hier ist das z. B. § 15 StGB). Die Zitierung soll möglichst exakt erfolgen. Es ist also nicht nur die Vorschrift mit dem einschlägigen Absatz zu nennen, sondern gegebenenfalls auch der relevante Satz oder die verwirklichte Tatbestandsvariante.

5 A wusste, dass ein Dolchstoß in das Herz eines anderen Menschen (B) zu dessen Tod führen würde. Er wollte den B auch töten. Damit handelte er vorsätzlich.

---

[1] *Wessels/Beulke/Satzger* AT Rn. 316; *Zieschang* S. 39.

Hinweis: Halten Sie sich bei der Subsumtion eng an die Vorgaben des Sachverhalts. Was nicht im Sachverhalt angegeben ist, darf auch nicht hineininterpretiert werden. Schwierig mag am Anfang erscheinen, dass explizite Angaben zu den inneren Vorstellungen des Täters häufig fehlen. Hier wäre es in Ermangelung anderer Angaben völlig lebensfremd, anzunehmen, A habe ohne Vorsatz gehandelt. Es ist also von vorsätzlichem Handeln auszugehen.

2. Rechtswidrigkeit

Rechtfertigungsgründe sind nicht ersichtlich. Damit handelte A rechtswidrig. **6**

3. Schuld

A handelte auch schuldhaft. **7**

4. Ergebnis

A ist strafbar wegen Totschlags nach § 212 Abs. 1 StGB. **8**

II. Körperverletzung (§ 223 Abs. 1 StGB)

A könnte sich auch nach § 223 Abs. 1 StGB wegen Körperverletzung strafbar gemacht haben, indem er den Dolch in das Herz des B stieß. **9**

1. Tatbestand

a) Objektiver Tatbestand

Dazu müsste er B körperlich misshandelt oder an der Gesundheit geschädigt haben. **10** Körperliche Misshandlung (§ 223 Abs. 1 Alt. 1 StGB) ist jede üble, unangemessene Behandlung, die das körperliche Wohlbefinden des Opfers mehr als nur unerheblich beeinträchtigt.[2] Der Stich mit dem Dolch war eine üble und unangemessene Behandlung, die auch das körperliche Wohlbefinden mehr als nur unerheblich beeinträchtigte. A hat B körperlich misshandelt. Gesundheitsschädigung (§ 223 Abs. 1 Alt. 2 StGB) ist jedes Hervorrufen eines vom körperlichen Normalzustand negativ abweichenden pathologischen Zustandes.[3] Eine Stichwaffe wie ein Dolch ruft am Körper des Opfers Verletzungen von Haut, Muskeln und inneren Organen hervor, versetzt also den Körper des Opfers in einen krankhaften, vom normalen abweichenden Zustand. Damit hat A den B auch an der Gesundheit geschädigt.

b) Subjektiver Tatbestand

A müsste auch Vorsatz bzgl. der Körperverletzung gehabt haben. Er wollte den B **11** jedenfalls töten. Nach der früher vertretenen Gegensatztheorie sind Körperverletzungs- und Tötungsvorsatz nicht miteinander vereinbar und schließen sich aus.[4] Nach der heute herrschenden Einheitstheorie wird der Körperverletzungsvorsatz vom Tötungsvorsatz mit umfasst.[5] Dies ist sachlich überzeugender, da eine Tötung nicht ohne Beeinträchtigung der körperlichen Unversehrtheit (als notwendiges Durchgangsstadium) denkbar ist. A hat also vorsätzlich gehandelt.

---

2 *Wessels/Hettinger/Engländer* BT I Rn. 216; vertiefend *Arzt/Weber/Heinrich/Hilgendorf* § 6 Rn. 21 ff.
3 *Wessels/Hettinger/Engländer* BT I Rn. 219.
4 Vgl. RGSt 61, 375, 376.
5 Vgl. BGHSt 16, 122; 21, 265.

2. Rechtswidrigkeit

12 A hat rechtswidrig gehandelt.

3. Schuld

13 A hat auch schuldhaft gehandelt.

4. Ergebnis

14 A hat sich nach § 223 Abs. 1 StGB wegen Körperverletzung strafbar gemacht. Nach § 230 Abs. 1 Satz 1 StGB bedarf es zur Verfolgung noch eines Strafantrags.

III. Gesamtergebnis, Konkurrenzen

15 A ist strafbar nach § 212 Abs. 1 StGB. Die durch die gleiche Handlung begangene Körperverletzung (§ 223 Abs. 1 StGB) tritt dahinter im Wege der Subsidiarität zurück.

Fall 2. Schwere Hiebe

Schwierigkeitsgrad: leicht

Sachverhalt

A greift B an. Nachdem er ihn schon mehrfach mit Körperschlägen getroffen hat, holt er aus, um B mit aller Kraft am Kopf zu treffen. Doch B gelingt es, den Schlag abzuwehren und A zu Boden zu werfen. A bricht sich dabei einen Arm. Später stellt sich heraus, dass A infolge einer Geisteskrankheit nicht in der Lage war, das Unrecht seines Tuns einzusehen.

Strafbarkeit von A und B?

Gliederung

Rn.

I. Strafbarkeit des A 1
1. Körperverletzung durch die Körperschläge (§ 223 Abs. 1 StGB) 1
a) Tatbestand 2
aa) Objektiver Tatbestand 2
bb) Subjektiver Tatbestand 4
b) Rechtswidrigkeit 5
c) Schuld 6
d) Ergebnis 7
2. Gefährliche Körperverletzung durch den Kopfschlag (§ 224 Abs. 1 Nr. 5 StGB) 8
3. Versuchte gefährliche Körperverletzung (§§ 223 Abs. 1, 224 Abs. 1 Nr. 5, Abs. 2, 22, 23 Abs. 1 StGB) 9
a) Vorprüfung 10
b) Tatentschluss 11
c) Unmittelbares Ansetzen 12
d) Rechtswidrigkeit 13
e) Schuld 14
f) Ergebnis 15

II. Strafbarkeit des B 16
1. Körperverletzung (§ 223 Abs. 1 StGB) 16
a) Tatbestand 17
aa) Objektiver Tatbestand 17
bb) Subjektiver Tatbestand 18
b) Rechtswidrigkeit 19
Problem: Ist B durch den Angriff des A wegen Notwehr gerechtfertigt?
aa) Notwehr 20
(1) Notwehrlage 21

Rn.
(2) Notwehrhandlung ... 22
Problem: Entfällt die Gebotenheit der Notwehr aufgrund der fehlenden Schuld des A?
(3) Subjektives Rechtfertigungselement ... 24
bb) Zwischenergebnis ... 25
c) Ergebnis ... 26
III. Gesamtergebnis ... 27

Lösung

I. Strafbarkeit des A

1. Körperverletzung durch die Körperschläge (§ 223 Abs. 1 StGB)

1 A könnte sich nach § 223 Abs. 1 StGB strafbar gemacht haben, indem er auf B einschlug.

a) Tatbestand

aa) Objektiver Tatbestand

2 Voraussetzung für § 223 Abs. 1 StGB ist, dass A den B am Körper verletzt hat. Eine Körperverletzung durch eine körperliche Misshandlung i. S. v. § 223 Abs. 1 Alt. 1 StGB ist jede üble und unangemessene Behandlung, durch die das körperliche Wohlbefinden des Opfers mehr als nur unerheblich beeinträchtigt wird.[1] A hat B mehrfach mit Körperschlägen getroffen. Dadurch wurde das körperliche Wohlbefinden des B beeinträchtigt. Es liegt daher eine körperliche Misshandlung vor.

3 Fraglich ist, ob auch eine Körperverletzung i. S. v. § 223 Abs. 1 Alt. 2 StGB in Form einer Gesundheitsschädigung vorliegt. Eine Gesundheitsschädigung ist das Hervorrufen oder Steigern eines vom normalen Zustand der körperlichen Funktionen nachteilig abweichenden Zustandes.[2] Ob eine solche Gesundheitsschädigung tatsächlich vorliegt, hängt von der Stärke der Schläge ab, die A dem B versetzt. Mangels näherer Hinweise im Sachverhalt wird man eine Gesundheitsschädigung hier zu verneinen haben. Es kommt jedoch darauf im Ergebnis nicht an, da jedenfalls eine Körperverletzung in Form einer körperlichen Misshandlung vorliegt.

bb) Subjektiver Tatbestand

4 A müsste weiterhin vorsätzlich gehandelt haben (§ 15 StGB). Vorsatz ist das Wissen und Wollen der Tatbestandsverwirklichung.[3] A handelte in Kenntnis aller Tatumstände und wollte B die Schläge versetzen. Er handelte deshalb vorsätzlich.

b) Rechtswidrigkeit

5 Es sind keine Rechtfertigungsgründe ersichtlich. Somit ist die Rechtswidrigkeit gegeben.

---

[1] Lackner/Kühl/*Kühl* § 223 StGB Rn. 4.
[2] Lackner/Kühl/*Kühl* § 223 StGB Rn. 5.
[3] *Baumann/Weber/Mitsch/Eisele* § 11 Rn. 7; *Fischer* § 15 StGB Rn. 3.

c) Schuld

A müsste schließlich auch schuldhaft gehandelt haben. Er könnte gemäß § 20 StGB schuldunfähig gewesen sein, wenn er bei Begehung der Tat an einer krankhaften seelischen Störung i.S.d. § 20 Var. 1 StGB litt.[4] A war infolge einer Geisteskrankheit nicht in der Lage, das Unrecht der Tat einzusehen. Damit sind die Voraussetzungen des § 20 StGB erfüllt. A handelte ohne Schuld. **6**

d) Ergebnis

A ist nicht wegen Körperverletzung nach § 223 Abs. 1 StGB strafbar. 7

2. Gefährliche Körperverletzung durch den Kopfschlag (§ 224 Abs. 1 Nr. 5 StGB)

A könnte sich durch den gegen den Kopf des B geführten Schlag wegen gefährlicher Körperverletzung nach § 224 Abs. 1 Nr. 5 StGB strafbar gemacht haben. Ein Schlag auf den Kopf könnte eine das Leben gefährdende Behandlung sein. Allerdings hat der Schlag den B nicht getroffen. Ein Körperverletzungserfolg ist nicht eingetreten. Eine Strafbarkeit wegen vollendeter gefährlicher Körperverletzung scheidet daher aus. **8**

3. Versuchte gefährliche Körperverletzung (§§ 223 Abs. 1, 224 Abs. 1 Nr. 5, Abs. 2, 22, 23 Abs. 1 StGB)

A könnte jedoch eines Versuchs der gefährlichen Körperverletzung schuldig sein (§§ 223 Abs. 1, 224 Abs. 1, Abs. 2, 22, 23 Abs. 1 StGB). **9**

a) Vorprüfung

Die Tat ist nicht vollendet, der Versuch ist gemäß §§ 23 Abs. 1 Alt. 2, 12 Abs. 2, 224 Abs. 2 StGB strafbar. **10**

Hinweis: Diese sog. Vorprüfung beim Versuch ist ein gutes Beispiel für eine bloße Feststellung (in missverständlichem Sprachgebrauch auch für den Richter- oder Urteilsstil) in einer strafrechtlichen Klausur. Die Fragen, ob die Tat vollendet ist und ob der Versuch strafbar ist, lassen sich unproblematisch beantworten. Deshalb braucht dies nur kurz festgestellt zu werden.

b) Tatentschluss

Dann müsste A Tatentschluss gehabt haben. Dieser umfasst den Vorsatz bzgl. aller objektiven Tatbestandsmerkmale und gegebenenfalls das Vorliegen weiterer subjektiver Merkmale.[5] Der Tatentschluss muss das Grunddelikt (hier: § 223 Abs. 1 StGB) und die Qualifikation (hier: § 224 Abs. 1 StGB) umfassen. A handelte vorsätzlich bzgl. des Schlages auf den Kopf des B. Hierin liegt eine körperliche Misshandlung. A hatte also Vorsatz in Bezug auf das Grunddelikt. Fraglich ist, ob dieser Schlag eine das Leben gefährdende Behandlung i.S.d. § 224 Abs. 1 Nr. 5 StGB darstellt. Zunächst ist zu klären, ob durch die Behandlung eine konkrete Lebensgefahr eingetreten sein muss oder ob die abstrakte Gefährlichkeit ausreicht.[6] Für letz- **11**

4 *Wessels/Beulke/Satzger* AT Rn. 641; *Zieschang* S. 90.
5 *Kindhäuser/Hilgendorf* § 15 StGB Rn. 12.
6 *Fischer* § 224 StGB Rn. 26f.; vermittelnd *Arzt/Weber/Heinrich/Hilgendorf* § 6 Rn. 58.

tere Ansicht spricht der Wortlaut („lebensgefährdende Behandlung") und insbesondere, dass der Gesetzgeber das Erfordernis einer konkreten Lebensgefahr z.B. in § 250 Abs. 2 Nr. 3 Buchst. b StGB anders formuliert hat („in die Gefahr des Todes bringt"). Somit ist der Tatbestand erfüllt, wenn die Handlung des A (prinzipiell) geeignet wäre, eine Lebensgefährdung hervorzurufen. Ein mit aller Kraft gegen den Kopf geführter Schlag kann unter Umständen zu lebensgefährlichen Verletzungen führen. Daher ist darin eine das Leben gefährdende Behandlung zu sehen. A hatte damit Tatentschluss bzgl. einer gefährlichen Körperverletzung.

c) Unmittelbares Ansetzen

12 A müsste weiterhin zur Verwirklichung des Tatbestandes unmittelbar angesetzt haben (§ 22 StGB). Unmittelbar angesetzt hat der Täter dann, wenn nach seiner Vorstellung sein Verhalten derart eng mit der tatbestandlichen Ausführungshandlung verknüpft ist, dass es unmittelbar ohne weitere wesentliche Zwischenakte in die Tatbestandsverwirklichung einmündet, das geschützte Rechtsgut mithin schon konkret gefährdet ist.[7] A hat bereits ausgeholt, um zuzuschlagen. Im nächsten Moment hätte er den B am Kopf getroffen, wenn dieser den Schlag nicht abgewehrt hätte. A hat daher unmittelbar zur Verwirklichung der Tat angesetzt.

d) Rechtswidrigkeit

13 Es sind keine Rechtfertigungsgründe ersichtlich, A handelte rechtswidrig.

e) Schuld

14 Allerdings handelte A auch hier infolge Schuldunfähigkeit nach § 20 StGB ohne Schuld (→ Rn. 6).

Hinweis: Wenn ein Problem bereits einmal ausgeführt wurde, muss es nicht ein zweites Mal erläutert werden. Es genügt, wenn die Subsumtion einmal durchgeführt wird. Im Folgenden kann dann auf die obigen Ausführungen verwiesen werden.

f) Ergebnis

15 A ist auch nicht nach §§ 223 Abs. 1, 224 Abs. 1 Nr. 5, Abs. 2, 22, 23 Abs. 1 StGB strafbar.

II. Strafbarkeit des B

1. Körperverletzung (§ 223 Abs. 1 StGB)

16 B könnte sich einer Körperverletzung schuldig gemacht haben, als er A zu Boden warf (§ 223 Abs. 1 StGB).

a) Tatbestand

aa) Objektiver Tatbestand

17 B müsste A körperlich misshandelt oder an der Gesundheit geschädigt haben. A hat sich durch Einwirkung des B den Arm gebrochen. Es wurde also ein krankhafter Zustand hervorgerufen. Damit ist § 223 Abs. 1 Alt. 2 StGB verwirklicht. Der Bruch eines Armes verursacht außerdem Schmerzen. B hat den A daher auch körperlich misshandelt (§ 223 Abs. 1 Alt. 1 StGB).

[7] BGHSt 43, 177, 179; *Fischer* § 22 StGB Rn. 10; *Wessels/Beulke/Satzger* AT Rn. 948.

Hinweis: Definitionen müssen nicht bei jeder erneuten Prüfung wiederholt werden. Es genügt, wenn sie einmal genannt werden. Im Folgenden können sie dann als bekannt vorausgesetzt werden. Daher lässt sich hier sofort unter die Tatbestandsmerkmale der körperlichen Misshandlung und der Gesundheitsschädigung subsumieren.

bb) Subjektiver Tatbestand

B handelte auch mit Wissen und Wollen der Tatbestandsverwirklichung und damit vorsätzlich i. S. d. § 15 StGB. **18**

b) Rechtswidrigkeit

Fraglich ist, ob B rechtswidrig handelte. **19**

aa) Notwehr

Eine Rechtfertigung läge vor allem dann vor, wenn B in Notwehr gehandelt hat (§ 32 Abs. 1 StGB). **20**

(1) Notwehrlage

Es müsste eine Notwehrlage gegeben sein (§ 32 Abs. 2 StGB). Hierfür müsste ein gegenwärtiger rechtswidriger Angriff durch A erfolgt sein. Ein Angriff ist jede durch menschliches Verhalten drohende Verletzung rechtlich geschützter Güter oder Interessen.[8] A versuchte, den B am Kopf zu treffen. Damit ist die körperliche Integrität des B gefährdet, die gerade durch die Körperverletzungsdelikte geschützt wird. Es liegt daher ein Angriff vor. Dieser Angriff müsste gegenwärtig sein. Gegenwärtig ist ein Angriff, der unmittelbar bevorsteht, gerade begonnen hat oder noch fortdauert.[9] A hat den B bereits mehrfach mit Körperschlägen getroffen und hat dazu ausgeholt, den B am Kopf zu treffen. Der Angriff hat daher bereits begonnen und ist somit gegenwärtig. Schließlich müsste der Angriff auch rechtswidrig sein. Wie bereits dargelegt (→ Rn. 5), handelte A rechtswidrig. Eine Notwehrlage ist damit gegeben. **21**

(2) Notwehrhandlung

Die Notwehrhandlung des B, nämlich die Abwehr des Schlages, müsste geeignet, erforderlich und geboten gewesen sein. Geeignet ist alles, was zu einer sofortigen Beendigung des Angriffs führt und eine endgültige Beseitigung der Gefahr gewährleistet.[10] Der Angegriffene muss dem Angreifer nicht weichen. Da B keine milderen Mittel zur Verfügung standen, um den Angriff abzuwehren, war das Verhalten des B zur Verteidigung erforderlich. Fraglich ist, ob die Handlung auch geboten war. Im Rahmen der Gebotenheit[11] kann die an sich erforderliche Notwehrhandlung eingeschränkt werden. Dies ist etwa dann der Fall, wenn dem Angegriffenen ein anderes Verhalten ohne Preisgabe berechtigter Interessen zugemutet werden kann und die Rechtsordnung nicht durch Niederschlagung des Angriffs „bewährt" und bekräftigt werden muss. Die Verteidigung ist dann beschränkt auf ein Ausweichen oder rein defensive Schutzwehr. Nur wenn das nicht erfolgreich ist, darf der Angegriffene auch „Trutzwehr", also aktive Gegenwehr, leisten. **22**

---

[8] *Hilgendorf/Valerius* AT § 5 Rn. 23; *Wessels/Beulke/Satzger* AT Rn. 495; *Zieschang* S. 58.

[9] *Wessels/Beulke/Satzger* AT Rn. 499; *Kindhäuser/Hilgendorf* § 32 StGB Rn. 16.

[10] Lackner/Kühl/*Kühl* § 32 StGB Rn. 9.

[11] Lackner/Kühl/*Kühl* § 32 StGB Rn. 13 ff. Kritisch zu dieser Figur *Baumann/Weber/Mitsch/Eisele* § 15 Rn. 49 ff.

23 Fraglich ist, ob B zunächst hätte versuchen müssen, dem A auszuweichen, da dieser schuldlos handelte. Wer durch einen schuldlos Handelnden angegriffen wird, kann diesem oftmals ausweichen, ohne sich in seiner Ehre etwas zu vergeben. Mangels anderweitiger Angaben im Sachverhalt muss aber davon ausgegangen werden, dass die Schuldunfähigkeit des A nicht erkennbar war. Daher kann von B nicht verlangt werden, seine Notwehrhandlung einzuschränken. Ihm steht deshalb das volle Notwehrrecht zu. Die Notwehrhandlung des B war also geboten.

(3) Subjektives Rechtfertigungselement

24 B handelte mit dem Willen, sich zu verteidigen. Es liegt damit auch das subjektive Rechtfertigungselement vor. Die Voraussetzungen einer Notwehr sind erfüllt.

bb) Zwischenergebnis

25 Das Verhalten des B war somit nicht rechtswidrig.

c) Ergebnis

26 B ist nicht wegen Körperverletzung gemäß § 223 Abs. 1 StGB strafbar.

Hinweis: Da schon der Grundtatbestand der Körperverletzung nicht vorliegt, kann auch keine Qualifikation der Körperverletzung erfüllt sein. Ein Eingehen auf § 224 StGB erübrigt sich daher. B wäre auch in diesen Fällen gerechtfertigt. Im Übrigen kommt keiner der in § 224 Abs. 1 Nr. 1–5 StGB genannten Qualifikationstatbestände in Betracht. Auch die Erfolgsqualifikation des § 226 Abs. 1 Nr. 2 StGB ist bei einem einfachen Armbruch eher fernliegend.

III. Gesamtergebnis

27 A und B sind nicht strafbar.

Fallbeurteilung

Dieser Fall ist auf Anfängerniveau angesiedelt. Er thematisiert Fragen, die in den ersten Semestern des Studiums behandelt werden. Der Bearbeiter hat sich hier weniger mit strafrechtlichem Detailwissen zu einzelnen Strafvorschriften zu beschäftigen; vielmehr ist wichtig, dass er einen sicheren Umgang mit grundlegenden Problemen des Allgemeinen Teils zeigt.

Eine saubere Prüfung der Körperverletzungsdelikte, des Versuchs und der Notwehr werden vom Bearbeiter bei der Falllösung erwartet. Da A nicht in der Lage war, das Unrecht seines Tuns einzusehen, handelte er gemäß § 20 StGB ohne Schuld, was die Strafbarkeit entfallen lässt. Im Rahmen der Notwehrprüfung gehört die Erörterung der Tatsache, dass A in Folge seiner Geisteskrankheit schuldlos handelte, zu einer guten Bearbeitung.

Negativ würde sich für den Bearbeiter dieses Anfängerfalls auswirken, wenn der Gutachtenstil bei wichtigen Problemen nicht beachtet würde. Gerade bei der Bearbeitung leichter Fälle zu Beginn des Studiums wird besonders auf die sichere Beherrschung des „juristischen Handwerkszeugs" geachtet.

Vertiefungshinweise: BSG NJW 1999, 2301 (Notwehr gegen Geisteskranke).

Kühl, „Sozialethische" Einschränkung des Notwehrrechts, Jura 1990, 244; *Rönnau,* Grundwissen – Strafrecht: „Sozialethische" Einschränkungen der Notwehr, JuS 2012, 404; *Sternberg-Lieben,* Einschränkungen der Notwehr, JA 1996, 568.

Fall 3. Der Anschlag auf den Professor

Schwierigkeitsgrad: leicht

Sachverhalt

A will seinem Professor B, der ihn ein Semester lang mit sinnlosen Reden über das Strafrecht gequält hat, eins auswischen. Zu diesem Zweck lauert er ihm eines Abends vor seiner Wohnung auf und schießt mit seiner Pistole durch eine Fensterscheibe auf den Arm des B, der dort auch getroffen wird. Dabei vertraut A darauf, dass B keine tödlichen Verletzungen davonträgt, nimmt aber in Kauf, dass das unter der Fensterscheibe parkende Auto der C durch herabfallende Glassplitter beschädigt wird. Tatsächlich verursachen die Scherben Lackkratzer auf der Motorhaube.

Wie hat sich A strafbar gemacht?

Gliederung

Rn.

I. Versuchter Totschlag (§§ 212 Abs. 1, 22, 23 Abs. 1 StGB) 1
1. Vorprüfung 2
2. Tatentschluss 3

II. Gefährliche Körperverletzung (§§ 223 Abs. 1, 224 Abs. 1 StGB) 4
1. Tatbestand 5
a) Objektiver Tatbestand des § 223 Abs. 1 StGB 5
b) Objektiver Tatbestand des § 224 Abs. 1 StGB 6
c) Subjektiver Tatbestand 9
2. Rechtswidrigkeit und Schuld 11
3. Ergebnis 12

III. Sachbeschädigung bzgl. der Fensterscheibe (§ 303 Abs. 1 StGB) 13
1. Tatbestand 13
a) Objektiver Tatbestand 13
b) Subjektiver Tatbestand 14
2. Rechtswidrigkeit und Schuld 15
3. Ergebnis 16

IV. Sachbeschädigung bzgl. des Pkw (§ 303 Abs. 1 StGB) 17
1. Tatbestand 17
a) Objektiver Tatbestand 17
b) Subjektiver Tatbestand 18
2. Rechtswidrigkeit und Schuld 19
3. Ergebnis 20

V. Konkurrenzen und Ergebnis 21

Lösung

I. Versuchter Totschlag (§§ 212 Abs. 1, 22, 23 Abs. 1 StGB)

1 A könnte sich durch den Schuss auf B wegen versuchten Totschlags nach §§ 212 Abs. 1, 22, 23 Abs. 1 StGB strafbar gemacht haben.

Hinweis: Obwohl A in diesem Fall offensichtlich keinen Tötungsvorsatz hat, empfiehlt es sich der Vollständigkeit halber, die §§ 212 Abs. 1, 22, 23 Abs. 1 StGB kurz anzusprechen und erst anschließend auf die Körperverletzungsdelikte einzugehen.

1. Vorprüfung

2 Da B noch lebt, ist die Tat nicht vollendet. Ein Totschlag nach § 212 StGB ist mit einer Mindestfreiheitsstrafe von fünf Jahren bedroht und stellt damit gemäß § 12 Abs. 1 StGB ein Verbrechen dar. Gemäß § 23 Abs. 1 Alt. 1 StGB ist der Versuch eines Verbrechens stets strafbar.

2. Tatentschluss

3 Des Weiteren müsste A Tatentschluss gehabt haben. Dieses Merkmal umfasst den auf alle objektiven Tatbestandsmerkmale gerichteten Vorsatz und die sonstigen subjektiven Tatbestandsmerkmale.[1] Vorsatz ist der Wille zur Verwirklichung eines Straftatbestandes in Kenntnis aller seiner objektiven Tatumstände.[2] Der objektive Tatbestand des § 212 Abs. 1 StGB verlangt die Tötung eines anderen Menschen. Hierauf müsste sich der Vorsatz des A gerichtet haben. Er wollte den B jedoch nicht töten, sondern ihn lediglich am Arm verletzen. Bedingter Vorsatz (Eventualvorsatz) liegt vor, wenn der Täter es für möglich und nicht ganz fernliegend hält, durch sein Verhalten den objektiven Tatbestand zu verwirklichen und dies billigend in Kauf nimmt bzw. sich zumindest damit abfindet.[3] Lediglich bewusst fahrlässig und damit nicht vorsätzlich handelt der Täter hingegen, wenn er die Möglichkeit der Tatbestandsverwirklichung zwar erkennt, aber ernsthaft und nicht nur vage auf deren Ausbleiben vertraut.[4] Hier vertraute A darauf, dass B durch den Schuss keine tödliche Verletzung davontragen würde. Er hat den Eintritt des Erfolges damit nicht billigend in Kauf genommen. Eine Strafbarkeit des A wegen versuchten Totschlags scheidet somit aus.

II. Gefährliche Körperverletzung (§§ 223 Abs. 1, 224 Abs. 1 StGB)

4 A könnte sich wegen des Schusses auf B wegen gefährlicher Körperverletzung gemäß §§ 223 Abs. 1, 224 Abs. 1 StGB strafbar gemacht haben.

1. Tatbestand

a) Objektiver Tatbestand des § 223 Abs. 1 StGB

5 Hierfür müsste zunächst der Grundtatbestand des § 223 Abs. 1 StGB, also eine körperliche Misshandlung bzw. eine Gesundheitsschädigung, durch den Schuss des

[1] *Wessels/Beulke/Satzger* AT Rn. 940; *Zieschang* S. 129.
[2] *Wessels/Beulke/Satzger* AT Rn. 316.
[3] *Hilgendorf/Valerius* AT Rn. 83.
[4] *Hilgendorf/Valerius* AT Rn. 89.

A auf B eingetreten sein. Eine körperliche Misshandlung (§ 223 Abs. 1 Alt. 1 StGB) ist jede üble, unangemessene Behandlung, durch die das Opfer in seiner körperlichen Unversehrtheit oder seinem körperlichen Wohlbefinden nicht nur unerheblich beeinträchtigt wird.[5] Das Zufügen einer Schussverletzung stellt eine dementsprechende Behandlung dar. Eine Gesundheitsschädigung (§ 223 Abs. 1 Alt. 2 StGB) ist das Hervorrufen oder Steigern eines vom Normalzustand der körperlichen Funktion des Opfers nachteilig abweichenden (d.h. pathologischen) Zustandes.[6] Aufgrund der Schusswunde ist ein pathologischer Zustand bei B gegeben. Der objektive Tatbestand des § 223 Abs. 1 StGB ist damit erfüllt.

b) Objektiver Tatbestand des § 224 Abs. 1 StGB

Ferner könnte A durch das Verwenden der Pistole auch das Qualifikationsmerkmal des § 224 Abs. 1 Nr. 2 Alt. 1 StGB erfüllt haben. Eine Waffe ist ein Gegenstand, der nach seiner Art dazu bestimmt ist, erhebliche Verletzungen von Menschen zu verursachen.[7] Erfasst sind die in § 1 WaffG geregelten Gegenstände, also insbesondere Schusswaffen.[8] Da A für die Tat eine Pistole verwendete, hat er sich einer Waffe i.S.d. § 224 Abs. 1 Nr. 2 Alt. 1 StGB bedient. 6

Zudem könnte A die Tat mittels eines hinterlistigen Überfalls i.S.d. § 224 Abs. 1 Nr. 3 StGB begangen haben. Ein Überfall ist ein unvorhergesehener Angriff, auf den sich der Angegriffene nicht rechtzeitig einstellen kann.[9] Hinterlistig ist ein Überfall, wenn der Täter seine Verletzungsabsicht planmäßig berechnend verbirgt, um dem anderen die Verteidigungsmöglichkeit zu erschweren. Das bloße Ausnutzen des Überraschungsmoments reicht hierfür nicht aus.[10] Im vorliegenden Fall lauerte A dem B vor seiner Wohnung auf. Damit wollte er seine Absicht planmäßig vor B verbergen und hat diesem so die Möglichkeit genommen, sich auf den Angriff einzustellen. A hat daher das Qualifikationsmerkmal des § 224 Abs. 1 Nr. 3 StGB erfüllt. 7

Hinweis: Das Vorliegen eines hinterlistigen Überfalls i.S.d. § 224 Abs. 1 Nr. 3 StGB ist an strengere Voraussetzungen geknüpft als das Mordmerkmal der Heimtücke in § 211 Abs. 2 StGB. Während die Heimtücke nur das Ausnutzen der Arg- und Wehrlosigkeit des Opfers in feindseliger Willensrichtung (umstritten) voraussetzt, wird bei § 224 Abs. 1 Nr. 3 StGB ein planmäßiges Verdecken der wahren Absichten verlangt. Ein Standardbeispiel bildet hier das Aufsuchen eines Verstecks, um dem Opfer aufzulauern.

Schließlich kommt auch eine das Leben gefährdende Behandlung i.S.d. § 224 Abs. 1 Nr. 5 StGB in Betracht. Unstreitig ist in diesem Zusammenhang nicht auf die Gefährlichkeit der eingetretenen Verletzung, sondern auf diejenige der ausgeübten Handlung abzustellen.[11] Umstritten ist hingegen die systematische Einordnung des Merkmals einer lebensgefährdenden Behandlung. Nach der h.M. reicht hierfür eine abstrakt generelle Lebensgefährdung aus,[12] wobei nach einer anderen Ansicht der Eintritt einer konkreten Lebensgefährdung gefordert wird.[13] In der vorliegenden 8

5 *Wessels/Hettinger/Engländer* BT I Rn. 216.
6 *Wessels/Hettinger/Engländer* BT I Rn. 219.
7 *Fischer* § 224 StGB Rn. 19.
8 *Fischer* § 224 StGB Rn. 19.
9 Schönke/Schröder/*Sternberg-Lieben* § 224 StGB Rn. 10.
10 Lackner/Kühl/*Kühl* § 224 StGB Rn. 6.
11 *Fischer* § 224 StGB Rn. 27.
12 BGHSt 2, 160, 163; *Fischer* § 224 StGB Rn. 27.
13 Schönke/Schröder/*Sternberg-Lieben* § 224 StGB Rn. 12.

Situation, nämlich einem Schuss mit einer Pistole auf einen Menschen, hängt die Wahrscheinlichkeit einer lebensgefährlichen Verletzung letztlich nur vom Zufall ab, da nicht sicher vorhergesagt werden kann, ob nicht lebenswichtige Körperteile verletzt werden. Dass B im konkreten Fall nur am Arm getroffen werden sollte (und auch wurde), spielt für die Beurteilung der Handlung keine entscheidende Rolle. Daher kann hier sogar eine konkrete Lebensgefährdung angenommen werden, weshalb der oben skizzierte Meinungsstreit nicht entschieden zu werden braucht. A hat auch das Merkmal des § 224 Abs. 1 Nr. 5 StGB verwirklicht.

Hinweis: Falls unterschiedliche Meinungen in der konkreten Situation zu dem gleichen Ergebnis kommen, sind langwierige Ausführungen zu den einzelnen Ansichten sowie insbesondere eine Entscheidung des Meinungsstreits mangels Relevanz für die Lösung weder erforderlich noch angebracht.

c) Subjektiver Tatbestand

9 A müsste außerdem gemäß § 15 StGB vorsätzlich gehandelt haben. Demnach müsste A Vorsatz bzgl. der Tatbestandsmerkmale des § 223 Abs. 1 sowie des § 224 Abs. 1 StGB gehabt haben. A wollte den B verletzen. Ihm kam es somit gerade darauf an, bei B eine Körperverletzung hervorzurufen. Er handelte daher mit dolus directus ersten Grades bzgl. der Merkmale des § 223 Abs. 1 StGB.

Hinweis: Im subjektiven Tatbestand muss stets zwischen dem Vorsatz bzgl. der Merkmale des Grundtatbestandes und dem Vorsatz bzgl. der Qualifikationsmerkmale differenziert werden.

10 A wollte die Tat unter Verwendung der Pistole als Waffe und mittels eines hinterlistigen Überfalls begehen und handelte also auch insoweit mit dolus directus ersten Grades. Im Hinblick auf die abstrakte Lebensgefährlichkeit des Angriffs nach § 224 Abs. 1 Nr. 5 StGB genügt es, dass der Täter die Umstände kennt, die die Gefährlichkeit der Tathandlung für das Leben des Opfers begründen.[14] Nach allgemeiner Lebenserfahrung muss bei einem Schuss mit einer Waffe mit einer lebensgefährlichen Verletzung gerechnet werden, wonach auch hier von direktem Vorsatz auszugehen ist. Der subjektive Tatbestand ist damit erfüllt.

Hinweis: Im Rahmen des subjektiven Tatbestandes ist einzig problematisch, ob A auch Vorsatz hinsichtlich einer lebensgefährdenden Handlung hatte. Dies kann jedoch nach den obigen Ausführungen auch dann zu bejahen sein, wenn der Täter das Opfer weder töten noch in Lebensgefahr bringen will. Es genügt, dass die Handlung objektiv gefährlich ist und der Täter sich der Umstände bewusst ist, die die Lebensgefährdung begründen.

2. Rechtswidrigkeit und Schuld

11 Rechtswidrigkeit und Schuld sind gegeben.

3. Ergebnis

12 A hat sich durch den Schuss auf B wegen einer gefährlichen Körperverletzung nach §§ 223 Abs. 1, 224 Abs. 1 Nr. 2 Alt. 1, 3, 5 StGB strafbar gemacht.

III. Sachbeschädigung bzgl. der Fensterscheibe (§ 303 Abs. 1 StGB)

Hinweis: Es ist ein häufiger Fehler in Klausuren, dass zwischen den einzelnen Tatobjekten nicht hinreichend differenziert wird. So ist hier nicht nur das durch die Glassplitter beschädigte Auto Gegenstand der Diskussion, sondern auch die durch den Schuss zu Bruch gegangene Fensterscheibe.

[14] *Fischer* § 224 StGB Rn. 32.

1. Tatbestand

a) Objektiver Tatbestand

A könnte sich durch den Schuss durch die Fensterscheibe auch wegen einer Sachbe- **13**
schädigung nach § 303 Abs. 1 StGB strafbar gemacht haben. Dazu müsste er eine fremde Sache beschädigt oder zerstört haben. Die Fensterscheibe ist ein körperlicher Gegenstand und damit eine Sache i.S.d. § 303 Abs. 1 StGB. Fremd sind alle Sachen, die zumindest auch im Eigentum eines anderen stehen.[15] Da nicht A Eigentümer der Fensterscheibe ist, ist sie für ihn fremd. Unter Beschädigen ist eine durch körperliche Einwirkung hervorgerufene, nicht nur unerhebliche Substanzverletzung oder Beeinträchtigung der bestimmungsgemäßen Brauchbarkeit einer Sache zu verstehen.[16] Das Zerstören bezeichnet einen besonderen Grad der Beschädigung, in dem die Sache infolge einer körperlichen Einwirkung vernichtet wird oder ihre bestimmungsgemäße Brauchbarkeit vollständig verliert.[17] In der vorliegenden Konstellation ist die Fensterscheibe durch den Schuss zersplittert und hat damit ihre bestimmungsgemäße Brauchbarkeit völlig verloren. Somit liegt das Tatbestandsmerkmal des Zerstörens vor. Der objektive Tatbestand ist erfüllt.

b) Subjektiver Tatbestand

Ferner müsste A auch bzgl. der Zerstörung der Fensterscheibe vorsätzlich gehandelt **14**
haben. Als er zum Schuss ansetzte, wusste er, dass die Zerstörung der Scheibe eine notwendige und sichere Folge des Schusses auf den B darstellen würde. Wer trotz der sicheren Kenntnis, dass sein Handeln zur Verwirklichung des gesetzlichen Tatbestandes führt, willentlich tätig wird, nimmt in seinen Verwirklichungswillen alles auf, was er sich als notwendige und sichere Folge vorstellt, mag ihm eine Auswirkung auch an sich unerwünscht sein.[18] A hatte demnach dolus directus zweiten Grades („Wissentlichkeit") bzgl. der Zerstörung der Fensterscheibe. Der subjektive Tatbestand ist erfüllt.

2. Rechtswidrigkeit und Schuld

Rechtswidrigkeit und Schuld sind gegeben. **15**

3. Ergebnis

A hat sich durch die Zerstörung der Fensterscheibe wegen Sachbeschädigung nach **16**
§ 303 Abs. 1 StGB strafbar gemacht. Gemäß § 303c StGB ist ein Strafantrag erforderlich.

IV. Sachbeschädigung bzgl. des Pkw (§ 303 Abs. 1 StGB)

1. Tatbestand

a) Objektiver Tatbestand

A könnte sich ferner wegen Sachbeschädigung an dem Pkw der C wegen der herun- **17**
terfallenden Scheibensplitter gemäß § 303 Abs. 1 StGB strafbar gemacht haben.

---

[15] *Rengier* BT I § 2 Rn. 9; vertiefend *Arzt/Weber/Heinrich/Hilgendorf* § 12 Rn. 14f.

[16] *Wessels/Hillenkamp/Schuhr* BT II Rn. 34.

[17] *Rengier* BT I § 24 Rn. 7; *Kindhäuser/Hilgendorf* § 303 StGB Rn. 10.

[18] *Wessels/Beulke/Satzger* AT Rn. 332.

Laut Sachverhalt verursachen die herunterfallenden Glassplitter der Fensterscheibe Kratzer auf der Motorhaube des Wagens. Dies stellt eine Substanzverletzung dar, durch die die bestimmungsgemäße Brauchbarkeit der Lackschicht, als Schutzschicht für das unterliegende Metall, nicht nur unerheblich beeinträchtigt wird. Eine Sachbeschädigung liegt daher vor. Die Handlung des A, der Schuss durch die Scheibe, war kausal für das Splittern der Scheibe und somit auch für die Beschädigung des Autos. Der objektive Tatbestand des § 303 Abs. 1 StGB ist folglich gegeben.

b) Subjektiver Tatbestand

18 Fraglich ist, ob A auch Vorsatz bzgl. der Beschädigung des Autos der C hatte. Da er die Beschädigung des Wagens bei dem Schuss durch die Fensterscheibe in Kauf nahm, könnte er mit Eventualvorsatz (dolus eventualis) gehandelt haben. Eventualvorsatz liegt vor, wenn der Täter es ernstlich für möglich hält und sich letztlich damit abfindet, bzw. billigend in Kauf nimmt, dass sein Verhalten zur Verwirklichung des gesetzlichen Tatbestandes führt.[19] A wusste, dass es durch die Zerstörung der Fensterscheibe zu Beschädigungen an dem Wagen kommen konnte und hat dies auch billigend in Kauf genommen. Er handelte somit mit dolus eventualis und hat die Anforderungen an den subjektiven Tatbestand erfüllt.

2. Rechtswidrigkeit und Schuld

19 Rechtswidrigkeit und Schuld sind ebenfalls gegeben.

3. Ergebnis

20 A hat sich durch die Beschädigung des Pkw der C wegen Sachbeschädigung nach § 303 Abs. 1 StGB strafbar gemacht. Auch hier ist gemäß § 303c StGB ein Strafantrag erforderlich.

V. Konkurrenzen und Ergebnis

21 A hat sich wegen einer gefährlichen Körperverletzung an B gemäß §§ 223 Abs. 1, 224 Abs. 1 Nr. 2 Alt. 1, Nr. 3, 5 StGB sowie wegen Sachbeschädigung an der Fensterscheibe und dem Pkw der C gemäß § 303 Abs. 1 StGB strafbar gemacht. § 223 Abs. 1 StGB tritt im Wege der Spezialität hinter dem Qualifikationstatbestand des § 224 Abs. 1 StGB zurück. § 224 Abs. 1 und § 303 Abs. 1 StGB bzgl. der Beschädigung der Scheibe und bzgl. der Beschädigung des Wagens stehen zueinander in Tateinheit gemäß § 52 StGB. Somit ergibt sich für A eine Strafbarkeit gemäß §§ 224 Abs. 1, 303 Abs. 1 (Scheibe), 303 Abs. 1 (Pkw); 52 StGB.

Fallbeurteilung

Der vorliegende Fall ist insgesamt als leicht einzustufen, birgt jedoch für den Anfänger einige Schwierigkeiten. So zeichnet sich eine gute Bearbeitung insbesondere dadurch aus, dass die verschiedenen Vorsatzformen (dolus directus ersten bzw. zweiten Grades und dolus eventualis) bei den einzelnen Tathandlungen angesprochen werden.

[19] *Wessels/Beulke/Satzger* AT Rn. 333; Schönke/Schröder/*Sternberg-Lieben/Schuster* § 15 StGB Rn. 85.

Es sollte erkannt werden, dass ein fehlender Tötungsvorsatz den Vorsatz bzgl. einer das Leben gefährdenden Behandlung nicht ausschließt. Bei der Prüfung der Sachbeschädigung muss zwischen der Fensterscheibe und dem Auto differenziert und es müssen die unterschiedlichen Vorsatzformen herausgestellt werden.

Fall 4. AIDS

Schwierigkeitsgrad: leicht

Sachverhalt

Die Prostituierte T ist an AIDS erkrankt. Obwohl sie um ihre Krankheit und das sich daraus ergebende Ansteckungsrisiko weiß, hat sie mit A, B sowie mit C, mit dem sie ein Liebesverhältnis verbindet, ungeschützten Geschlechtsverkehr. Keiner der drei kennt die Krankheit der T, doch alle werden infiziert. A stirbt an AIDS.

Wie hat sich T strafbar gemacht?

Gliederung

Rn.

I. Erster Tatkomplex: Der Tod des A 1
1. Totschlag (§ 212 Abs. 1 StGB) 1
a) Tatbestand 2
aa) Objektiver Tatbestand 2
bb) Subjektiver Tatbestand 3
(1) Kognitives Element 4
(2) Voluntatives Element 5
Problem: Nimmt T den Tod des A billigend in Kauf?
b) Rechtswidrigkeit und Schuld 8
c) Ergebnis 9
2. Körperverletzung (§§ 223 ff. StGB) 10

II. Zweiter Tatkomplex: Die Infizierung des B 11
1. Versuchter Totschlag (§§ 212 Abs. 1, 22, 23 Abs. 1 StGB) 11
a) Tatentschluss 12
b) Unmittelbares Ansetzen 13
c) Rechtswidrigkeit und Schuld 14
d) Ergebnis 15
2. Körperverletzung (§ 223 Abs. 1 StGB) 16
a) Tatbestand 17
aa) Objektiver Tatbestand 17
bb) Subjektiver Tatbestand 18
b) Rechtswidrigkeit und Schuld 19
c) Ergebnis 20
3. Gefährliche Körperverletzung (§ 224 Abs. 1 StGB) 21
a) Tatbestand 22
aa) Objektiver Tatbestand 22
bb) Subjektiver Tatbestand 24
b) Rechtswidrigkeit und Schuld 26
c) Ergebnis 27

Rn.
III. Dritter Tatkomplex: Die Infizierung des C 28
1. Körperverletzung (§ 223 Abs. 1 StGB) 28
a) Tatbestand 29
aa) Objektiver Tatbestand 29
bb) Subjektiver Tatbestand 30
Problem: Hat T Verletzungsvorsatz trotz des Liebesverhältnisses zu C?
b) Ergebnis 31
2. Fahrlässige Körperverletzung (§ 229 StGB) 32
a) Tatbestand 33
b) Rechtswidrigkeit und Schuld 34
c) Ergebnis 35
IV. Gesamtergebnis und Konkurrenzen 36

Lösung

I. Erster Tatkomplex: Der Tod des A

1. Totschlag (§ 212 Abs. 1 StGB)

Die T könnte sich wegen Totschlags nach § 212 Abs. 1 StGB strafbar gemacht haben. 1

a) Tatbestand

aa) Objektiver Tatbestand

Der Erfolg i.S.d. § 212 Abs. 1 StGB, nämlich der Tod eines Menschen, ist eingetreten. Der Tod des A müsste kausal durch ein Verhalten der T verursacht worden sein. Dies ist dann der Fall, wenn der Geschlechtsverkehr kausal für den Tod des A gewesen ist. Nach der Conditio-sine-qua-non-Formel ist jedes Verhalten kausal, das nicht hinweggedacht werden kann, ohne dass der Erfolg in seiner konkreten Gestalt entfiele.[1] Hätte T mit A keinen Geschlechtsverkehr gehabt, wäre es nicht zur Infektion gekommen und A nicht daran gestorben. Die Handlung der T war daher kausal für den Tod des A. 2

Hinweis: Eine in der Ausbildungsliteratur weit verbreitete Ansicht prüft neben der Kausalität noch die „objektive Zurechenbarkeit" des Taterfolges. Der BGH ist dieser Lehre jedoch bislang nicht gefolgt. Kritisiert wird vor allem die Unbestimmtheit der „Lehre von der objektiven Zurechnung".[2]

bb) Subjektiver Tatbestand

T müsste vorsätzlich gehandelt haben (§ 15 StGB). Vorsatz ist das Wissen und Wollen der Tatbestandsverwirklichung.[3] Er muss den gesamten objektiven Tatbestand umfassen. Fraglich ist, ob T auch vorsätzlich hinsichtlich des Todes des A gehandelt hat. 3

---

[1] *Hilgendorf/Valerius* AT § 4 Rn. 25; *Kühl* § 4 Rn. 9; *Zieschang* S. 29.
[2] *Hilgendorf* FS Weber, 2004, S. 33ff.
[3] *Baumann/Weber/Mitsch/Eisele* § 11 Rn. 7ff.; Lackner/Kühl/*Kühl* § 15 StGB Rn. 3.

(1) Kognitives Element

4 Das Wissenselement erfordert, dass der Täter bei Begehung der Tat alle Tatumstände gekannt hat. Wie aus dem Sachverhalt hervorgeht, wusste T um ihre Krankheit und das sich daraus ergebende Ansteckungsrisiko. Ihr musste auch bewusst sein, dass der Krankheitsverlauf regelmäßig tödlich endet. T hat damit die Möglichkeit der Infizierung und des Todeseintritts zumindest als möglich erkannt.

(2) Voluntatives Element

5 Allerdings muss T auch den Willen zur Tatbestandsverwirklichung gehabt haben. T könnte mit dolus eventualis gehandelt haben. Bedingt vorsätzlich handelt der Täter jedoch nur dann, wenn auch das voluntative Element des Vorsatzes vorliegt. Abzugrenzen ist der Eventualvorsatz von Fällen der bewussten Fahrlässigkeit, in denen der Wille zur Tatbestandsverwirklichung gerade fehlt.[4] Im Fall des Eventualvorsatzes muss der Täter den Eintritt des Erfolges billigend in Kauf nehmen. Dagegen liegt bewusste Fahrlässigkeit vor, wenn er auf das Ausbleiben des Erfolgseintritts ernsthaft und nicht nur vage vertraut.

6 Allein aus dem Wissen der T um ihre HIV-Infektion und die Möglichkeit der Übertragung des Virus bei ungeschütztem Geschlechtsverkehr kann noch nicht auf die billigende Hinnahme einer Infizierung des A geschlossen werden.[5] Doch kann bedingter Vorsatz anzunehmen sein, wenn der Täter die mögliche Folge aus Bedenkenlosigkeit oder Gleichgültigkeit in Kauf nimmt. Der Erfolg wird auch dann billigend in Kauf genommen, wenn der an sich unerwünschte Erfolg um des Handlungsziels willen hingenommen wird.[6] T übte als Prostituierte ihren Beruf aus. Sie setzte dabei die Erwerbstätigkeit über die Gesundheit ihrer Kunden. Es blieb allein dem Zufall überlassen, ob diese infiziert würden. Das Schicksal der Kunden war für T nebensächlich. Bei Ausführung des ungeschützten Geschlechtsverkehrs besteht ein besonders hohes Risiko der Infizierung, ohne dass T Vorkehrungen dagegen getroffen hätte. Deshalb kann davon ausgegangen werden, dass sie eine Infizierung billigend in Kauf nahm. Es muss darüber hinaus geklärt werden, ob sich die Billigung auch auf den Eintritt des Todes des A erstreckte.

7 Zweifel an einem bedingten Vorsatz können deshalb bestehen, weil bei AIDS mit einer variablen, unter Umständen sehr langen Inkubationszeit gerechnet wird und T vielleicht auf die Entdeckung eines Heilmittels vertraute. Doch ist dies eher unwahrscheinlich. Die tatsächliche Dauer bis zum Ausbruch der Krankheit ist vom Zufall abhängig, sodass T nicht wirklich darauf vertrauen konnte. Außerdem war A für T ein Fremder, mit dem sie keine persönliche Beziehung verband. Deshalb ist davon auszugehen, dass sie den Tod des A aus Gleichgültigkeit in Kauf genommen hat, um ihre eigenen Interessen – die Ausübung ihres Berufes – zu verwirklichen. Hinzu kommt, dass es regelmäßig infolge der Infizierung zum Tod des Geschädigten kommt, wenn die HIV-Infektion nicht erkannt und behandelt wird. T handelte deshalb mit bedingtem Tötungsvorsatz.[7]

Hinweis: Mit hinreichender Argumentation ist eine andere Meinung vertretbar. So könnte hier der Vorsatz fehlen und es käme eine Strafbarkeit nur wegen Fährlässigkeit in Betracht.

[4] Vgl. *Hillenkamp/Cornelius* 1. Problem.
[5] Vgl. BGH NJW 1989, 781, 784.
[6] BGH NJW 1955, 1688; *Fischer* § 15 StGB Rn. 9b.
[7] Vgl. *Prittwitz* StV 1989, 123, 126; *Schünemann* JR 1989, 89, 93f.

b) Rechtswidrigkeit und Schuld

T handelte rechtswidrig und schuldhaft. 8

c) Ergebnis

T hat sich wegen Totschlags nach § 212 Abs. 1 StGB strafbar gemacht. 9

2. Körperverletzung (§§ 223 ff. StGB)

T könnte weiterhin Körperverletzungsdelikte verwirklicht haben (§§ 223 ff. StGB). 10
Der Tötungsvorsatz umfasst stets auch den Körperverletzungsvorsatz, da die Körperverletzung ein notwendiges Durchgangsstadium zur Tötung ist.[8] Doch soweit die §§ 223 ff. StGB tatbestandlich erfüllt sind, sind diese gegenüber einem vollendeten Totschlag subsidiär.

II. Zweiter Tatkomplex: Die Infizierung des B

1. Versuchter Totschlag (§§ 212 Abs. 1, 22, 23 Abs. 1 StGB)

T könnte wegen versuchten Totschlags an B strafbar sein. Die Tat ist nicht vollen- 11
det. Der Versuch des Totschlags ist strafbar gemäß §§ 212, 22, 23 Abs. 1, 12 Abs. 1 Alt. 1 StGB.

a) Tatentschluss

Dann müsste T Tatentschluss zur Tötung des B gehabt haben. Der Tatentschluss 12
muss sämtliche objektive Tatbestandsmerkmale sowie eventuell erforderliche subjektive Tatbestandsmerkmale erfassen.[9] T müsste daher zumindest bedingten Vorsatz zur Tötung des B gehabt haben. Hier gilt mit den gleichen Argumenten wie bereits ausgeführt (→ Rn. 5 ff.), dass T den Tod des B billigend in Kauf genommen hat. Damit ist Tatentschluss gegeben.

Hinweis: Mit hinreichender Argumentation ist auch hier vertretbar, T habe den Tod des B nicht billigend in Kauf genommen. Dann wäre der Tatentschluss nicht gegeben und T jedenfalls wegen Versuchs nicht strafbar (→ Rn. 7).

b) Unmittelbares Ansetzen

T müsste darüber hinaus unmittelbar zur Tatbestandsverwirklichung angesetzt ha- 13
ben (§ 22 StGB). Dies ist dann der Fall, wenn das Verhalten des Täters nach seiner Vorstellung derart eng mit der tatbestandlichen Ausführungshandlung verknüpft ist, dass es unmittelbar ohne weitere wesentliche Zwischenakte zur Tatbestandsverwirklichung kommen soll.[10] Zwar ist der Eintritt des Todes des B ungewiss und liegt außerhalb des Einflussvermögens der T. Doch hat T alles getan, um den Tod des B herbeizuführen. Sie hat die erforderliche Handlung vorgenommen. Daher ist hier das unmittelbare Ansetzen zu bejahen.

---

[8] Lackner/Kühl/*Kühl* § 212 StGB Rn. 7.
[9] *Wessels/Beulke/Satzger* AT Rn. 940; ausführlich *Kühl* § 15 Rn. 23 ff.
[10] *Hilgendorf/Valerius* AT § 10 Rn. 34; *Kühl* § 15 Rn. 58.

c) Rechtswidrigkeit und Schuld

14 T handelte rechtswidrig und schuldhaft.

d) Ergebnis

15 T hat sich wegen versuchten Totschlags an B nach §§ 212 Abs. 1, 22, 23 Abs. 1 StGB strafbar gemacht.

2. Körperverletzung (§ 223 Abs. 1 StGB)

16 Durch die Infizierung des B könnte sich T wegen einer Körperverletzung nach § 223 Abs. 1 StGB strafbar gemacht haben.

a) Tatbestand

aa) Objektiver Tatbestand

17 Eine Körperverletzung setzt eine körperliche Misshandlung oder eine Gesundheitsschädigung voraus. Eine körperliche Misshandlung (§ 223 Abs. 1 Alt. 1 StGB) ist jede üble, unangemessene Behandlung, durch die das körperliche Wohlbefinden nicht nur unerheblich beeinträchtigt wird.[11] Eine Beeinträchtigung des körperlichen Wohlbefindens ist bei der Infizierung noch nicht gegeben, da die Krankheit erst nach einer gewissen Inkubationszeit ausbricht. Es könnte jedoch eine Gesundheitsschädigung (§ 223 Abs. 1 Alt. 2 StGB) vorliegen. Eine Gesundheitsschädigung ist jedes Hervorrufen oder Steigern eines vom normalen Zustand der körperlichen Funktionen nachteilig abweichenden Zustandes.[12] Auch hierbei ist die unter Umständen lange Inkubationszeit problematisch. Vor Ausbruch der Krankheit ist die Infektion noch nicht mit einer Gesundheitsschädigung verbunden, sodass zum Teil das Vorliegen des § 223 StGB abgelehnt wird.[13] Doch wird mit der Infizierung durch das Virus bereits die Zusammensetzung der Körperflüssigkeit verändert, was zu einer dauerhaften Infektiosität der geschädigten Person führt. Der Verlauf der Krankheit ist bereits vorbestimmt. Der Infizierte ist gezwungen, seine Lebensführung zu ändern. Auch kann die psychische Situation, in der sich die infizierte Person befindet, eine Gesundheitsschädigung darstellen.[14] Danach ist in der Infizierung mit dem HI-Virus grundsätzlich bereits eine Gesundheitsschädigung zu sehen. B wurde von T mit dem Virus infiziert. Deshalb liegt auch gegenüber B eine Gesundheitsschädigung vor.

bb) Subjektiver Tatbestand

18 T handelte wieder mit bedingtem Vorsatz (§ 15 StGB). Entsprechend den obigen Ausführungen zur vorsätzlichen Tötung des A nahm sie die Infizierung des B billigend in Kauf.

b) Rechtswidrigkeit und Schuld

19 Rechtswidrigkeit und Schuld liegen vor.

[11] Lackner/Kühl/*Kühl* § 223 StGB Rn. 4.
[12] Lackner/Kühl/*Kühl* § 223 StGB Rn. 5.
[13] Vgl. AG Kempten NJW 1988, 2313, 2314f.; *Prittwitz* StV 1989, 123, 126f.
[14] BGH NJW 1990, 129; AG Hamburg NJW 1989, 2071.

c) Ergebnis

T hat sich wegen Körperverletzung (§ 223 Abs. 1 Alt. 2 StGB) zum Nachteil des B strafbar gemacht. **20**

3. Gefährliche Körperverletzung (§ 224 Abs. 1 StGB)

T könnte sich darüber hinaus wegen gefährlicher Körperverletzung nach § 224 Abs. 1 StGB strafbar gemacht haben. **21**

a) Tatbestand

aa) Objektiver Tatbestand

Eine einfache Körperverletzung liegt vor (→ Rn. 20). T könnte den Qualifikationstatbestand des § 224 Abs. 1 Nr. 1 StGB verwirklicht haben, indem sie B Gift (§ 224 Abs. 1 Nr. 1 Alt. 1 StGB) oder andere gesundheitsschädliche Stoffe (§ 224 Abs. 1 Nr. 1 Alt. 2 StGB) beigebracht hat. Unter Gift ist jeder anorganische oder organische Stoff zu verstehen, der unter bestimmten Bedingungen durch chemische oder chemisch-physikalische Wirkung die Gesundheit erheblich zu beeinträchtigen vermag.[15] Zu den anderen gesundheitsschädlichen Stoffen zählen alle, die biologisch, mechanisch oder thermisch wirken, z. B. auch Bakterien oder Viren.[16] Hierunter ist auch das HI-Virus zu subsumieren. **22**

T könnte außerdem die Körperverletzung mittels einer das Leben gefährdenden Behandlung begangen haben (§ 224 Abs. 1 Nr. 5 StGB). Dann müsste der ungeschützte Geschlechtsverkehr eine das Leben gefährdende Behandlung gewesen sein. Hierfür genügt die objektive Eignung zur Lebensgefährdung; eine konkrete Gefahr braucht nicht eingetreten zu sein.[17] Die Infizierung mit dem Virus führt letztlich zum Ausbruch der Erkrankung. Diese nimmt regelmäßig einen tödlichen Verlauf. Da der ungeschützte Geschlechtsverkehr grundsätzlich geeignet ist, den B zu infizieren, ist er auch geeignet, das Leben des B zu gefährden.[18] Damit ist § 224 Abs. 1 Nr. 5 StGB erfüllt. **23**

bb) Subjektiver Tatbestand

Hinsichtlich des Grundtatbestandes liegt Vorsatz vor (→ Rn. 18). T müsste auch vorsätzlich hinsichtlich der Qualifikationsmerkmale gehandelt haben (§ 15 StGB). Hinsichtlich § 224 Abs. 1 Nr. 1 StGB ergeben sich insoweit keine Probleme, da, wie bereits ausgeführt wurde (→ Rn. 18), T den B vorsätzlich infiziert hat. **24**

Hinweis: Die Tatsache, dass T den Virus möglicherweise nicht als gesundheitsschädlichen Stoff eingeordnet hat, ist als Subsumtionsirrtum unbeachtlich.[19]

Fraglich ist, ob T auch Vorsatz bzgl. § 224 Abs. 1 Nr. 5 StGB hatte. Hierfür genügt jedoch die Kenntnis der Umstände, aus denen sich die Gefährlichkeit des Tuns für das Leben des Opfers ergibt. Nicht erforderlich ist, dass der Täter die von ihm erkannten Umstände als lebensgefährdend einstuft.[20] Da T die Umstände kannte, **25**

[15] Schönke/Schröder/*Sternberg-Lieben* § 224 StGB Rn. 2b.

[16] Lackner/Kühl/*Kühl* § 224 StGB Rn. 1a m. w. N.; *Wessels/Hettinger/Engländer* BT 1 Rn. 227.

[17] Lackner/Kühl/*Kühl* § 224 StGB Rn. 8 m. w. N.

[18] Vgl. BGH NJW 1989, 781, 783; *Kindhäuser/Hilgendorf* § 224 StGB Rn. 18.

[19] Vgl. *Wessels/Beulke/Satzger* AT Rn. 362; eingehend *Baumann/Weber/Mitsch/Eisele* § 22 Rn. 50.

[20] BGH NJW 1989, 781, 785; *Fischer* § 224 StGB Rn. 32.

handelte sie vorsätzlich hinsichtlich einer das Leben gefährdenden Behandlung i.S.d. § 224 Abs. 1 Nr. 5 StGB.

b) Rechtswidrigkeit und Schuld

26 T handelte rechtswidrig und schuldhaft.

c) Ergebnis

27 T hat sich wegen gefährlicher Körperverletzung nach § 224 Abs. 1 Nr. 1 Alt. 2, 5 StGB strafbar gemacht.

Hinweis: Der Sachverhalt spricht nur von einer Infizierung des B, nicht auch von dem offenen Ausbruch der Krankheit. Bei gravierenden Immunschwächefolgen nach Ausbruch der HIV-Erkrankung wäre indessen auch an § 226 Abs. 1 Nr. 3 StGB (Verfallen in Siechtum) zu denken.

III. Dritter Tatkomplex: Die Infizierung des C

1. Körperverletzung (§ 223 Abs. 1 StGB)

28 T könnte wegen einer Körperverletzung gegenüber C strafbar sein.

a) Tatbestand

aa) Objektiver Tatbestand

29 Durch die Infizierung mit dem HI-Virus liegt eine Gesundheitsschädigung des C vor. Diese wurde kausal durch T verursacht.

bb) Subjektiver Tatbestand

30 T müsste vorsätzlich gehandelt haben (§ 15 StGB). Es könnte allenfalls bedingter Vorsatz der T anzunehmen sein. Bedingter Vorsatz liegt vor, wenn der Täter den ernstlich für möglich gehaltenen Erfolg billigend in Kauf genommen hat. Ein Fall bewusster Fahrlässigkeit ist anzunehmen, wenn der Täter fest darauf vertraut hat, dass „alles gut gehen“ und es ihm gelingen werde, den drohenden Erfolgseintritt zu vermeiden.[21] T hatte Kenntnis von ihrer Infizierung und der Gefahr der Ansteckung für C. Dennoch ist davon auszugehen, dass sie auf einen glücklichen Ausgang vertraut hat. T und C verbindet ein Liebesverhältnis. Deshalb kann unterstellt werden, dass T Schaden von C abwenden wollte. Es liegt daher kein Vorsatz der T vor.[22]

b) Ergebnis

31 T ist nicht wegen Körperverletzung nach § 223 Abs. 1 StGB strafbar.

2. Fahrlässige Körperverletzung (§ 229 StGB)

32 T könnte sich aber durch die Infizierung des C wegen fahrlässiger Körperverletzung strafbar gemacht haben.

---

[21] *Wessels/Beulke/Satzger* AT Rn. 340; eingehend *Baumann/Weber/Mitsch/Eisele* § 11 Rn. 19ff.

[22] BGH NJW 1990, 129, 130; a.A. gut vertretbar, vor allem mit Blick auf die Tatsache, dass es vermutlich nicht bloß einen, sondern zahlreiche Sexualkontakte mit C gegeben hat.

a) Tatbestand

T hat den tatbestandsmäßigen Erfolg i. S. d. § 229 StGB, eine Körperverletzung, verursacht. Dies müsste durch fahrlässiges Verhalten geschehen sein. Fahrlässig handelt, wer die im Verkehr erforderliche Sorgfalt außer Acht lässt. Es müsste also eine objektive Sorgfaltspflichtverletzung durch die T vorliegen. T wusste von ihrer HIV-Infizierung. Deshalb hätte sie keinen ungeschützten Geschlechtsverkehr haben dürfen. Da sie dennoch mit C schlief, liegt eine objektive Sorgfaltspflichtverletzung vor. Der Eintritt des tatbestandlichen Erfolges war auch voraussehbar und ist der T zurechenbar. **33**

b) Rechtswidrigkeit und Schuld

Rechtswidrigkeit und Schuld sind gegeben. Insbesondere war die Tat auch für T individuell vorhersehbar, sodass ihr eine subjektive Sorgfaltspflichtverletzung vorzuwerfen ist. **34**

c) Ergebnis

T ist einer fahrlässigen Körperverletzung schuldig (§ 229 StGB). Gemäß § 230 Abs. 1 Satz 1 StGB wird die Tat nur auf Antrag verfolgt. **35**

IV. Gesamtergebnis und Konkurrenzen

Die gefährliche Körperverletzung (§ 224 Abs. 1 Nr. 1 Alt. 2, 5 StGB) und der versuchte Totschlag (§§ 212 Abs. 1, 22, 23 Abs. 1 StGB) im zweiten Handlungsabschnitt sind durch dieselbe Handlung verwirklicht und stehen daher in Tateinheit (§ 52 StGB).[23] Die Körperverletzung tritt nicht hinter das bloß versuchte Tötungsdelikt zurück. Der Umstand, dass die Körperverletzung zwar vom Tötungswillen mit umfasst wird, ändert nichts daran, dass gerade nicht mit jeder versuchten Tötung das Opfer notwendig auch verletzt wird. Nur eine tateinheitliche Verurteilung bringt daher auch den verwirklichten Erfolgsunwert zum Ausdruck. Die in den weiteren Handlungsabschnitten verwirklichten Delikte beruhen auf selbstständigen Handlungen, sodass diese jeweils in Tatmehrheit hinzutreten (§ 53 StGB). T ist damit strafbar wegen eines versuchten Totschlags in Tateinheit mit einer gefährlichen Körperverletzung tatmehrheitlich zusammentreffend mit einem Totschlag und einer fahrlässigen Körperverletzung (§§ 212 Abs. 1, 22, 23 Abs. 1, 224 Abs. 1 Nr. 1 Alt. 2, 5, 52; 212 Abs. 1; 229; 53 StGB). **36**

Fallbeurteilung

Auch dieser Fall ist als Anfängerfall einzustufen. Er könnte nach seiner Länge und seinem Schwierigkeitsgrad in den ersten Semestern des Studiums als Abschlussklausur gestellt werden. Die Kenntnis der Körperverletzungstatbestände und des Totschlags wird vorausgesetzt.

Der Schwerpunkt des Falles liegt in der Abgrenzung von Vorsatz und Fahrlässigkeit. Dabei werden für eine ansprechende Bearbeitung keine Spezialkenntnisse, sondern

23 BGH NJW 1999, 69; *Fischer* § 212 StGB Rn. 22.

lediglich die Anwendung von Grundlagenwissen gefordert. Wichtig ist es insbesondere, zwischen den Elementen des Vorsatzes (kognitives und voluntatives Element) zu differenzieren und die Unterschiede herauszustellen, die bei der Ansteckung von A, B und C zu beachten sind.

Die Ergebnisse der Bearbeitung sind dabei nicht von ausschlaggebender Bedeutung, sofern sich die Lösung im Bereich des vertretbaren Rahmens bewegt. Wichtiger ist eine überzeugende juristische Argumentation.

Die korrekte Bearbeitung der Konkurrenzen ermöglicht einen guten Abschluss der Bearbeitung. Hierbei sollte die Argumentationsfigur der klarstellenden Tateinheit bekannt sein.

Vertiefungshinweise: BGH NJW 1987, 2314 (Körperverletzung durch AIDS-Infizierung); BGH NJW 1989, 781 (Strafbarkeit eines HIV-Infizierten bei ungeschütztem Geschlechtsverkehr).

Hörnle, Plädoyer für die Aufgabe der Kategorie „bedingter Vorsatz", JZ 2019, 440; *Puppe,* Begriffskonzeptionen des dolus eventualis, GA 2006, 65; *Schlehofer,* Risikovorsatz und zeitliche Reichweite der Zurechnung beim ungeschützten Geschlechtsverkehr des HIV-Infizierten, NJW 1989, 2017.

Fall 5. Ein Toter zu viel

Schwierigkeitsgrad: mittelschwer

Sachverhalt

Um den O loszuwerden, heuert A für 20.000 EUR den Berufskiller K an. K soll O im Pferdestall erschießen, wo O jeden Samstagabend die Tiere versorgt. Alle Einzelheiten will A dem K überlassen. Er beschreibt K die Statur des O und dessen Kleidung. Sicherheitshalber gibt er ihm sogar noch ein Foto des O mit, obwohl er es zu Recht für sehr unwahrscheinlich hält, dass zu diesem Zeitpunkt noch andere Personen als O den Stall betreten könnten. Am nächsten Samstagabend lauert K dem O auf. Schließlich betritt ein Mann, auf den die Beschreibung genau passt, den Pferdestall. K legt an und erschießt ihn. Doch infolge der Dunkelheit hat K den Falschen, nämlich U, erwischt. K versteckt sich erneut, und als tatsächlich O in den Pferdestall kommt, erschießt er auch ihn.

Strafbarkeit von A und K?

Gliederung

Rn.

I. Strafbarkeit des K 1
1. Totschlag an U (§ 212 Abs. 1 StGB) 1
a) Tatbestand 2
aa) Objektiver Tatbestand 2
bb) Subjektiver Tatbestand 3
Problem: Wie wirkt sich der Irrtum des K über das Tatobjekt aus?
b) Rechtswidrigkeit und Schuld 4
c) Ergebnis 5
2. Mord an U (§ 211 StGB) 6
a) Tatbestand 8
aa) Mordmerkmal Heimtücke 8
bb) Mordmerkmal Habgier 11
cc) Mordmerkmal niedrige Beweggründe 12
Problem: Genügt eine Auftragstötung für die Annahme niedriger Beweggründe?
b) Rechtswidrigkeit und Schuld 14
c) Ergebnis 15
3. Mord an O (§ 211 StGB) 16
II. Strafbarkeit des A 17
1. Anstiftung zum Mord an O und U (§§ 212, 211, 26 StGB) 17
a) Vorsätzliche, rechtswidrige Haupttat 18
b) Bestimmen 19

Rn.
aa) Bezüglich des Mordes an O 19
Problem: Erfüllt A Mordmerkmale in eigener Person?
bb) Bezüglich des Mordes an U 20
Problem: Kann die Objektsverwechslung des K dem A zugerechnet werden?
2. Fahrlässige Tötung (§ 222 StGB) 28
a) Handlung, Erfolg und Kausalität 29
b) Objektive Sorgfaltswidrigkeit und Vorhersehbarkeit 30
III. Konkurrenzen 31
Problem: Kann natürliche Handlungseinheit bzgl. zweier höchstpersönlicher Rechtsgüter vorliegen?

Lösung

I. Strafbarkeit des K

1. Totschlag an U (§ 212 Abs. 1 StGB)

1 K könnte sich durch den Schuss auf U wegen Totschlags nach § 212 Abs. 1 StGB strafbar gemacht haben.

a) Tatbestand

aa) Objektiver Tatbestand

2 K hat den U getötet und so den objektiven Tatbestand des § 212 Abs. 1 StGB erfüllt.

bb) Subjektiver Tatbestand

3 Problematischer ist der subjektive Tatbestand. Vorsatz ist das Wissen und Wollen der Tatbestandsverwirklichung.[1] Der Vorsatz muss im Zeitpunkt der Tatbestandsverwirklichung gegeben sein. Im vorliegenden Fall wollte K die Person, die den Pferdestall betreten hatte, durch Erschießen töten. Sein Vorsatz umfasste damit die Tatbestandsmerkmale des § 212 StGB und war darüber hinaus auf U konkretisiert. Entsprechend diesem Vorsatz hat K den U auch getötet. Damit wäre Vorsatz grundsätzlich zu bejahen. Fraglich ist jedoch, wie sich die Tatsache auswirkt, dass K über die Identität des Tatobjekts im Irrtum war: Er ging davon aus, die Person sei in Wirklichkeit der O. Der hier vorliegende Irrtumsfall wird als error in persona vel objecto bezeichnet. Nach einer Ansicht ist in dieser Konstellation der Vorsatz zu verneinen, da die Tat hinsichtlich des getroffenen Objekts wesentlich vom Vorstellungsbild des Täters abweicht.[2] Von der heute ganz überwiegenden Ansicht wird der Irrtum für unbeachtlich gehalten, wenn, wie hier, das wirkliche mit dem vorgestellten Tatobjekt tatbestandlich gleichwertig ist, da sich in diesem Fall der Unwertge-

[1] BGHSt 19, 295, 298: Wille zur Verwirklichung des Tatbestandes in Kenntnis der Umstände; *Fischer* § 15 StGB Rn. 3.

[2] Diese Ansicht wird heute allerdings kaum noch vertreten. Klassische Darstellung bei *v. Liszt,* Strafrecht, 21./22. Aufl. 1919, S. 170f.

halt der Taten nicht wesentlich unterscheidet.[3] Dafür spricht vor allem, dass sich der Vorsatz dem Wortlaut des Gesetzes nach nur abstrakt auf die Tötung „eines Menschen" beziehen muss. Die Fehlvorstellung über die Identität des Opfers wird zu Recht als bloßer Motivirrtum angesehen. Damit hatte K Vorsatz bzgl. der Tötung des U.

b) Rechtswidrigkeit und Schuld

Rechtswidrigkeit und Schuld liegen vor. 4

c) Ergebnis

K hat sich somit eines Totschlags (§ 212 Abs. 1 StGB) schuldig gemacht. 5

2. Mord an U (§ 211 StGB)

In Betracht kommt eine Strafbarkeit wegen Mordes (§ 211 StGB). 6

Hinweis: Man beachte, dass in dieser Falllösung mit der h. L. der Mord als Qualifikationstatbestand des § 212 StGB angesehen wird. Die Rspr. betrachtet Mord und Totschlag dagegen als selbstständige Tatbestände mit jeweils eigenständigem Unwertgehalt.[4]

Dazu müsste K (mindestens) ein Mordmerkmal verwirklicht haben. 7

a) Tatbestand

aa) Mordmerkmal Heimtücke

Das Grunddelikt des § 212 StGB ist gegeben (→ Rn. 5). Die Tötung des U könnte 8 als heimtückisch zu qualifizieren sein (§ 211 Abs. 2 Gruppe 2 Var. 1 StGB). Nach Auffassung der Rspr. handelt heimtückisch, wer die Arg- und Wehrlosigkeit des Opfers bewusst und in feindseliger Willensrichtung ausnutzt.[5]

Arglos ist, wer zum Zeitpunkt der Tat keinen tätlichen Angriff erwartet. Dies war 9 bei U der Fall. Er war auch infolge seiner Arglosigkeit zur Abwehr des Angriffs außerstande[6] und somit wehrlos. Auch eine feindselige Willensrichtung des Täters lag vor. Legt man die Ansicht der Rspr. zugrunde, so kann das Mordmerkmal „Heimtücke" also bejaht werden.

Demgegenüber wird in der Lit. teilweise vorgeschlagen, das Merkmal der feindli- 10 chen Gesinnung durch das Erfordernis eines besonders verwerflichen Vertrauensbruches zu ersetzen.[7] Für den vorliegenden Fall wäre danach zu prüfen, ob K ein verwerflicher Vertrauensbruch angelastet werden kann. Dies dürfte zu verneinen sein, da U dem K gar kein Vertrauen entgegengebracht hat. Der soeben skizzierten Ansicht ist jedoch entgegenzuhalten, dass mit ihr keinerlei Präzisierungsgewinn verbunden ist. Im Gegenteil sprechen die bekannten Auslegungsschwierigkeiten bei dem Merkmal „verwerflich" in § 240 Abs. 2 StGB dafür, diesen hochproblemati-

[3] *Roxin/Greco* AT I § 12 Rn. 173, 194 ff.
[4] Siehe speziell zu den Aufbauproblemen bei den §§ 211, 212 StGB *Wessels/Hettinger/Engländer* BT 1 Rn. 83 ff.
[5] BGHSt 32, 382; 39, 353, 368; BGH NStZ 2009, 569, 570.
[6] Vgl. dazu auch BGH NStZ 1991, 233.
[7] So etwa Schönke/Schröder/*Eser/Sternberg-Lieben* § 211 StGB Rn. 26 m. w. N. Einen knappen Überblick über die in der Lit. und Rspr. vertretenen Ansichten geben *Otto/Bosch* BT § 4 Rn. 17 ff.

schen Ausdruck wenn irgend möglich durch klarer abgegrenzte Begriffe zu ersetzen.[8] Vorzugswürdig erscheint es deshalb, mit der Rspr. lediglich das Vorliegen einer „feindseligen Willensrichtung" zu verlangen und bei K demgemäß Heimtücke zu bejahen.

bb) Mordmerkmal Habgier

11 K könnte aus Habgier gehandelt haben (§ 211 Abs. 2 Gruppe 1 Var. 3 StGB). Habgier bedeutet mehr als bloß den Willen, sich durch die Tötung zu bereichern; erforderlich ist vielmehr ein ungezügeltes und rücksichtsloses Streben nach Gewinn um jeden Preis.[9] Bei für Tatlohn gedungenen Tätern wird Habgier in aller Regel bejaht.[10] Angesichts des rücksichtslosen Eigennutzes, den ein bezahlter Killer an den Tag legt, ist dieser Ansicht zuzustimmen. Habgier i.S.v. § 211 Abs. 2 Gruppe 1 Var. 3 StGB liegt somit vor.

cc) Mordmerkmal niedrige Beweggründe

12 Zu denken ist weiter an das Vorliegen sonstiger niedriger Beweggründe (§ 211 Abs. 2 Gruppe 1 Var. 4 StGB). Bei der Auslegung dieses Qualifikationsmerkmals ist allerdings darauf zu achten, dass die Tötung eines anderen Menschen grundsätzlich immer verwerflich ist. Allein aus der Tötung eines anderen kann also nicht auf das Vorliegen „niedriger Beweggründe" i.S.d. § 211 Abs. 2 Gruppe 1 Var. 4 StGB geschlossen werden. „Niedrig" i.S. dieser Bestimmung sind vielmehr nur solche Tatantriebe, die sittlich auf tiefster Stufe stehen und nach allgemein anerkannten Wertmaßstäben besonders verwerflich und geradezu verachtenswert sind.[11] Beispiele dafür sind etwa die Tötung aus Rachsucht oder aus Rassenhass.[12] K ist zwar ein berufsmäßiger Killer und wickelt als solcher die Tötung von Menschen quasi „geschäftsmäßig" ab; dies reicht jedoch noch nicht aus, um „niedrige Beweggründe" annehmen zu können. Aus der Bereicherungsabsicht des K lässt sich ebenfalls nicht auf „sonstige niedrige Beweggründe" schließen, da dieser Aspekt allein im Hinblick auf das speziellere Mordmerkmal „Habgier" zu prüfen ist.

Hinweis: Gut vertretbar ist es deshalb sogar, „sonstige niedrige Beweggründe" hier gar nicht mehr anzusprechen.

13 Zusammenfassend ist somit festzustellen, dass „sonstige niedrige Beweggründe" hier nicht angenommen werden können.

b) Rechtswidrigkeit und Schuld

14 Rechtswidrigkeit und Schuld sind gegeben.

c) Ergebnis

15 Im Ergebnis hat sich K somit eines Mordes gemäß § 211 Abs. 1, 2 Gruppe 1 Var. 3 (Habgier), Gruppe 2 Var. 1 (Heimtücke) StGB schuldig gemacht. Der Totschlag tritt dahinter zurück (Spezialität).

[8] Zu einem Versuch, den Begriff „Verwerflichkeit" zu präzisieren, vgl. *Haft* BT II S. 179 ff.; vgl. auch BVerfGE 45, 187 ff. zum Gebot einer einschränkenden Auslegung der Mordmerkmale.

[9] *Fischer* § 211 StGB Rn. 10; eingehend *Arzt/Weber/Heinrich/Hilgendorf* § 2 Rn. 56 ff.

[10] Schönke/Schröder/*Eser/Sternberg-Lieben* § 211 StGB Rn. 17.

[11] BGHSt 3, 132; *Wessels/Hettinger/Engländer* BT 1 Rn. 49.

[12] Vgl. BGHSt 18, 37; *Fischer* § 211 StGB Rn. 27.

3. Mord an O (§ 211 StGB)

Auch den O hat K getötet (§ 212 Abs. 1 StGB). Da K den O auf dieselbe Weise umgebracht hat wie zuvor den U, liegt auch insoweit ein Mord vor (§ 211 Abs. 1, 2 Gruppe 1 Var. 3 [Habgier], Gruppe 2 Var. 1 [Heimtücke] StGB). K hat sich also zweier Morde gemäß § 211 Abs. 1, 2 Gruppe 1 Var. 3 (Habgier), Gruppe 2 Var. 1 (Heimtücke) StGB schuldig gemacht. **16**

II. Strafbarkeit des A

1. Anstiftung zum Mord an O und U (§§ 212, 211, 26 StGB)[13]

A könnte sich wegen Anstiftung zum Mord an O und U (§§ 212, 211, 26 StGB) strafbar gemacht haben. **17**

a) Vorsätzliche, rechtswidrige Haupttat

Eine vorsätzliche und rechtswidrige Haupttat ist jeweils durch die vollendeten Morde des K gegeben. **18**

b) Bestimmen

aa) Bezüglich des Mordes an O

A hat den K vorsätzlich zur Tötung des O bestimmt, indem er dessen Tatentschluss hervorrief. Habgier liegt bei A allerdings nicht vor. Folgt man der h.L., die den Mord als Qualifikationstatbestand des § 212 StGB ansieht, scheidet eine Anstiftung insofern aus. Denn dann gilt § 28 Abs. 2 StGB, und A haftet nicht für die besonderen persönlichen Merkmale, die nur bei K, nicht aber bei ihm vorliegen.[14] Zum selben Ergebnis kommt man, wenn man die täterbezogenen Mordmerkmale der Gruppe 1 als Schuldmerkmale versteht und § 29 StGB anwendet.[15] Die Rspr. betrachtet Mord und Totschlag dagegen als selbstständige Tatbestände und wendet auch auf besondere persönliche Merkmale Akzessorietätsregeln an. Weil A von der Habgier des K weiß, liegt nach Ansicht der Rspr. insoweit eine Anstiftung zum Mord vor. Auf die Entscheidung des Streits kommt es indessen nicht an. Denn A hat auch das heimtückische Vorgehen des K in seinen Vorsatz aufgenommen. Für tatbezogene Merkmale wie die Heimtücke gilt die Akzessorietätsdurchbrechung des § 28 Abs. 2 StGB ohnehin nicht. Damit hat A eine Anstiftung zum Mord (§§ 211 Abs. 1, 2 Gruppe 2 Var. 1 [Heimtücke], 26 StGB) begangen.[16] **19**

bb) Bezüglich des Mordes an U

Fraglich ist, ob A auch hinsichtlich des Mordes an U als Anstifter anzusehen ist. A wollte den Tod des U nicht. **20**

---

[13] In Fällen wie dem vorliegenden kann eine gemeinsame Prüfung ausnahmsweise zulässig sein. Gedanklich müssen die mit der Anstiftung zur Tötung des O und des U aufgeworfenen Probleme jedoch klar auseinandergehalten werden. Wer sich bei der Fallbearbeitung noch unsicher fühlt, kann deshalb ohne Weiteres auch eine getrennte Prüfung vornehmen, freilich um den Preis vermehrter Schreibarbeit und inhaltlicher Redundanzen.

[14] Vgl. Schönke/Schröder/*Eser/Sternberg-Lieben* § 211 StGB Rn. 48f.

[15] Vgl. *Wessels/Beulke/Satzger* AT Rn. 877.

[16] Vgl. *Wessels/Hettinger/Engländer* BT 1 Rn. 93ff.; BGHSt 50, 1 m.Anm. *Valerius* JA 2005, 682.

21 Man könnte argumentieren, dass der für den Täter unbeachtliche error in persona vel objecto (→ Rn. 3) auch für den Anstifter unbeachtlich sein muss.[17] Immerhin stammt der Anstoß für den Mord an U von A. Bei dieser Konstellation ist es schwer einzusehen, dass A, nur weil er die konkrete Tatausführung dem K überlassen hat, privilegiert werden soll, indem man seinen Anstiftervorsatz in Bezug auf U verneint. Auch der BGH ist diesen Weg gegangen.[18]

22 Gegen diese Ansicht wird vor allem folgendes Argument vorgetragen: Angenommen, K tötete nach U nicht nur den O, sondern zahlreiche Unbekannte, die er mit O verwechselt, bis er endlich den richtigen O erwischt. Unproblematisch ist, dass hier K in allen Fällen als Mörder zu bestrafen ist. Soll aber auch A in allen Fällen als Anstifter der Tat zu bestrafen sein? Dies würde in deutlichem Gegensatz zum Schuldprinzip stehen, aus dem sich unter anderem ergibt, dass Anstiftervorsatz und Haupttatverlauf im Wesentlichen übereinstimmen müssen. Deshalb, so wird argumentiert, sei der error in persona vel objecto des Täters wie eine aberratio ictus des Anstifters zu behandeln.[19]

23 Für eine Lösung dieses Problems ist zweckmäßigerweise von den allgemeinen Regeln über das Verhältnis von Täterschaft und Teilnahme (hier der Anstiftung) auszugehen.[20] Dabei ist anerkannt, dass Täterexzesse dem Anstifter nicht zugerechnet werden können. Dies muss auch hier gelten. Es kommt also darauf an, ob die vom Täter begangene Tat in ihrer konkreten Gestalt vom Vorsatz des Anstifters umfasst war. Nur bei wesentlichen Abweichungen zwischen dem vorgestellten und dem tatsächlichen Kausalverlauf ist eine Zurechnung zu verneinen.[21] Tötet der Täter ein anderes Opfer als es der Anstifter im Sinn hatte, so kann demgemäß weder pauschal eine Unbeachtlichkeit des Irrtums für den Anstifter angenommen, noch können – ebenso pauschal – ohne Weiteres die Regeln einer aberratio ictus angewendet werden; es kommt vielmehr darauf an, ob der Vorsatz des Anstifters zumindest in Form von dolus eventualis auch den Tod weiterer Menschen mit umfasst hat. Hat er dies, so kann dem Anstifter auch das Verhalten des Haupttäters zugerechnet werden.[22]

24 Fraglich ist also, ob der Anstiftervorsatz von A den Tod eines weiteren Menschen erfasste. Es kann davon ausgegangen werden, dass A nicht den Tod des U als konkrete Person in seinen Vorsatz aufgenommen hatte. Bei der Prüfung des error in persona vel objecto hatte es jedoch ausgereicht, dass sich der Tötungsvorsatz auf die Tatbestandsmerkmale der §§ 212, 211 StGB bezog; die Identität des Opfers brauchte vom Vorsatz des Täters nicht umfasst zu sein. Die gleichen Grundsätze sind auch hier anzuwenden.[23] Damit stellt sich für den vorliegenden Fall die Frage,

[17] So schon das Preußische Obertribunal GA 7 (1859), 322 in dem berühmten Fall „Rose-Rosahl"; dazu *Alwart* JuS 1979, 351; *Bemmann* MDR 1958, 817; *Roxin/Greco* AT I § 12 Rn. 173, 194 ff.; *Toepel* JA 1997, 344); ferner Schönke/Schröder/*Heine/Weißer* § 26 StGB Rn. 26; *Loewenheim* JuS 1966, 310, 314; *Puppe* GA 1984, 101, 120 f.; *Wessels/Beulke/Satzger* AT Rn. 896 ff. mit umfangreichen Angaben zum Streitstand.

[18] BGHSt 37, 214 = NStZ 1991, 123 m. Anm. *Puppe* NStZ 1991, 124 und *Roxin* JZ 1991, 680.

[19] *Jescheck/Weigend* § 64 II 4; *Stoffers* JuS 1993, 837; vgl. auch *Stratenwerth/Kuhlen* § 8 Rn. 98 mit von der h. M. abweichender Behandlung der aberratio ictus.

[20] BGHSt 37, 214 = NStZ 1991, 123 – Hoferbenfall.

[21] *Baumann/Weber/Mitsch/Eisele* § 26 Rn. 74.

[22] Vgl. im Ergebnis auch *Loewenheim* JuS 1966, 310, 315.

[23] Vgl. in diesem Zusammenhang *Puppe* GA 1981, 1.

ob A den Tod irgendeines weiteren Menschen für möglich gehalten und sich damit abgefunden hat. A hat dem K den O genau beschrieben und ihm sogar ein Bild des O ausgehändigt. Der Vorsatz des A war also auf die Tötung des O konkretisiert. Ob A hingegen den Tod noch weiterer Menschen für möglich hielt und sich damit abfand, geht aus dem Sachverhalt nicht hervor.

Man könnte zwar im Einklang mit dem zuvor (→ Rn. 21) zur Konkretisierung des Vorsatzes Ausgeführten argumentieren, A habe den Tod eines Menschen gewünscht und dieser Wunsch sei erfüllt worden. Der Anstiftervorsatz des A habe deshalb auch den Tod des U umfasst. Dem steht jedoch entgegen, dass A nur einen einzigen Menschen töten lassen wollte, keineswegs aber zwei. Die hier gegebene Abweichung im Kausalverlauf war vom Vorsatz des A nicht mehr umfasst. **25**

Hinweis: Hätte K dagegen nur den U getötet und wäre O unversehrt davongekommen, so wäre bei im Übrigen gleich bleibender Fallgestaltung eine vollendete Anstiftung anzunehmen.

Ein Anstiftervorsatz über die Tötung von O hinaus kann deshalb bei A nicht angenommen werden. **26**

Hinweis: Insofern unterscheidet sich der vorliegende Sachverhalt von dem in BGHSt 37, 214 entschiedenen, wo der BGH annahm, die Abweichung des tatsächlichen Geschehensablaufs von dem vorgestellten halte sich noch in den Grenzen des nach allgemeiner Lebenserfahrung Vorhersehbaren.

Dies bedeutet, dass der Tod des U dem A nicht zugerechnet werden kann. Eine Anstiftung zum Mord an U kommt deshalb nicht in Betracht. Auch eine versuchte Anstiftung zum Mord an U gemäß § 30 Abs. 1 Satz 1 Alt. 1 StGB i.V.m. §§ 212, 211 StGB scheidet mangels Anstiftervorsatzes aus. **27**

2. Fahrlässige Tötung (§ 222 StGB)

Möglicherweise ist A aber eine fahrlässige Tötung des U (§ 222 StGB) vorzuwerfen. **28**

a) Handlung, Erfolg und Kausalität

Hätte A den K nicht zur Tötung des O angestiftet, so wäre auch U nicht getötet worden. Kausalität zwischen der Handlung des A und dem eingetretenen Erfolg liegt mithin vor. **29**

b) Objektive Sorgfaltswidrigkeit und Vorhersehbarkeit

Fraglich ist, ob dem A eine Sorgfaltswidrigkeit vorgeworfen werden kann. Dabei ist zu beachten, dass sich die durch die Sorgfaltswidrigkeit geschaffene Gefahr gerade in dem eingetretenen Erfolg realisieren muss.[24] Im vorliegenden Fall hat A den K mit der Tötung des O beauftragt. Allein daraus kann jedoch nicht auf das Vorliegen von Fahrlässigkeit hinsichtlich des Todes von U geschlossen werden. Dies liefe auf eine Rückkehr zur überholten Lehre des versari in re illicita hinaus, wonach der Verursacher auch für rein zufällige Erfolge haften soll, wenn nur die Vorhandlung unerlaubt war.[25] Zu prüfen ist vielmehr, ob dem A hinsichtlich des U ein Sorgfaltsmangel vorzuwerfen ist, der sich gerade in dem Tod von U realisiert hat. Den Sachverhaltsangaben zufolge brauchte A nicht damit zu rechnen, dass der Pferde- **30**

24 BGHSt 11, 1; ausführlich Schönke/Schröder/*Sternberg-Lieben/Schuster* § 15 StGB Rn. 156ff.
25 Dazu *Rüping/Jerouschek* Rn. 33.

stall an dem fraglichen Abend von anderen Personen als O betreten werden würde. Dennoch hat er „sicherheitshalber" dem Killer das Opfer O sorgfältig beschrieben und dem K sogar ein Bild des Opfers überlassen. Bei dieser Sachlage ist dem A nicht vorzuwerfen, sich in Bezug auf U sorgfaltswidrig verhalten zu haben. Dass K infolge der Dunkelheit zunächst unbeabsichtigt das falsche Opfer erschoss, ist dem A deshalb nicht zuzurechnen. A hat also zwar einen berufsmäßigen Killer mit der Tötung von O beauftragt und insoweit vorsätzlich gehandelt. Im Hinblick auf den Tod von U hingegen ist ihm nicht einmal Fahrlässigkeit vorzuwerfen. Eine fahrlässige Tötung des U scheidet deshalb aus.

III. Konkurrenzen

31 Bei K ist fraglich, in welchem Verhältnis die beiden Morde zueinander stehen. In Betracht kommt Idealkonkurrenz (§ 52 StGB) infolge natürlicher Handlungseinheit.[26]

32 Die Rspr. geht von einem sehr weiten Begriff der natürlichen Handlungseinheit aus. Sie soll dann vorliegen, wenn mehrere Verhaltensweisen von einem einheitlichen Willen getragen werden und auf Grund ihres räumlich-zeitlichen Zusammenhangs derart eng miteinander verbunden sind, dass sie für die natürliche Lebensauffassung als Einheit erscheinen. Dies soll selbst bei Angriffen auf verschiedene höchstpersönliche Rechtsgüter gelten.[27] Teilweise lässt der BGH sogar bloß die Einheitlichkeit des Willensentschlusses genügen.[28]

33 Die Auffassung der Rspr. ist jedoch abzulehnen. Die von ihr vorgebrachten Kriterien sind viel zu weit, um klare Abgrenzungen zu ermöglichen. Gerade in den problematischen Fällen führt die „natürliche Lebensauffassung" nicht weiter; durch das Abstellen auf einen angeblich „einheitlichen Willensentschluss" lassen sich fast beliebige Ergebnisse erzielen. Die Rspr. argumentiert offenkundig vor allem mit dem Ziel, die Anwendung des § 53 StGB (und damit komplizierte Strafzumessungserwägungen) zu vermeiden.

34 Zustimmung verdient deshalb die Ansicht, die die natürliche Handlungseinheit auf solche Fälle beschränken will, in denen durch die Wiederholung eines einzigen Tatbestandes in rascher Folge auf Grund eines einheitlichen Willensentschlusses ein Unrecht lediglich quantitativ gesteigert wird.[29] Wie die zuletzt genannte Voraussetzung zeigt, ist zudem bei der Verletzung verschiedener höchstpersönlicher Rechtsgüter die Annahme natürlicher Handlungseinheit ausgeschlossen.[30]

35 Im vorliegenden Fall hat K zwar denselben Tatbestand zweimal kurz hintereinander verwirklicht. Dem lag jedoch kein einheitlicher Willensentschluss zugrunde, denn erst nachdem K erkannte, dass er zunächst den Falschen erschossen hatte, fasste er den neuen Entschluss, sich wieder auf die Lauer zu legen und auch noch O zu erschießen. Im Übrigen handelt es sich um die Verletzung zweier höchstpersönlicher Rechtsgüter, sodass natürliche Handlungseinheit ohnehin ausscheidet.

---

26 *Hilgendorf/Valerius* AT § 13 Rn. 12 f.; *Heinrich* Rn. 1413 ff.

27 So etwa BGH NStZ 1985, 217; StV 1990, 544; enger BGH NStZ 1996, 129.

28 So insbesondere in den „Polizeifluchtfällen", vgl. etwa BGHSt 22, 67, 76. Dazu krit. *Sowada* Jura 1995, 245.

29 Schönke/Schröder/*Sternberg-Lieben/Bosch* Vor §§ 52 ff. StGB Rn. 17.

30 *Gropp* § 14 Rn. 44; *Roxin* AT II § 33 Rn. 38.

Die ebenfalls verwirklichten §§ 223, 224 StGB treten hinter die §§ 212, 211 StGB zurück (Einheitstheorie).[31] Ob auch § 123 StGB vorliegt, ist Tatfrage (wird § 123 StGB für K bejaht, ist A bei gegebenem Vorsatz der Anstiftung zum Hausfriedensbruch schuldig). Der Hausfriedensbruch steht wegen des unterschiedlichen Rechtsgutes zu den §§ 212, 211 StGB in Tateinheit. **36**

Im Ergebnis bleibt somit festzuhalten, dass sich K des Mordes in zwei Fällen schuldig gemacht hat (§§ 211 Abs. 1, 2 Gruppe 1 Var. 3 [Habgier], Gruppe 2 Var. 1 [Heimtücke], 53 StGB). A hingegen ist der Anstiftung zum Mord an O schuldig (§§ 211 Abs. 1, 2 Gruppe 2 Var. 1 [Heimtücke], 26 StGB). **37**

Fallbeurteilung

Dieser Fall weist insgesamt einen mittleren Schwierigkeitsgrad auf. Es werden gute Kenntnisse im Bereich des Allgemeinen Teils des StGB vorausgesetzt. Schwerpunkte liegen im Bereich der Täterschaft und Teilnahme, der Fahrlässigkeit und der Irrtumsproblematik. Auch die Prüfung der Mordmerkmale sollte bekannt sein.

Das besondere Problem des Falles bildet die Frage, wie sich der Irrtum eines Täters über das Tatobjekt (U/O) auf die Strafbarkeit des Anstifters (A) auswirkt. Diese Problematik ist durch den Rose-Rosahl-Fall des Preußischen Obertribunals berühmt geworden. Der Bearbeiter sollte daher diskutieren, ob diese Verwechslung dem A als Anstifter zugerechnet werden kann. In diesem Zusammenhang ist auf die verschiedenen Möglichkeiten der Behandlung des error in persona vel objecto in Bezug auf den Anstifter einzugehen. Dabei sollten drei unterschiedliche Standpunkte angesprochen werden:

- Der error in persona des Täters ist auch für den Anstifter unbeachtlich. **Folge:** Strafbarkeit wegen Anstiftung zum Mord auch bzgl. des irrtümlich getroffenen Opfers.
- Der error in persona des Täters wirkt sich für den Anstifter als aberratio ictus aus. **Folge:** Strafbarkeit wegen fahrlässiger Tötung bzgl. des irrtümlich getroffenen Opfers möglich, Versuch hinsichtlich des anvisierten Opfers.
- Die Tat wird dem Anstifter zugerechnet, wenn die irrtümliche Tötung noch vom Vorsatz des Anstifters zumindest in Form von dolus eventualis mit umfasst war. **Folge:** Es muss geprüft werden, ob ein entsprechender Vorsatz vorlag.

Vertiefungshinweise: BGHSt 37, 214 = NStZ 1991, 123 (Hoferbenfall), Preußisches Obertribunal GA 7 (1859), 322 (Rose-Rosahl-Fall).

Dohmen, Karnevalsparty mit Folgen, Jura 2006, 143; *Geppert,* Zum „error in persona vel obiecto" und zur „aberratio ictus", insbesondere vor dem Hintergrund der neuen „Rose-Rosahl-Entscheidung" (BGHSt 37, 214 ff.), Jura 1992, 163; *Schlehofer,* Der error in persona des Haupttäters – eine aberratio ictus für den Teilnehmer?, GA 1992, 307; *Toepel,* Aspekte der „Rose-Rosahl"-Problematik, JA 1996, 886 (Teil 1), 1997, 248 (Teil 2) und 344 (Teil 3); *ders.,* Fälle zu error in persona und aberratio ictus, JA 1997, 948.

[31] Lackner/Kühl/*Kühl* § 212 StGB Rn. 7 ff., 9; a. A. noch RGSt 61, 375 (Gegensatztheorie).

Fall 6. Hundeelend

Schwierigkeitsgrad: mittelschwer

Sachverhalt

Seit langem ist B für A ein lästiger Konkurrent um die Gunst einer gemeinsamen Bekannten. Als er ihn nachts zufällig auf dem Gehweg einer dunklen Seitenstraße entgegenkommen sieht, fasst A spontan den Entschluss, seinen Nebenbuhler aus dem Weg zu räumen. Es zückt sein Taschenmesser und sticht mit den Worten „Jetzt ist es aus mit Dir!“ auf den körperlich weit stärkeren B ein.

Nachdem B bereits Stich- und Schnittverletzungen an Arm und Oberschenkel davongetragen hat, erkennt er, dass es um Leben und Tod geht und es ihm kaum gelingen wird, seinen Gegner zu entwaffnen. Er schlägt den A, als dieser zu einem weiteren Stich ausholt, mit dem Kopf hart gegen die Bordsteinkante. A ist sofort bewusstlos und stirbt kurze Zeit später an den Folgen eines Schädelbasisbruchs, was B als mögliche Folge seines Handels vorausgesehen und in Kauf genommen hatte.

Einige Wochen später frühstückt B im Café Cher. Beim Bezahlen ärgert er sich über die Höhe der Rechnung. Als er nach dem Bezahlen das Lokal verlässt, revanchiert er sich, indem er mit der Metallspitze seines Spazierstockes dem am Ausgang liegenden Hund W einen Stich versetzt. Der Vierbeiner gehört – wie B weiß – dem Lokalbesitzer G. W trägt eine blutende Fleischwunde davon und muss in tierärztliche Behandlung. Der Asthmatiker G ist über die Verletzung seines besten Freundes dermaßen erregt, dass er einen schweren Anfall erleidet und von einem herbeigerufenen Notarzt behandelt werden muss. Von der Erkrankung des G wusste B nichts.

Abwandlung: B weiß von der Krankheit des G. Er rechnet damit, dass sein Vorgehen bei diesem einen Anfall auslösen würde.

Strafbarkeit des B? Strafvorschriften des Nebenstrafrechts bleiben außer Betracht.

Gliederung

Rn.

I. Erster Tatkomplex: Der nächtliche Kampf 1
1. Totschlag (§ 212 Abs. 1 StGB) 1
a) Tatbestand 2
aa) Objektiver Tatbestand 2
bb) Subjektiver Tatbestand 3
b) Rechtswidrigkeit 4
Problem: Ist B aufgrund des Angriffs mit dem Messer wegen Notwehr gerechtfertigt?
aa) Notwehrlage 5
bb) Notwehrhandlung 6
cc) Subjektives Rechtfertigungselement – Verteidigungswille 7
c) Ergebnis 8

Rn.
2. Körperverletzung (§ 223 Abs. 1 StGB) 9
3. Ergebnis 10

II. Zweiter Tatkomplex: Revanche am Hund 11
1. Sachbeschädigung (§ 303 Abs. 1 StGB) 11
a) Tatbestand 12
b) Rechtswidrigkeit und Schuld 14
c) Ergebnis 15
2. Körperverletzung (§ 223 Abs. 1 StGB) 16
a) Tatbestand 17
Problem: Liegt ein atypischer Kausalverlauf vor, der dem B nicht zugerechnet werden kann?
b) Ergebnis 21
3. Fahrlässige Körperverletzung (§ 229 StGB) 22
a) Handlung, Erfolg, Kausalität 23
b) Objektive Sorgfaltswidrigkeit und Vorhersehbarkeit 24
Problem: War der Erfolgseintritt eines schweren Anfalls aufgrund der Verletzung des Hundes für B objektiv vorhersehbar?
c) Ergebnis 25
4. Ergebnis im zweiten Tatkomplex 26

III. Gesamtergebnis, Konkurrenzen im Grundfall 27

IV. Abwandlung (Zweiter Tatkomplex) 28
1. Sachbeschädigung (§ 303 Abs. 1 StGB) 28
2. Körperverletzung (§ 223 Abs. 1 StGB) 29
a) Tatbestand 30
aa) Objektiver Tatbestand 30
Problem: Liegt trotz der Kenntnis des B von der Krankheit des G ein atypischer Kausalverlauf vor?
bb) Subjektiver Tatbestand 31
b) Rechtswidrigkeit und Schuld 32
c) Ergebnis 33
3. Gefährliche Körperverletzung (§ 224 Abs. 1 Nr. 2, 5 StGB) 34
a) Tatbestand 35
aa) Objektiver Tatbestand 35
(1) § 224 Abs. 1 Nr. 2 StGB 35
Problem: Muss das gefährliche Werkzeug in eine räumlich-funktionale Beziehung zum Körper des Opfers gelangen?
(2) § 224 Abs. 1 Nr. 5 StGB 36
bb) Subjektiver Tatbestand 37
b) Rechtswidrigkeit und Schuld 38
c) Ergebnis 39

V. Gesamtergebnis, Konkurrenzen in der Abwandlung 40

Lösung

I. Erster Tatkomplex: Der nächtliche Kampf

1. Totschlag (§ 212 Abs. 1 StGB)

1 B könnte sich nach § 212 Abs. 1 StGB strafbar gemacht haben, indem er A mit dem Kopf auf die Bordsteinkante schlug.

a) Tatbestand

aa) Objektiver Tatbestand

2 Voraussetzung für § 212 Abs. 1 StGB ist, einen anderen Menschen zu töten. A ist ein anderer Mensch. B hat den Kopf des A gegen die Bordsteinkante geschlagen. Hätte B dies nicht getan, wäre A nicht gestorben. Damit war seine Handlung kausal i. S. einer notwendigen Bedingung (conditio sine qua non) für den Tod des A.

bb) Subjektiver Tatbestand

3 Außerdem müsste B vorsätzlich (§ 15 StGB) gehandelt haben. Vorsatz ist Wissen und Wollen der Tatbestandsverwirklichung. Es ist nicht ersichtlich, dass B den Tod des A wollte (Absicht) oder mit Sicherheit davon ausging, dieser würde in Folge des Schlages sterben (Wissentlichkeit). Ihm ging es darum, seinen Gegner kampfunfähig zu machen. Er sah die Möglichkeit des Todes des A jedoch voraus und fand sich mit ihr ab. Damit hatte er Vorsatz in Form von dolus eventualis.

b) Rechtswidrigkeit

4 Fraglich ist, ob B auch rechtswidrig handelte. Hier könnte B durch Notwehr gerechtfertigt sein (§ 32 StGB).

aa) Notwehrlage

5 Dafür ist zunächst eine Notwehrlage erforderlich. Es muss ein gegenwärtiger rechtswidriger Angriff vorgelegen haben. Angriff ist jede von menschlichem Verhalten ausgehende Gefahr für rechtlich geschützte Güter und Interessen.[1] Durch das Verhalten des A, nämlich die Messerstiche, waren das Leben und die körperliche Unversehrtheit des B in Gefahr. Er war damit einem Angriff ausgesetzt. Dieser müsste auch gegenwärtig gewesen sein. Gegenwärtig ist ein Angriff, der unmittelbar bevorsteht, begonnen hat oder noch andauert.[2] Zum Zeitpunkt der Verteidigungshandlung des B dauerte der Angriff des A noch an. Damit war er gegenwärtig. Der Angriff müsste auch rechtswidrig gewesen sein. Rechtswidrig ist ein Angriff, der gegen Rechtsnormen verstößt und nicht seinerseits gerechtfertigt ist. Der Angriff des A erfüllte den Tatbestand des (versuchten) Totschlags und der Körperverletzung, A konnte sich auf keinen Rechtfertigungsgrund berufen. Damit war der Angriff rechtswidrig. Eine Notwehrlage liegt vor.

bb) Notwehrhandlung

6 B müsste eine zur Abwehr des Angriffs geeignete, erforderliche und gebotene Handlung (Notwehrhandlung) vorgenommen haben. Der Schlag beendete den Angriff

[1] Lackner/Kühl/*Kühl* § 32 StGB Rn. 2; *Zieschang* S. 58.
[2] Lackner/Kühl/*Kühl* § 32 StGB Rn. 4.

des A. Damit war er eine geeignete Verteidigungshandlung. Er müsste auch erforderlich gewesen sein. Erforderlich ist das bei gleicher Effektivität jeweils mildeste Mittel zur Abwendung eines Angriffs. Für B stand kein milderes Mittel zur Verfügung, um den Angriff zu beenden. Es bestand keine Aussicht, den A zu entwaffnen oder sonst von dem Angriff abzubringen. Der Schlag gegen die Bordsteinkante war das mildeste Mittel und somit erforderlich. Er war auch geboten. Damit war die Handlung des B eine zulässige Notwehrhandlung.

Hinweis: Es gibt Fallgruppen, in denen die Gebotenheit problematisch ist. Dies ist zum Beispiel der Fall bei schuldhaft provozierten Angriffen, Angriffen im Rahmen enger Familienbeziehungen, Angriffen von Kindern oder Geisteskranken sowie bei einer krass unverhältnismäßigen Abwehr.[3] Hier liegt keine dieser Fallgruppen vor. Ob das Tötungsverbot des Art. 2 Abs. 2 Buchst. a EMRK das deutsche Notwehrrecht einschränkt, ist umstritten.[4]

cc) Subjektives Rechtfertigungselement – Verteidigungswille

B kannte auch die Notwehrlage und wollte sich verteidigen. Damit ist er nach § 32 **7**
StGB gerechtfertigt.

c) Ergebnis

B hat sich nicht nach § 212 Abs. 1 StGB strafbar gemacht. **8**

2. Körperverletzung (§ 223 Abs. 1 StGB)

Indem er A mit dem Kopf auf die Bordsteinkante schlug, könnte sich B nach § 223 **9**
Abs. 1 StGB strafbar gemacht haben. Diese Handlung war allerdings ebenfalls nach § 32 StGB gerechtfertigt (→ Rn. 4ff.). Eine tatbestandsmäßige Körperverletzung ist somit jedenfalls nicht rechtswidrig. B hat sich nicht nach § 223 Abs. 1 StGB strafbar gemacht.

3. Ergebnis

B hat sich im ersten Tatkomplex nicht strafbar gemacht. **10**

II. Zweiter Tatkomplex: Revanche am Hund

1. Sachbeschädigung (§ 303 Abs. 1 StGB)

B könnte sich wegen Sachbeschädigung strafbar gemacht haben. **11**

a) Tatbestand

B müsste die Sache eines anderen zerstört oder beschädigt haben. Nach § 90a **12**
BGB sind Tiere keine Sachen. § 90a Satz 3 BGB dieser eher symbolischen Vorschrift erklärt jedoch im Zivilrecht die Vorschriften über Sachen für entsprechend anwendbar. Der strafrechtliche Sachbegriff umfasst im Rahmen des § 303 Abs. 1 StGB auch Tiere.[5] Der Hund W stand im Eigentum des G. Damit war er für B eine fremde Sache und somit ein taugliches Tatobjekt. Eine Sache beschädigt, wer auf sie unmittelbar körperlich einwirkt und dadurch ihre Unversehrtheit oder bestimmungsgemäße Brauchbarkeit mehr als nur unerheblich beeinträch-

[3] Fallgruppen bei *Heinrich* Rn. 361 ff.
[4] Vgl. *Wessels/Beulke/Satzger* AT Rn. 526 ff.; *Hilgendorf/Valerius* BT II § 2 Rn. 8.
[5] *Küper* JZ 1993, 435 ff.; *Hilgendorf/Valerius* BT II § 12 Rn. 8.

tigt.[6] Durch die Fleischwunde wurde die Unversehrtheit der körperlichen Substanz des W beeinträchtigt. Diese Beeinträchtigung war auch nicht unerheblich, es handelte sich um eine Verletzung, die eine veterinäre Behandlung erforderte. B hat somit eine fremde Sache beschädigt.

13 B hatte zudem Vorsatz.

b) Rechtswidrigkeit und Schuld

14 Er hat auch rechtswidrig und schuldhaft gehandelt.

c) Ergebnis

15 Durch den gegen den Hund geführten Stich hat sich B nach § 303 Abs. 1 StGB wegen Sachbeschädigung strafbar gemacht. Gemäß § 303c StGB ist ein Strafantrag erforderlich.

2. Körperverletzung (§ 223 Abs. 1 StGB)

16 B könnte sich auch wegen Körperverletzung an G nach § 223 Abs. 1 StGB strafbar gemacht haben.

a) Tatbestand

17 Dazu müsste er G körperlich misshandelt (§ 223 Abs. 1 Alt. 1 StGB) oder an der Gesundheit geschädigt haben (§ 223 Abs. 1 Alt. 2 StGB). Durch die bei dem Asthmaanfall auftretende Atemnot wurde das körperliche Wohlbefinden des G erheblich beeinträchtigt, sodass § 223 Abs. 1 Alt. 2 StGB bejaht werden kann. Der Anfall erforderte wegen seiner Schwere eine notärztliche Behandlung. Es lag ein vom Normalzustand negativ abweichender körperlicher Zustand vor. G wurde damit auch an der Gesundheit geschädigt. Hätte B nicht dem W den Stich versetzt, wäre es nicht zum Anfall bei G gekommen. Damit war diese Handlung conditio sine qua non des Körperverletzungserfolges.

18 Fraglich ist jedoch, ob hier eine Einschränkung unter dem Gesichtspunkt der objektiven Zurechenbarkeit des Erfolges zu machen ist. Nach der Lehre von der objektiven Zurechnung ist ein Erfolg nur dann strafrechtlich zurechenbar, wenn der Täter eine rechtlich missbilligte Gefahr geschaffen hat, die sich im tatbestandsmäßigen Erfolg realisiert hat.[7] Die Berechtigung der Lehre von der objektiven Zurechnung ist allerdings umstritten. Während sie in der Lehrbuchliteratur vorherrschend ist, hat sich die Rspr. ihr nicht angeschlossen.[8] Es lässt sich insbesondere einwenden, die Formel von der Schaffung einer rechtlich relevanten Gefahr, die sich im tatbestandsmäßigen Erfolg verwirklicht, sei zu unbestimmt, um zwingende Ergebnisse zu erbringen.

19 Eine objektive Zurechnung soll unter anderem dann ausscheiden, wenn ein Kausalverlauf gänzlich atypisch ist. Fraglich ist, ob eine besondere Disposition des Opfers, die den Erfolgseintritt erst ermöglicht, einen hinreichenden Grund für die Beurtei-

---

6 *Fischer* § 303 StGB Rn. 6.

7 *Hilgendorf/Valerius* AT § 4 Rn. 46; *Zieschang* S. 35.

8 Vgl. *Hilgendorf* FS Weber, 2004, S. 33ff.; *Wessels/Beulke/Satzger* AT Rn. 256ff., insbesondere Rn. 263 m.w.N.

lung des Kausalverlaufes als atypisch gibt.[9] Die Rspr. lehnt bei Vorsatzdelikten eine Einschränkung der Zurechnung auf objektiver Ebene ab, verlangt im subjektiven Tatbestand jedoch, dass der Kausalverlauf in den wesentlichen Zügen vom Vorsatz erfasst ist.[10] Weicht der Kausalverlauf in einer nach der allgemeinen Lebenserfahrung nicht mehr vorhersehbaren Weise von der Vorstellung des Täters ab, so entfällt nach dieser Ansicht der Vorsatz.

Für die Strafbarkeit des B nach § 223 Abs. 1 StGB kommt es auf diesen Meinungs- **20** streit im Ergebnis jedoch nicht an. In jedem Fall hatte er keinen auf die Körperverletzung des G gerichteten Vorsatz. Er kannte dessen Krankheit und leichte Erregbarkeit nicht und hat somit den Eintritt des Erfolges nicht einmal für möglich gehalten.

b) Ergebnis

B hat sich nicht nach § 223 Abs. 1 StGB strafbar gemacht. **21**

3. Fahrlässige Körperverletzung (§ 229 StGB)

In Betracht kommt eine fahrlässige Körperverletzung nach § 229 StGB. **22**

a) Handlung, Erfolg, Kausalität

Der Körperverletzungserfolg, eine körperliche Misshandlung und Gesundheitsschä- **23** digung des G, ist eingetreten. Das Handeln des B war dafür kausal (→ Rn. 17).

b) Objektive Sorgfaltswidrigkeit und Vorhersehbarkeit

B müsste auch eine objektive Sorgfaltspflicht verletzt haben. Objektiv sorgfalts- **24** pflichtwidrig handelt, wer trotz objektiver Vorhersehbarkeit und Vermeidbarkeit des Erfolges die im Verkehr erforderliche Sorgfalt außer Acht lässt.[11] Die objektive Vorhersehbarkeit bestimmt sich danach, was ein umsichtig handelnder Mensch aus dem Verkehrskreis des Täters unter den gegebenen Umständen aufgrund der allgemeinen Lebenserfahrung in Rechnung stellen würde.[12] Als Folge einer willkürlichen Verletzung eines Haustiers ist für einen umsichtig handelnden Menschen jedenfalls eine psychische Reaktion des Halters wie Trauer oder Wut vorhersehbar. Dass es darüber hinaus jedoch zu derart schweren körperlichen Folgen kommt, ist sehr unwahrscheinlich und damit von der allgemeinen Lebenserfahrung nicht umfasst. Mangels Vorhersehbarkeit des Erfolgseintrittes hat B nicht sorgfaltswidrig gehandelt.

c) Ergebnis

B hat sich nicht nach § 229 StGB strafbar gemacht. **25**

4. Ergebnis im zweiten Tatkomplex

B hat sich im zweiten Tatkomplex nach § 303 Abs. 1 StGB strafbar gemacht. **26**

---

[9] Fallgruppen bei *Wessels/Beulke/Satzger* AT Rn. 299.
[10] Lackner/Kühl/*Heger* Vor § 13 StGB Rn. 14.
[11] Eingehend *Heinrich* Rn. 987, 1010 ff.
[12] *Wessels/Beulke/Satzger* AT Rn. 1115 ff.

III. Gesamtergebnis, Konkurrenzen im Grundfall

27 B hat sich lediglich nach § 303 Abs. 1 StGB strafbar gemacht.

IV. Abwandlung (zweiter Tatkomplex)

1. Sachbeschädigung (§ 303 Abs. 1 StGB)

28 B hat sich nach § 303 Abs. 1 StGB wegen Sachbeschädigung strafbar gemacht (→ Rn. 15).

2. Körperverletzung (§ 223 Abs. 1 StGB)

29 B könnte sich ferner wegen einer Körperverletzung nach § 223 Abs. 1 StGB strafbar gemacht haben.

a) Tatbestand

aa) Objektiver Tatbestand

30 G wurde durch die Handlung des B körperlich misshandelt und an der Gesundheit geschädigt. Fraglich ist, ob der Erfolg dem B objektiv zurechenbar ist. Selbst wenn man der Lehre von der objektiven Zurechnung folgt, ist der Ausschluss der Zurechnung wegen eines atypischen Kausalverlaufs bei besonderer Schadensdisposition des Opfers problematisch. Dagegen spricht vor allem, dass, falls der Täter wie hier die Disposition kennt und bewusst zur Schädigung des Opfers ausnutzt, eine (Vollendungs-)Strafbarkeit am fehlenden objektiven Tatbestand scheitern müsste. Konsequenterweise müsste man wegen Versuchs bestrafen – ein kaum einsichtiges Ergebnis. Jedenfalls begründet daher eine besondere Schadensdisposition keinen atypischen Kausalverlauf. Auch wenn man neben der Kausalität die objektive Zurechenbarkeit verlangt, ist hier folglich der objektive Tatbestand erfüllt.

bb) Subjektiver Tatbestand

31 B wusste von der Asthmaerkrankung des G. Er rechnete auch damit, dass dieser infolge der Aufregung über die Verletzung seines Hundes einen Anfall erleiden könnte und nahm dies zumindest billigend in Kauf. Damit hat er vorsätzlich (§ 15 StGB) gehandelt.

b) Rechtswidrigkeit und Schuld

32 B hat auch rechtswidrig und schuldhaft gehandelt.

c) Ergebnis

33 B hat sich nach § 223 Abs. 1 StGB strafbar gemacht.

3. Gefährliche Körperverletzung (§ 224 Abs. 1 Nr. 2, 5 StGB)

34 B könnte auch einen der Qualifikationstatbestände des § 224 Abs. 1 StGB verwirklicht haben.

a) Tatbestand

aa) Objektiver Tatbestand

(1) § 224 Abs. 1 Nr. 2 StGB

B könnte die Körperverletzung mittels eines gefährlichen Werkzeuges begangen haben (§ 224 Abs. 1 Nr. 2 Alt. 2 StGB). Ein gefährliches Werkzeug ist jeder bewegliche Gegenstand, der nach seiner objektiven Beschaffenheit und der konkreten Art der Verwendung geeignet ist, erhebliche Verletzungen hervorzurufen.[13] Ein spitzer Spazierstock ist der objektiven Beschaffenheit nach geeignet, erhebliche Verletzungen hervorzurufen. Fraglich ist jedoch, ob auch die konkrete Art der Verwendung hier derart verletzungsgeneigt war. Zwar waren die tatsächlichen körperlichen Auswirkungen bei G erheblich, jedoch völlig unabhängig von der Benutzung des Spazierstocks als Werkzeug. Dieser ist gar nicht in eine direkte räumlich-funktionale Beziehung zum Körper des Opfers gelangt. Für § 224 Abs. 1 Nr. 2 StGB wird jedoch verlangt, dass es zu einer Einwirkung von außen auf den Körper des Opfers mittels des gefährlichen Tatmittels kommt.[14] Angesichts des hohen Strafrahmens von § 224 StGB ist eine solche zurückhaltende Interpretation geboten. B hat mit dem Spazierstock nicht von außen auf den Körper des G eingewirkt. Er hat die Körperverletzung also nicht mittels eines gefährlichen Werkzeuges begangen; § 224 Abs. 1 Nr. 2 Alt. 2 StGB ist nicht erfüllt. 35

(2) § 224 Abs. 1 Nr. 5 StGB

§ 224 Abs. 1 Nr. 5 StGB erfüllt, wer die Körperverletzung in einer Weise begeht, die den Umständen nach geeignet ist, das Leben des Opfers zu gefährden. Ein schwerer Asthmaanfall kann lebensbedrohlich sein. 36

bb) Subjektiver Tatbestand

B wusste, dass durch sein Verhalten ein solcher Anfall bei G hervorgerufen werden konnte und hatte sich damit abgefunden. Damit hat er auch vorsätzlich gehandelt. 37

b) Rechtswidrigkeit, Schuld

B hat rechtswidrig und schuldhaft gehandelt. 38

c) Ergebnis

B hat sich nach § 224 Abs. 1 Nr. 5 StGB strafbar gemacht. 39

V. Gesamtergebnis, Konkurrenzen in der Abwandlung

B hat sich nach §§ 223 Abs. 1, 224 Abs. 1 Nr. 5, 303 Abs. 1 StGB strafbar gemacht. § 224 Abs. 1 Nr. 5 StGB als lex specialis verdrängt § 223 Abs. 1 StGB und steht mit § 303 Abs. 1 StGB in Tateinheit (§ 52 StGB). 40

---

[13] *Kindhäuser/Hilgendorf* § 224 StGB Rn. 7.

[14] BGH NStZ 2006, 572 verneint die Körperverletzung „mittels" eines gefährlichen Werkzeuges; vgl. Schönke/Schröder/*Sternberg-Lieben* § 224 StGB Rn. 3; a.A. MünchKommStGB/*Hardtung* § 224 StGB Rn. 22.

Fallbeurteilung

Dieser Fall entspricht einer mittelschweren Anfängerklausur. Es werden Themen aus den ersten Semestern abgeprüft. Der Bearbeiter muss fundierte Kenntnisse im Bereich der Rechtfertigungsgründe (hier der Notwehr), der Sachbeschädigung, der objektiven Zurechnung und der Körperverletzungsdelikte zeigen.

Der Schwerpunkt des ersten Tatkomplexes liegt in einer möglichen Rechtfertigung des B wegen Notwehr. Da sich hier keine wesentlichen Probleme ergeben, kommt es in erster Linie auf eine saubere Prüfung der Voraussetzungen an. Im zweiten Tatkomplex muss neben den Körperverletzungstatbeständen auch § 303 StGB wegen der Verletzung des Hundes gesehen werden. Die Prüfung der Körperverletzung ist vorliegend problematisch, da der schwere Anfall des G auf einem atypischen Kausalverlauf beruhen könnte, mit dem B nicht zu rechnen brauchte. Da B jedenfalls keinen Verletzungsvorsatz bzgl. G hatte, kommt nur eine Fahrlässigkeitsstrafbarkeit in Betracht. Hier muss auf die objektive Vorhersehbarkeit des schweren Anfalls aufgrund der Verletzung des Hundes eingegangen werden.

In der Abwandlung ist die Zurechnung des Asthmaanfalls dagegen zu bejahen, da ein entsprechender Vorsatz des B vorhanden ist und eine besondere Schadensdisposition, die der Täter kennt, keinen atypischen Kausalverlauf begründen kann.

Vertiefungshinweise: BGH NStZ 2006, 572 (zum Problem, ob der Täter mittels eines gefährlichen Werkzeuges von außen auf den Körper einwirken muss [§ 224 Abs. 1 Nr. 2 Alt. 2 StGB]).

Eckstein, Das gefährliche Werkzeug als Mittel zum Zweck der Körperverletzung, NStZ 2008, 125; *Erb,* Aus der Rechtsprechung des BGH zur Notwehr seit 1999, NStZ 2004, 369; *Schumann,* Von der sogenannten „objektiven Zurechnung" im Strafrecht, Jura 2008, 408; *Zieschang,* Kausalität und objektive Zurechnung, in: Hilgendorf/Kudlich/Valerius (Hrsg.), Handbuch des Strafrechts, Bd. 2, 2019, S. 223ff.

Fall 7. Die Selbstschussanlage

Schwierigkeitsgrad: mittelschwer

Sachverhalt

Der alte A ist Eigentümer eines einsam in den Bergen gelegenen Gehöfts. Das nächste Haus liegt viele Fußstunden entfernt. In letzter Zeit sind in der weiteren Umgebung mehrere Einbrüche vorgekommen. Deshalb installiert A auf seinem Grundstück eine Selbstschussanlage, die er so einstellt, dass tödliche Schüsse nach Möglichkeit vermieden werden. Rings um das umzäunte Grundstück platziert er Schilder mit der Aufschrift: „Unbefugtes Betreten verboten! Achtung Selbstschussanlage!"

Einige Tage später bekommt A am späten Abend unerwarteten Besuch von seinem Neffen N. N ist zu Fuß unterwegs. Weil A auf das Klingeln des N hin das Gartentor nicht öffnet, glaubt N, sein Onkel sei nicht anwesend. A seinerseits vermutet, dass sich ein Einbrecher seinem Haus nähert. N ist völlig erschöpft und traut sich den schwierigen Rückweg in der Dunkelheit nicht zu, zumal gerade ein heftiges Gewitter losbricht. Um die Nacht nicht bei bitterer Kälte im Freien verbringen zu müssen, klettert N über den Zaun und nähert sich dem Gebäude. An der Haustür klingelt er sicherheitshalber erneut.

Als wieder nicht geöffnet wird, läuft N durch den Garten zur Rückseite des Hauses und versucht, das niedrig gelegene Küchenfenster hochzuschieben, um so in das Gebäude einsteigen zu können. Dabei löst sich ein Schuss und verletzt N am Bein.

Strafbarkeit des A?

Gliederung

Rn.

I. Versuchter Totschlag (§§ 212 Abs. 1, 22, 23 Abs. 1 StGB) 1
1. Vorprüfung 2
2. Tatentschluss 3

II. Gefährliche Körperverletzung (§§ 223 Abs. 1, 224 Abs. 1 StGB) 5
1. Tatbestand 6
a) Objektiver Tatbestand 6
aa) Objektiver Tatbestand des § 223 Abs. 1 StGB 6
bb) Objektiver Tatbestand des § 224 Abs. 1 StGB 8
b) Subjektiver Tatbestand 11
2. Rechtswidrigkeit 12
a) Notwehr 13
Problem: Ist A durch das Betreten des Grundstücks durch N wegen Notwehr gerechtfertigt?
aa) Einwilligung des A 15

	Rn.
bb) Aggressivnotstand	17
Problem: Ist das Eindringen des N seinerseits wegen eines Aggressivnotstandes gerechtfertigt?	
b) Rechtfertigender Notstand	20
Problem: Kommt für A ein rechtfertigender Notstand in Betracht?	
3. Schuld	22
Problem: Unterliegt A einem Erlaubnistatbestandsirrtum, da er von einer Einbruchssituation ausgeht?	
4. Ergebnis	26
III. Fahrlässige Körperverletzung (§ 229 StGB)	27
1. Tatbestand	28
2. Ergebnis	30
IV. Gesamtergebnis	31

Lösung

I. Versuchter Totschlag (§§ 212 Abs. 1, 22, 23 Abs. 1 StGB)

1 A könnte sich wegen eines versuchten Totschlags gemäß §§ 212 Abs. 1, 22, 23 StGB strafbar gemacht haben.

1. Vorprüfung

2 Zunächst dürfte die Haupttat nicht vollendet und der Versuch müsste strafbar sein. Da N vorliegend noch lebt, liegt kein vollendeter Totschlag vor. Gemäß § 23 Abs. 1 Alt. 1 StGB ist der Versuch einer Tat strafbar, wenn es sich bei dem in Rede stehenden Delikt um ein Verbrechen handelt. Nach § 12 Abs. 1 StGB sind Verbrechen solche Straftaten, die im Mindestmaß mit einem Jahr Freiheitsstrafe geahndet werden. § 212 Abs. 1 StGB sieht eine Mindestfreiheitsstrafe von fünf Jahren vor. Somit ist ein versuchter Totschlag strafbar.

2. Tatentschluss

3 Des Weiteren müsste A Tatentschluss gehabt haben. Tatentschluss umfasst den Vorsatz zur Verwirklichung eines Straftatbestandes (§ 15 StGB) sowie das Vorliegen eventueller sonstiger subjektiver Merkmale.[1] Der Vorsatz des A müsste zumindest in Form von dolus eventualis vorliegen und sämtliche Tatbestandsmerkmale umfassen. Insbesondere müsste A mit einer tödlichen Wirkung der Selbstschussanlage gerechnet (Wissenselement des Vorsatzes) und sich damit innerlich abgefunden bzw. den Erfolg gebilligt haben (Wollenselement des Vorsatzes).[2]

4 Die Selbstschussanlage war so installiert, dass eine tödliche Wirkung nach Möglichkeit vermieden wurde. Es ist deshalb anzunehmen, dass A eine tödliche Wirkung

---

1 *Hilgendorf/Valerius* AT § 10 Rn. 19; *Wessels/Beulke/Satzger* AT Rn. 940.

2 Einen Überblick über die verschiedenen Definitionsansätze gibt Lackner/Kühl/*Kühl* § 15 StGB Rn. 23–27.

der Anlage nicht erwartete. Erst recht erscheint es bei dieser Sachlage ausgeschlossen, dass A sich mit dem Eintritt eines tödlichen Erfolges innerlich abgefunden oder ihn gebilligt hatte. Ebenso wenig lässt sich dem Sachverhalt entnehmen, dass A davon ausgehen musste, die Selbstschussanlage könnte zusammen mit weiteren Faktoren – wie etwa der Witterung – tödlich wirken. Eine Bestrafung des A gemäß §§ 212 Abs. 1, 22, 23 Abs. 1 StGB scheidet deshalb aus.

II. Gefährliche Körperverletzung (§§ 223 Abs. 1, 224 Abs. 1 StGB)

In Betracht kommt eine (vollendete) gefährliche Körperverletzung gemäß §§ 223 5
Abs. 1, 224 Abs. 1 Nr. 2, 3, 5 StGB.

1. Tatbestand

a) Objektiver Tatbestand

aa) Objektiver Tatbestand des § 223 Abs. 1 StGB

Fraglich ist zunächst, ob der Tatbestand des § 223 Abs. 1 StGB gegeben ist. Eine 6
körperliche Misshandlung i.S.v. § 223 Abs. 1 Alt. 1 StGB ist eine üble und unangemessene Behandlung, durch die das Opfer in seinem körperlichen Wohlbefinden mehr als nur unerheblich beeinträchtigt wird.[3] Der Beinschuss erfüllt diese Voraussetzungen. Eine Gesundheitsschädigung i.S.v. § 223 Abs. 1 Alt. 2 StGB, also das Hervorrufen eines die körperlichen Funktionen nachteilig verändernden Zustandes,[4] kann ebenfalls bejaht werden.

Zu fragen ist weiter, ob dieser Erfolg durch eine Handlung des A hervorgerufen 7
wurde. Jede Strafbarkeit setzt eine Handlung i.S. eines willensgesteuerten, sozial erheblichen Verhaltens des Täters voraus.[5] In dem Moment, als sich aus der Selbstschussanlage der Schuss löste, lag unmittelbar keine Handlung des A vor. Die Selbstschussanlage funktionierte vielmehr selbsttätig. Auf den Zeitpunkt des Schusses kann somit nicht abgestellt werden. Eine Handlung des A ist jedoch darin zu erblicken, dass er die Selbstschussanlage installierte bzw. installieren ließ.[6] Diese Handlung war kausal für den eingetretenen Erfolg.[7] Zurechnungsprobleme stellen sich nicht: A hat die Gefahr geschaffen, die sich in dem Körperverletzungserfolg verwirklicht hat.[8]

bb) Objektiver Tatbestand des § 224 Abs. 1 StGB

Fraglich ist, ob auch ein „gefährliches Werkzeug" i.S.v. § 224 Abs. 1 Nr. 2 Alt. 2 8
StGB vorliegt. Das „gefährliche Werkzeug" ist bei dieser Tatvariante der Oberbegriff zu „Waffe". Die Selbstschussanlage lässt sich trotz ihrer festen Installation als

---

[3] BGHSt 25, 277, 278.

[4] Dazu näher Lackner/Kühl/*Kühl* § 223 StGB Rn. 5.

[5] Zu den verschiedenen Handlungslehren umfassend *Baumann/Weber/Mitsch/Eisele* § 9 Rn. 2ff.; *Roxin/Greco* AT I § 8 Rn. 1ff.

[6] Zur automatisierten Gegenwehr vgl. OLG Braunschweig MDR 1947, 205 und ausführlich *Kunz* GA 1984, 539.

[7] Näher zur Kausalitätsproblematik *Hilgendorf/Valerius* AT § 4 Rn. 24ff.

[8] Zur modernen Lehre von der objektiven Zurechnung vgl. *Heinrich* Rn. 239ff.; *Zieschang* S. 34ff. Die Rspr. zieht den Weg über Vorsatz und Fahrlässigkeit vor, vgl. die Nachweise bei *Jescheck/Weigend* § 28 III 1.

„Werkzeug“ ansehen, da sie die Funktion einer Schusswaffe erfüllt. „Gefährlich“ i.S.v. § 224 Abs. 1 Nr. 2 Alt. 2 StGB ist ein Werkzeug, wenn es nach seiner objektiven Beschaffenheit und der Art seiner Benutzung im konkreten Fall erhebliche Verletzungen herbeizuführen geeignet ist.[9] Dies kann bei einer Selbstschussanlage ohne Weiteres angenommen werden.

9 Weiter kommt die Begehung mittels eines hinterlistigen Überfalls (§ 224 Abs. 1 Nr. 3 StGB) in Betracht. Die Körperverletzung durch die Selbstschussanlage müsste dazu durch bewusste Ausnutzung des Überraschungsvorteils und durch auf Verdeckung der wahren Absicht gerichtetes Vorgehen begangen worden sein. A hatte aber rings um das Grundstück Warnschilder platziert. Ein auf Verdeckung seiner wahren Absicht gerichtetes Vorgehen kann somit nicht angenommen werden.

10 Eine das Leben gefährdende Behandlung (§ 224 Abs. 1 Nr. 5 StGB) kommt aufgrund der Einstellung der Selbstschussanlage – tödliche Schüsse werden nach Möglichkeit vermieden – ebenfalls nicht in Betracht. Im Ergebnis heißt das, dass der objektive Tatbestand von § 224 Abs. 1 StGB nur in Bezug auf Nr. 2 Alt. 2 bejaht werden kann.

b) Subjektiver Tatbestand

11 A müsste auch vorsätzlich gehandelt, also mit Wissen und Wollen alle objektiven Tatbestandsmerkmale verwirklicht haben. A nahm die Verletzung von Menschen durch die Verwendung eines gefährlichen Werkzeuges zumindest billigend in Kauf und handelte daher vorsätzlich bzgl. der §§ 223 Abs. 1 Alt. 1, 2; 224 Abs. 1 Nr. 2 Alt. 2 StGB. Der Tatbestand ist daher erfüllt.

2. Rechtswidrigkeit

12 Fraglich ist weiter, ob A rechtswidrig handelte. Das ist dann nicht der Fall, wenn zu seinen Gunsten Rechtfertigungsgründe eingreifen.

a) Notwehr

13 Zu denken ist zunächst an Notwehr (§ 32 StGB). Dann müsste zum Zeitpunkt des Schusses eine Notwehrlage vorgelegen haben, also ein gegenwärtiger rechtswidriger Angriff auf ein Rechtsgut des A.[10] Angriff ist die unmittelbare Bedrohung rechtlich geschützter Güter durch menschliches Verhalten.[11] Indem N das Grundstück des A betrat und das Küchenfenster hochschob, um in das Haus einzudringen, hat er das Eigentum und das Hausrecht[12] des A unmittelbar bedroht und damit gegenwärtig angegriffen.

14 Fraglich ist jedoch, ob dieser Angriff rechtswidrig war.

Hinweis: Hat man das Vorliegen eines Angriffs durch den N bejaht, muss geprüft werden, ob dieser seinerseits gerechtfertigt war, da A nur wegen Notwehr gerechtfertigt sein kann, wenn der Angriff des N rechtswidrig war.

---

[9] Lackner/Kühl/*Kühl* § 224 StGB Rn. 5; *Rengier* BT II § 14 Rn. 27.

[10] Zur Grundstruktur der Notwehr vgl. *Hilgendorf/Valerius* AT § 5 Rn. 19f.

[11] Vgl. Schönke/Schröder/*Perron/Eisele* § 32 StGB Rn. 3.

[12] Zum Hausrecht als eigenständiges notwehrfähiges Gut vgl. BGH StV 1982, 219.

aa) Einwilligung des A

15 Dies könnte zu verneinen sein, wenn eine wirksame Einwilligung bzw. ein Einverständnis seitens des A vorgelegen hätte. Dem Sachverhalt lässt sich nicht entnehmen, dass das Tun des N durch eine (eventuell generell erteilte) Einwilligung bzw. ein Einverständnis des A gedeckt war.[13] N könnte aber nach den Grundsätzen einer mutmaßlichen Einwilligung gerechtfertigt sein. Es handelt sich dabei um einen eigenständigen Rechtfertigungsgrund, der bei zwei Konstellationen einschlägig sein kann:[14] Entweder liegt die zu rechtfertigende Handlung im Interesse des von ihr Betroffenen, der jedoch nicht befragt werden kann,[15] oder es fehlt ein schutzwürdiges Erhaltungsinteresse des Betroffenen, sodass dieser gar nicht befragt zu werden braucht.[16]

16 Im vorliegenden Fall kommt allein die erstgenannte Fallgruppe – Handeln im materiellen Interesse des Betroffenen ohne Befragungsmöglichkeit – in Betracht: Man könnte argumentieren, A hätte sicher nichts dagegen gehabt, dass N sein Grundstück betreten und in das Haus einsteigen wollte. Dafür spricht vor allem der Umstand, dass es sich bei N um den Neffen des A handelte. Zwingend ist diese Schlussfolgerung allerdings nicht. Der Sachverhalt sagt über die persönlichen Beziehungen zwischen A und N nichts aus. Zu bedenken ist ferner, dass N den A rechtzeitig über seinen Besuch hätte informieren können. Es wäre also möglich gewesen, den A zu befragen. Man würde deshalb das Bestimmungsrecht des A über seine Rechtsgüter unangemessen einschränken, wollte man hier eine mutmaßliche Einwilligung annehmen.

bb) Aggressivnotstand

17 N versuchte in das Gehöft seines Onkels einzudringen, weil er glaubte, dieser sei abwesend, und weil er die Nacht nicht bei starkem Frost im Freien verbringen wollte. Damit könnten die Voraussetzungen eines Aggressivnotstandes gemäß § 904 BGB erfüllt sein.[17] § 904 BGB setzt voraus, dass einem Rechtsgut eine Gefahr droht, zu deren Abwendung die Einwirkung auf eine fremde Sache notwendig ist, von der die Gefahr aber nicht ausgeht.

Hinweis: Anders verhält es sich beim defensiven Notstand gemäß § 228 BGB, wo die Gefahr gerade von der Sache ausgeht, auf die der Täter einwirkt.

18 Außerdem muss der drohende Schaden unverhältnismäßig größer sein als der Schaden, der durch die Beeinträchtigung der fremden Sache droht. Im vorliegenden Fall drohte N durch das Unwetter und den Nachtfrost eine nicht unwesentliche Gefahr für seine Gesundheit. Demgegenüber steht die Beeinträchtigung von Eigentum und Hausrecht des A. Aus der Sicht eines objektiven Beobachters wiegt der drohende Gesundheitsschaden unverhältnismäßig mehr als die Beeinträchtigung von Eigentum und Hausrecht des A. Ein anderer zumutbarer Unterschlupf war für N nicht mehr zu erreichen. Auch das subjektive Rechtfertigungselement liegt vor, da N handelte, um der drohenden Gefahr für seine Gesundheit zu entgehen. Damit sind

---

[13] Zur Unterscheidung von tatbestandsausschließendem Einverständnis und rechtfertigender Einwilligung vgl. *Rönnau* JuS 2007, 18ff.; *Wessels/Beulke/Satzger* AT Rn. 552ff.

[14] *Heinrich* Rn. 474, 477f.

[15] Beispiel: bewusstloses Unfallopfer vor der Operation.

[16] Beispiel: Aufsammeln von fremden Äpfeln aus reichlich umherliegendem Fallobst.

[17] Zur Struktur der Notstandsfälle vgl. *Heinrich* Rn. 404, 434ff.

die Voraussetzungen des § 904 BGB gegeben. Der Versuch des N, in das Gehöft des A einzudringen, war also nicht rechtswidrig.[18]

19 Deshalb fehlt es an einem rechtswidrigen Angriff auf Rechtsgüter des A. Eine Notwehrlage war im Verhältnis zu N zu keinem Zeitpunkt gegeben. Deshalb kommt gegenüber dem Vorwurf einer rechtswidrigen Körperverletzung zu Lasten des N eine Berufung auf Notwehr nicht in Betracht.

b) Rechtfertigender Notstand

Hinweis: Es wurde festgestellt, dass der Angriff des N nicht rechtswidrig war. Es muss daher nach weiteren Rechtfertigungsgründen für den Schuss des A gesucht werden.

20 Als Rechtfertigungsgrund für den Schuss auf N kommt weiter ein rechtfertigender Notstand (§ 34 StGB) in Betracht. Dann müsste für ein Rechtsgut des A eine gegenwärtige Gefahr bestanden haben, die nicht anders als durch den Schuss abgewendet werden konnte.[19] Von einer „Gefahr" kann dann gesprochen werden, wenn eine Situation vorliegt, die bei ungehindertem Fortgang des Geschehens nach den konkreten Umständen den Eintritt eines Schadens wahrscheinlich macht.[20] Im vorliegenden Fall kommen zwei Anknüpfungspunkte in Betracht: Zum einen kann man auf die Eigentums- und Hausrechtsverletzung abstellen, die durch N drohte. Zum anderen aber ist die permanente Einbruchsgefahr zu berücksichtigen, der das Anwesen des A ausgesetzt war. Auch Dauergefahren sind im Rahmen des § 34 StGB als gegenwärtig anzusehen.[21] Das Vorliegen einer Notstandslage ist also zu bejahen. Die Installation der Selbstschussanlage war geeignet, dieser Gefahr Herr zu werden. Andere, gleich gut geeignete Maßnahmen sind nicht ersichtlich. Auch eine Notstandshandlung i. S. v. § 34 StGB liegt mithin vor.

21 Das geschützte Interesse muss das beeinträchtigte jedoch wesentlich überwiegen. Hier stand dem gefährdeten Rechtsgut des A – also in erster Linie seinem Eigentum – das Interesse des N an seiner körperlichen Unversehrtheit gegenüber. Unter Berücksichtigung von Art und Ausmaß der dem N zugefügten Verletzung kann nicht von einem „wesentlichen Überwiegen" des Eigentumsrechts auf Seiten des A gesprochen werden. Dies gilt auch dann, wenn man nicht nur auf das von N ausgehende Gefahrenpotential abstellt, sondern die Möglichkeit eines Einbruchsdiebstahls seitens Dritter in die Abwägung einbezieht. § 34 StGB scheidet somit ebenfalls aus. Der Schuss auf N war rechtswidrig.

3. Schuld

22 A könnte aber schuldlos gehandelt haben, weil er mit der Installation der Selbstschussanlage lediglich Einbrecher abwehren wollte und sich deshalb zu seinem Vorgehen berechtigt hielt. Fälle wie den vorliegenden hatte A nicht einkalkuliert. Damit könnte bei A ein Erlaubnistatbestandsirrtum vorliegen. Ein derartiger Irrtum ist anzunehmen, wenn der Täter irrtümlich die tatsächlichen Voraussetzungen eines von der Rechtsordnung anerkannten Rechtfertigungsgrundes für gegeben hält und

[18] Man beachte, dass neben § 904 BGB ein Rückgriff auf § 34 StGB grundsätzlich weder erforderlich noch erlaubt ist.

[19] Zur Grundstruktur des rechtfertigenden Notstandes vgl. *Hilgendorf/Valerius* AT § 5 Rn. 72.

[20] Vgl. Schönke/Schröder/*Perron* § 34 StGB Rn. 12.

[21] BGH NJW 1979, 2053. Weitere Nachweise bei Schönke/Schröder/*Perron* § 34 StGB Rn. 17.

bei deren Vorliegen die Handlung des Täters die rechtlichen Anforderungen des Rechtfertigungsgrundes erfüllte.[22] Hier ging A von einer typischen Einbruchssituation aus. Hätte ein Einbrecher trotz der Warnschilder bei A einzudringen versucht und wäre dann durch die Selbstschussanlage verletzt worden, so wäre die Körperverletzung durch Notwehr (§ 32 StGB) gerechtfertigt gewesen. Eben diese Situation hatte sich A bei der Installation der Selbstschussanlage vorgestellt. Er befand sich also in einem Erlaubnistatbestandsirrtum.

Die rechtliche Behandlung des Erlaubnistatbestandsirrtums ist umstritten. Die strenge Schuldtheorie nimmt einen Verbotsirrtum gemäß § 17 StGB an.[23] Da A hier bei gehöriger Gewissensanspannung hätte erkennen können, dass durch die Selbstschussanlage auch Dritte verletzt werden konnten, ist eine Vermeidbarkeit des Irrtums anzunehmen. A wäre also nach § 224 Abs. 1 Nr. 2 Alt. 2 StGB mit der Möglichkeit einer Strafmilderung gemäß §§ 17 Satz 2, 49 Abs. 1 StGB zu bestrafen. Für diese Lösung lässt sich ins Feld führen, dass A trotz seines Irrtums immerhin alle objektiven Tatumstände kannte und daher vorsätzlich handelte. Andererseits wird die Bestrafung wegen vorsätzlicher Tat bei bloßer Vermeidbarkeit des Irrtums überwiegend für unbillig gehalten.[24] Hinzu kommt, dass nach der strengen Schuldtheorie in Fällen unvermeidbaren Irrtums, also selbst bei Aufbietung aller gebotenen Sorgfalt, lediglich die Schuld und nicht die Rechtswidrigkeit entfallen soll, während heute fast allgemein anerkannt ist, dass ein objektiv sorgfaltsgemäßes Handeln nicht rechtswidrig sein kann.[25] **23**

Für eine (direkte) Anwendung des § 16 StGB plädiert die Lehre von den negativen Tatbestandsmerkmalen. Nach dieser Lehre bilden die Rechtfertigungsgründe Bestandteile eines „Gesamt-Unrechtstatbestandes", wobei die einzelnen Voraussetzungen der Rechtfertigungsgründe als „negative Tatbestandsmerkmale" anzusehen sind. Der Vorsatz muss sich also nicht bloß auf das Vorliegen der (positiven) Tatbestandsmerkmale, sondern auch auf die Abwesenheit von Rechtfertigungsvoraussetzungen richten.[26] Folgt man diesem Lösungsvorschlag, so hat der Erlaubnistatbestandsirrtum vorsatzausschließende Wirkung. Die §§ 223, 224 StGB wären hier also zu verneinen. Nach dem soeben Ausgeführten erscheint dieses Ergebnis auf den ersten Blick nicht unplausibel. Wegen der Akzessorietät der Teilnahme führt die Lehre von den negativen Tatbestandsmerkmalen jedoch bei bösgläubigen Anstiftern und Gehilfen zu erheblichen Strafbarkeitslücken.[27] Die direkte Anwendbarkeit des § 16 StGB ist deshalb abzulehnen.[28] **24**

Nach der überwiegend vertretenen eingeschränkten Schuldtheorie schließlich wird auf den Erlaubnistatbestandsirrtum § 16 StGB analog angewandt. Diese Ansicht **25**

---

22 *Heinrich* Rn. 1123.

23 *Welzel* S. 168 ff.; *Zieschang* S. 96.

24 Vgl. näher *Jescheck/Weigend* § 41 IV 1b m. w. N.

25 Bzw. bereits den Tatbestand ausschließt, vgl. Schönke/Schröder/*Sternberg-Lieben/Schuster* § 15 StGB Rn. 116.

26 Grundlegend zu dieser Lehre *Kaufmann* JZ 1954, 653; 1956, 353, 393. Weitere Nachweise bei *Jescheck/Weigend* § 41 IV 1a.

27 Mit dem Vorsatz entfällt der subjektive Tatbestand, sodass keine tatbestandsmäßige und rechtswidrige Haupttat mehr vorliegt, wie es die §§ 26, 27 StGB voraussetzen.

28 Für eine vertiefte Auseinandersetzung mit der Lehre von den negativen Tatbestandsmerkmalen vgl. z. B. *Roxin/Greco* AT I § 10 Rn. 13 ff.

verdient, ebenso wie die Lehre von den negativen Tatbestandsmerkmalen, insofern Zustimmung, als sie der Tatsache gerecht wird, dass der Täter an sich rechtstreu handelt und nur aus Unaufmerksamkeit fehl geht. Uneinigkeit herrscht darüber, ob analog § 16 Abs. 1 Satz 1 StGB vorsätzliches Unrecht ausgeschlossen ist[29] oder ob ein Erlaubnistatbestandsirrtum vorsätzliches Unrecht bestehen lässt, der irrende Täter lediglich hinsichtlich der Rechtsfolgen wie ein Fahrlässigkeitstäter zu behandeln ist[30] und nur der Vorsatzschuldvorwurf entfällt. Letztere Ansicht erscheint vorzugswürdig, um die bereits angesprochenen Strafbarkeitslücken bei Teilnehmern zu vermeiden (→ Rn. 24). Legt man wie hier die Lehre von der Doppelstellung des Vorsatzes zugrunde, so entfällt beim Erlaubnistatbestandsirrtum analog § 16 StGB der Schuldvorsatz, während der Tatbestandsvorsatz erhalten bleibt.[31] Im Ergebnis bedeutet dies, dass A ohne den erforderlichen Schuldvorsatz gehandelt hat.

4. Ergebnis

26 Eine Strafbarkeit des A gemäß §§ 223, 224 StGB scheidet somit aus.

III. Fahrlässige Körperverletzung (§ 229 StGB)

27 In Betracht kommt aber eine fahrlässige Körperverletzung seitens des A gemäß § 229 StGB.

1. Tatbestand

28 Dazu müsste A zunächst die im Verkehr erforderliche Sorgfalt verletzt haben.[32] Eine derartige objektive Sorgfaltspflichtverletzung des A könnte darin zu sehen sein, dass er die Selbstschussanlage installierte, ohne zu berücksichtigen, dass sein Gebäude nicht nur von Einbrechern, sondern auch von verirrten Wanderern und anderen unangemeldeten Besuchern – wie seinem Neffen N – betreten werden konnte. Allerdings hatte A die Selbstschussanlage so eingestellt, dass sie nicht schon bei Betreten des Grundstücks, sondern erst beim Versuch eines unbefugten Eindringens in das Gebäude ausgelöst wurde. Zudem hatte er das Grundstück umzäunt und deutlich sichtbar rund um das Haus Warntafeln aufgestellt. Damit hat A alle erforderlichen Sorgfaltsmaßnahmen getroffen, um Unschuldige zu schützen; es ist nicht ersichtlich, was A noch hätte tun können, ohne ganz auf die Selbstschussanlage zu verzichten. Angesichts seines Alters, seiner Lebensumstände und der Abgeschiedenheit der Gegend kann dem A nicht zugemutet werden, die permanent drohende Gefahr eines Einbruchs hinzunehmen, ohne geeignete Schutzmaßnahmen zu treffen.

29 Die Sorgfaltspflichtverletzung des A könnte auch darin zu sehen sein, dass er sich nach dem Klingeln nicht um die Identifizierung des Besuchers kümmerte. Dem ist allerdings entgegenzuhalten, dass A nicht damit zu rechnen brauchte, ein redlicher

---

[29] So die Rspr. des BGH, vgl. BGHSt 3, 105; 31, 264, 286 f.; weitere Nachweise bei *Fischer* § 16 StGB Rn. 22b.

[30] So etwa *Fischer* § 16 StGB Rn. 22b; *Wessels/Beulke/Satzger* AT Rn. 739.

[31] *Hilgendorf/Valerius* AT § 8 Rn. 49. Dies ist einer der wenigen Fälle, bei dem die Lehre von der Doppelfunktion des Vorsatzes einmal praktische Konsequenzen hat.

[32] Sehr instruktiv zur inhaltlichen Bestimmung fahrlässigen Verhaltens *Roxin/Greco* AT I § 24 Rn. 8 ff., 14 ff.

Besucher würde versuchen, in sein Haus einzudringen. Ein Hausbesitzer ist nicht verpflichtet, jedes Klingeln an der Tür zu beantworten. Im Ergebnis ist eine Sorgfaltspflichtverletzung des A deshalb zu verneinen.

Hinweis: Entscheidet man anders, was hier durchaus vertretbar erscheint, so ist auf die Stellung eines Strafantrages gemäß § 230 Abs. 1 Satz 1 StGB zu achten. In der Klausur genügt ein Hinweis auf das Antragserfordernis.

2. Ergebnis

A hat sich nicht nach § 229 StGB strafbar gemacht. **30**

IV. Gesamtergebnis

A bleibt straflos. **31**

Fallbeurteilung

Der vorliegende Fall ist dem gehobenen Anfängerniveau zuzuordnen. Probleme ergeben sich im Bereich der Rechtswidrigkeit und der Schuld. Die Prüfung sollte mit einem versuchten Totschlag begonnen werden, der jedoch an fehlendem Tatentschluss seitens des A scheitert.

Im Rahmen der Rechtswidrigkeit der §§ 223, 224 StGB ist auf eine mögliche Notwehrlage durch das Betreten des Grundstücks und das Hochschieben des Fensters durch den N einzugehen, wobei hier geprüft werden muss, ob der Angriff des N durch eine Einwilligung des A oder einen Aggressivnotstand nach § 904 BGB gerechtfertigt ist. Da für N durch das Unwetter und die hereinbrechende Nacht eine erhebliche Beeinträchtigung seiner Gesundheit droht, ist ein rechtswidriger Angriff zu verneinen. Auch der rechtfertigende Notstand nach § 34 StGB scheidet aus.

Im Rahmen der Schuld ist auf die besondere Konstellation des Erlaubnistatbestandsirrtums einzugehen, da A, der von einem versuchten Einbruch ausgeht, in dieser Konstellation gerechtfertigt gewesen wäre. In der Klausur kommt es hier auf die Darstellung der einschlägigen Rechtsauffassungen und die entsprechende Begründung der eigenen Entscheidung an. Geht man mit der h. M. davon aus, dass der Vorsatzschuldvorwurf analog § 16 StGB entfällt, muss eine fahrlässige Körperverletzung gemäß § 229 StGB geprüft werden. Diese ist wohl ebenfalls zu verneinen, da A durch das Aufstellen der Warnschilder ausreichende Sicherheitsvorkehrungen getroffen hat und ihm somit keine Sorgfaltspflichtverletzung vorzuwerfen ist.

Vertiefungshinweise: BGHSt 3, 105; 31, 264; 45, 378 (Erlaubnistatbestandsirrtum); BGH NJW 1979, 2053 (Notstandslage bei Dauergefahr).

Rönnau/Meier, Grundwissen – Strafrecht: Mutmaßliche Einwilligung, JuS 2018, 851.

Fall 8. Randale im Wirtshaus

Schwierigkeitsgrad: mittelschwer

Sachverhalt

Seit Monaten terrorisiert T mit einigen Gleichgesinnten die Gaststätten und Diskotheken der Stadt S. Eines Abends beschließen sie, auch das Lokal des Gastwirts G „platt zu machen". G, durch einen anonymen Anruf gewarnt, verbietet der aus fünf Männern bestehenden Gruppe den Zutritt. Als die Randalierer trotzdem eintreten wollen, schließt er von innen die Eingangstür ab.

Davon lässt sich T jedoch nicht abhalten und betritt, nachdem er die Tür aufgebrochen hat, allein den Gastraum, um die Situation zu erkunden. Die anderen sollen auf sein Signal hinein stürmen und eine Schlägerei mit den Gästen beginnen.

T wird von G jedoch bereits erwartet und aufgefordert, den Raum zu verlassen. Als T keine Anstalten macht, dieser Aufforderung nachzukommen, zückt G eine Pistole und schießt, wobei er in seiner Aufregung kaum zielen kann. T wird in die Brust getroffen und schwer verletzt. Die Pistole hatte sich G nach dem anonymen Anruf besorgt.

Wie hat sich G nach dem StGB strafbar gemacht?

Gliederung

Rn.

I. Versuchter Totschlag (§§ 212 Abs. 1, 22, 23 Abs. 1 StGB) 1
1. Strafbarkeit des Versuchs 2
2. Nichtvollendung 3
3. Tatentschluss 4
4. Ergebnis 5

II. Gefährliche Körperverletzung (§§ 223 Abs. 1, 224 Abs. 1 Nr. 2, 5 StGB) 6
1. Tatbestand 7
   a) Objektiver Tatbestand des Grunddelikts (§ 223 Abs. 1 StGB) 8
   b) Objektiver Tatbestand der Qualifikation (§ 224 Abs. 1 Nr. 2, 5 StGB) 9
      aa) Waffe (§ 224 Abs. 1 Nr. 2 Alt. 1 StGB) 9
      bb) Mittels einer das Leben gefährdenden Behandlung (§ 224 Abs. 1 Nr. 5 StGB) 10
   c) Subjektiver Tatbestand (§§ 223 Abs. 1, 224 Abs. 1 Nr. 2, 5 StGB) 11
2. Rechtswidrigkeit 12
   Problem: Ist G durch das Eindringen des T wegen Notwehr gerechtfertigt?
   a) Notwehrlage 13
      aa) Angriff 14

Rn.
bb) Gegenwärtigkeit 15
cc) Rechtswidrigkeit 16
b) Notwehrhandlung 17
aa) Richtiger Angreifer 18
bb) Eignung und Erforderlichkeit 19
(1) Geeignetheit 20
(2) Mildestes Mittel 21
Problem: Stellt der Schusswaffengebrauch das mildeste Mittel dar, den Angriff abzuwehren?
c) Zwischenergebnis 23
3. Schuld 24
Problem: Liegt eine Notwehrüberschreitung nach § 33 StGB vor?
III. Gesamtergebnis 26

Lösung

I. Versuchter Totschlag (§§ 212 Abs. 1, 22, 23 Abs. 1 StGB)

G könnte sich wegen versuchten Totschlages gemäß §§ 212 Abs. 1, 22, 23 Abs. 1 StGB strafbar gemacht haben, indem er dem T in die Brust schoss. 1

1. Strafbarkeit des Versuchs

Für eine Versuchsstrafbarkeit des G aus §§ 212 Abs. 1, 22, 23 Abs. 1 StGB müsste der Versuch eines Totschlages strafbar sein. Gemäß § 23 Abs. 1 Alt. 1 StGB ist dies immer der Fall, wenn es sich bei dem in Rede stehenden Delikt um ein Verbrechen handelt. Nach § 12 Abs. 1 StGB sind Verbrechen solche Straftaten, die im Mindestmaß mit einem Jahr Freiheitsstrafe geahndet werden. Auf Totschlag wird gemäß § 212 Abs. 1 StGB eine Mindestfreiheitsstrafe von fünf Jahren verhängt, folglich handelt es sich um ein Verbrechen. Somit ist der Versuch des Totschlages nach § 23 Abs. 1 Alt. 1 StGB strafbar. 2

2. Nichtvollendung

Der Versuch einer Straftat setzt die Nichtvollendung des jeweiligen Delikts voraus. T ist noch am Leben, der tatbestandliche Erfolg gemäß § 212 Abs. 1 StGB ist demnach nicht eingetreten. Nichtvollendung ist somit gegeben. 3

3. Tatentschluss

G müsste mit Tatentschluss gehandelt haben. Tatentschluss umfasst den Vorsatz zur Verwirklichung eines Straftatbestandes (§ 15 StGB) sowie das Vorliegen eventueller sonstiger subjektiver Merkmale (z. B. Habgier und Mordlust aus § 211 StGB oder die besonderen „Absichten“ in §§ 242 Abs. 1, 263 Abs. 1 StGB).[1] Entsprechend § 212 Abs. 1 StGB müsste G Tötungsvorsatz gehabt haben; besondere subjektive 4

[1] *Wessels/Beulke/Satzger* AT Rn. 940; *Zieschang* S. 129.

Merkmale sind nicht einschlägig. G kam es jedoch nicht darauf an, den T zu töten; nicht einmal eine billigende Inkaufnahme eines möglicherweise tödlichen Resultats kann ihm mangels expliziter Angaben im Sachverhalt unterstellt werden. Somit wies G keinen Tötungsvorsatz und damit keinen Tatentschluss i. S. d. §§ 212 Abs. 1, 22, 23 Abs. 1 StGB auf.

4. Ergebnis

5 G hat sich nicht wegen versuchten Totschlages nach §§ 212 Abs. 1, 22, 23 Abs. 1 StGB strafbar gemacht.

II. Gefährliche Körperverletzung (§§ 223 Abs. 1, 224 Abs. 1 Nr. 2, 5 StGB)

6 G könnte sich wegen gefährlicher Körperverletzung gemäß §§ 223 Abs. 1, 224 Abs. 1 Nr. 2, 5 StGB strafbar gemacht haben, indem er dem T in die Brust schoss.

1. Tatbestand

7 G müsste zunächst den objektiven Tatbestand der §§ 223 Abs. 1, 224 Abs. 1 Nr. 2, 5 StGB verwirklicht haben.

a) Objektiver Tatbestand des Grunddelikts (§ 223 Abs. 1 StGB)

8 Zunächst müsste die Handlung des G den objektiven Tatbestand des Grunddelikts (§ 223 Abs. 1 StGB) erfüllen. Hierfür erforderlich ist eine körperliche Misshandlung gemäß § 223 Abs. 1 Alt. 1 StGB oder eine Gesundheitsschädigung nach § 223 Abs. 1 Alt. 2 StGB. Eine körperliche Misshandlung ist eine üble und unangemessene Behandlung, die das körperliche Wohlbefinden nicht nur unerheblich beeinträchtigt.[2] T wurde von einem Schuss aus der Pistole des G in die Brust getroffen und dadurch schwer verwundet. Von der Schmerzhaftigkeit dieser Behandlung und somit einer erheblichen Beeinträchtigung des körperlichen Wohlbefindens des T ist auszugehen. Eine Gesundheitsschädigung ist das Hervorrufen oder Steigern eines, wenn auch nur vorübergehenden pathologischen, krankhaften Zustandes.[3] T trug vom Schuss des G zumindest eine Einschusswunde in der Brust davon. Eine solche ist als krankhafter Zustand zu betrachten. Folglich hat G durch den Schuss auf T den objektiven Tatbestand der § 223 Abs. 1 Alt. 1 und 2 StGB verwirklicht.

b) Objektiver Tatbestand der Qualifikation (§ 224 Abs. 1 Nr. 2, 5 StGB)

aa) Waffe (§ 224 Abs. 1 Nr. 2 Alt. 1 StGB)

9 Als mögliche Qualifikation zur einfachen Körperverletzung gemäß § 223 Abs. 1 StGB kommt § 224 Abs. 1 Nr. 2 Alt. 1 StGB in Betracht. Den Oberbegriff bildet das „gefährliche Werkzeug" nach § 224 Abs. 1 Nr. 2 Alt. 2 StGB, während die „Waffe" nur als spezielles Beispiel vorangestellt ist. Eine „Waffe" i. S. v. Nr. 2 Alt. 1 ist eine Waffe im technischen Sinne. Nach gängiger Definition ist eine Waffe ein gebrauchsbereiter Gegenstand, der nach der Art seiner Anfertigung nicht nur geeignet, sondern auch allgemein dazu bestimmt ist, Menschen durch seine Wirkung zu

[2] *Fischer* § 223 StGB Rn. 4.
[3] *Fischer* § 223 StGB Rn. 8.

verletzen.[4] Die Pistole des G war im Zeitpunkt der Tat gebrauchsbereit. Pistolen sind generell dazu bestimmt, Menschen zu verletzen oder zu töten. G hat sich somit einer Waffe gemäß § 224 Abs. 1 Nr. 2 Alt. 1 StGB bedient.

bb) Mittels einer das Leben gefährdenden Behandlung (§ 224 Abs. 1 Nr. 5 StGB)

Die Körperverletzung ist mittels einer das Leben gefährdenden Behandlung begangen, wenn die Verletzungshandlung den konkreten Umständen nach objektiv dazu geeignet war, das Leben des Opfers in Gefahr zu bringen; die Verletzung braucht also nicht tatsächlich lebensgefährlich zu sein.[5] Bei einer solch abstrakten Betrachtungsweise ist ein Schuss mit einer Pistole in die Brust eines Menschen ohne Weiteres dazu geeignet, dessen Leben zu gefährden. Solche Angriffe können unter Umständen die Schädigung innerer Organe mit sich bringen, was eine akute Gefahr für das Leben des Opfers darstellt. Somit hat G durch den Schuss in die Brust des T den Tatbestand des § 224 Abs. 1 Nr. 5 StGB erfüllt. **10**

c) Subjektiver Tatbestand (§§ 223 Abs. 1, 224 Abs. 1 Nr. 2, 5 StGB)

G müsste gemäß § 15 StGB hinsichtlich der Elemente des objektiven Tatbestandes vorsätzlich gehandelt haben. Vorsatz ist der Wille zur Verwirklichung eines Straftatbestandes in Kenntnis aller seiner objektiven Tatumstände.[6] Der erforderliche Tatbestandsvorsatz umfasst demnach ein Willens- und ein Wissenselement. Der Vorsatz des G müsste sich auf die objektiven Tatbestände des § 223 StGB und § 224 StGB beziehen. Hinsichtlich des Grunddelikts § 223 StGB schoss G wissentlich und willentlich auf T, um diesen von der Zerstörung seiner Gastwirtschaft abzuhalten. Bezüglich der Qualifikation § 224 StGB handelte G auch hinsichtlich Nr. 2 Alt. 1 vorsätzlich: Er wusste, dass er eine Pistole gegen T einsetzte, und genau dies wollte er. Hinsichtlich der abstrakten Lebensgefährlichkeit seines Angriffs nach § 224 Abs. 1 Nr. 5 StGB genügt es, dass der Täter die Umstände kennt, welche die Gefährlichkeit der Tathandlung für das Leben des Opfers begründen.[7] Mangels expliziter Angaben im Sachverhalt über das Vorstellungsbild des G ist davon auszugehen, dass er die möglichen Gefahren eines Schusses in die Brust seines Opponenten richtig einschätzte, was ebenso nach allgemeiner Lebenserfahrung nahe liegt. Der Angriff des G geschah demnach in wissentlicher und willentlicher Weise. Vorsatz nach § 15 StGB ist somit gegeben. **11**

2. Rechtswidrigkeit

G müsste ferner rechtswidrig gehandelt haben. Dies wäre indes nicht der Fall, wenn er sich auf einen Rechtfertigungsgrund berufen könnte. In Betracht kommt Notwehr (§ 32 StGB). **12**

a) Notwehrlage

Die Notwehrlage wird durch einen gegenwärtigen, rechtswidrigen Angriff begründet.[8] **13**

---

4 *Wessels/Hettinger/Engländer* BT I Rn. 234.

5 *Wessels/Hettinger/Engländer* BT I Rn. 244.

6 *Wessels/Beulke/Satzger* AT Rn. 316.

7 BGHSt 19, 352; *Fischer* § 224 StGB Rn. 32.

8 *Wessels/Beulke/Satzger* AT Rn. 494; *Zieschang* S. 57.

aa) Angriff

14 Ein Angriff ist jede durch menschliches Verhalten drohende Verletzung rechtlich geschützter Güter oder Interessen.[9] Die Weisung des G ignorierend, zerstörte T die Tür und stürzte in die Gastwirtschaft des G, um die Lage zu erkunden. Bereits durch diese Aktion wurde das Hausrecht des G und dessen Eigentumsrecht an der Tür verletzt. Außerdem ließ das Vorgehen des T weitere Eigentumsverletzungen an der Einrichtung im Gasthaus und eine Schädigung der Gesundheit des G, seines Personals und seiner Gäste erwarten. Eine Bedrohung rechtlich geschützter Interessen ist somit gegeben.

bb) Gegenwärtigkeit

15 Dieser Angriff müsste gegenwärtig gewesen sein. Gegenwärtig ist ein Angriff, wenn er unmittelbar bevorsteht, bereits begonnen hat oder noch andauert. [10] Hier ist zwischen den oben genannten bedrohten Interessen zu differenzieren. Die Beschädigung der Tür, die Verletzung des Eigentumsrechts des G, war bereits abgeschlossen. T befand sich jedoch immer noch in den Räumlichkeiten des G, der Angriff auf das Hausrecht des G dauerte mithin noch an. Hinsichtlich der weiteren Einrichtungsgegenstände in der Gaststätte und der körperlichen Integrität des G, seines Personals und der anwesenden Gäste war mit einem unmittelbar bevorstehenden Angriff zu rechnen. Damit stand je nach betrachtetem Rechtsgut ein Angriff unmittelbar bevor oder hatte bereits begonnen. Folglich ist das Kriterium der Gegenwärtigkeit erfüllt.

cc) Rechtswidrigkeit

16 Der Angriff des T müsste ferner rechtswidrig sein. Er wäre es nicht, wenn sich T seinerseits auf einen Rechtfertigungsgrund berufen könnte. T widersetzte sich der legitimen Aufforderung des G, die Gaststätte zu verlassen. Er konnte sich auf keinerlei Rechtfertigungsgründe berufen, die das Einschlagen der Tür oder sein Verweilen in der Gaststätte rechtfertigten. Eine Notwehrlage des G ist somit gegeben.

b) Notwehrhandlung

17 Die Notwehrhandlung muss sich gegen den Angreifer richten, objektiv erforderlich und normativ geboten sein.[11]

aa) Richtiger Angreifer

18 Die Bedrohung ging von T aus, und gegen eben diesen richtete sich die Gegenwehr des G.

bb) Eignung und Erforderlichkeit

19 Die Notwehrhandlung des G müsste geeignet und erforderlich gewesen sein. Geeignet ist eine Notwehrhandlung, wenn mit ihr der Angriff abgewehrt werden kann. Erforderlich ist sie dann, wenn sie das mildeste zur Verfügung stehende Gegenmittel darstellt.[12]

---

[9] *Hilgendorf/Valerius* AT § 5 Rn. 26; *Wessels/Beulke/Satzger* AT Rn. 495.

[10] *Hilgendorf/Valerius* AT § 5 Rn. 23; *Wessels/Beulke/Satzger* AT Rn. 499.

[11] *Wessels/Beulke/Satzger* AT Rn. 509.

[12] Viele prüfen die Geeignetheit als Unterpunkt der Erforderlichkeit. Das ist ohne Weiteres zulässig, vgl. *Wessels/Beulke/Satzger* AT Rn. 511.

(1) Geeignetheit

Geeignetheit bedeutet, dass die Maßnahme grundsätzlich dazu in der Lage ist, den Angriff entweder gänzlich zu beenden oder ihm wenigstens ein Hindernis in den Weg zu legen.[13] Laut Sachverhalt waren die Maßnahmen des G in der Lage, die Bedrohung durch T zu beenden: T wurde schwer verletzt und konnte keinen Angriff mehr ausführen. Geeignetheit ist somit gegeben. **20**

(2) Mildestes Mittel (Erforderlichkeit i. e. S.)

Fraglich ist, ob die Gegenwehr des G das in dieser Situation mildeste Mittel darstellte. Da das Notwehrrecht auf dem Gedanken der Rechtsbewährung fußt, kann dem Angegriffenen nicht entgegengehalten werden, er sei verpflichtet, die Flucht anzutreten, um seinen Angreifer zu schonen. Vielmehr geht es darum, dasjenige Verteidigungsmittel zu wählen, das bei gleicher Wirksamkeit den geringsten Schaden anrichtet. Bestehende Unsicherheiten über die Effektivität des Abwehrmittels dürfen allerdings nicht zulasten des in Notwehr Handelnden gehen: Da die Aggression ursprünglich vom Angreifer ausging, muss sich der Angegriffene nicht auf unsichere Gegenmaßnahmen verlassen. Besondere Regeln gelten für die Verwendung von Schusswaffen: Ein gezielter Schuss auf den Angreifer ist in der Regel nur zulässig, wenn der Schusswaffengebrauch zuvor angekündigt wurde und ein Warnschuss nicht ausreicht. Entscheidend für eine Beurteilung ist aber immer die konkrete Notwehrsituation.[14] **21**

Auf der Suche nach milderen Mitteln hätte im vorliegenden Fall der Beginn eines Gespräches mit T, um diesen von seinem Vorhaben abzubringen, nichts genützt; T reagierte bereits auf die vorangehende Aufforderung des G nicht und war im Begriff, seinen Angriff zu starten. Auch für einen Polizeiruf war es zu spät. Zu überlegen ist jedoch, ob G den Schusswaffengebrauch vorher hätte ankündigen müssen. Es ist nicht auszuschließen, dass bereits das Vorzeigen der Waffe T von seinem Vorhaben abgebracht hätte. Wenn diese Warnung nicht ausgereicht hätte, wäre ein Warnschuss oder ein Schuss in die Beine des T zur Konfliktlösung angezeigt gewesen. Zwar ist zu berücksichtigen, dass G sehr aufgeregt war, er sich zudem in einer Situation befand, in der es schnelle Entscheidungen zu treffen galt und er sich keineswegs auf unsichere Mittel verlassen musste; dennoch ist angesichts der extremen Gefährlichkeit von Schusswaffen und deren hohem Abschreckungspotential zunächst eine für den Angreifer weniger einschneidende Maßnahme zu fordern. Somit hätte G den Einsatz der Schusswaffe gegenüber T zumindest vorher androhen müssen. Die Erforderlichkeit seines Notwehrmittels kann folglich nicht bejaht werden. **22**

Hinweis: Man kann hier auch anders argumentieren:

- Der Angegriffene muss nicht das Risiko der Unwirksamkeit seines Abwehrmittels auf sich nehmen. So kann von den in der Regel aufgeregten und in Furcht handelnden Opfern eines Angriffs nicht immer gefordert werden, dass sie komplexe Erwägungen zu der Gefährlichkeit des eingesetzten Mittels anstellen und etwaige ebenso verfügbare, jedoch mildere Maßnahmen erörtern. Dies würde der Realität nicht gerecht. G war aufgrund seiner Erregung weder in der Lage, sich solche Gedanken zu machen noch hätte er das Ergebnis derartiger Überlegungen umsetzen können: Er zitterte so stark, dass ein gezielter Schuss etwa in die Beine des T nicht möglich gewesen wäre.

---

[13] *Hilgendorf/Valerius* AT § 5 Rn. 37; *Wessels/Beulke/Satzger* AT Rn. 512.

[14] BGH NStZ 2001, 530; 2018, 84.

- Auch kann man berücksichtigen, dass es G nicht darauf ankam, den T durch den Brusttreffer schwer zu verletzen: Zielen war ihm nicht möglich und der Schuss in die Brust gestaltete sich als Ergebnis eines unglücklichen Zufalls.
- Die Annahme einer Rechtfertigung aus Notwehr wäre daher hier mit hinreichender Argumentation möglich.

c) Zwischenergebnis

23 Somit kann sich G nicht auf den Rechtfertigungsgrund der Notwehr gemäß § 32 StGB berufen und hat damit rechtswidrig gehandelt.

3. Schuld

24 G müsste ferner schuldhaft gehandelt haben. Dies wäre zu verneinen, wenn er sich auf § 33 StGB berufen könnte, der nach h. M. einen Schuldausschließungsgrund darstellt.

Hinweis: Bei der Notwehrüberschreitung[15] i. S. d. § 33 StGB sind vier Konstellationen zu unterscheiden:
- Verteidigt sich der Angegriffene im Rahmen der Notwehr intensiver als „erforderlich" (sog. intensiver Notwehrexzess), handelt er rechtswidrig. Sein Verhalten ist jedoch nach § 33 StGB entschuldigt, wenn er die Grenzen der Notwehr aus Verwirrung, Furcht oder Schrecken (sog. asthenische Affekte) unbewusst oder bewusst überschritten hat.
- Fehlt es jedoch an der Gegenwärtigkeit des Angriffs und setzt der zu seiner Verteidigung Entschlossene sich darüber bewusst hinweg (sog. extensiver Notwehrexzess), so ist strittig, ob § 33 StGB zur Anwendung kommt.
- Geht der Angegriffene irrtümlich davon aus, dass der Angriff schon oder noch gegenwärtig ist, so liegt Putativnotwehr vor, die grundsätzlich nach den allgemeinen Irrtumsregeln gelöst wird (Erlaubnistatbestandsirrtum).
- Ist eine Notwehrlage in Wirklichkeit überhaupt nicht gegeben (Putativnotwehr) und überschreitet der Täter außerdem die Grenzen der Verteidigung, so wird von einem Putativnotwehrexzess gesprochen. Auch in diesem Fall bleibt kein Raum für § 33 StGB; diese Konstellation wird vielmehr ebenfalls nach den allgemeinen Irrtumsregeln behandelt.

25 Im vorliegenden Fall kommt eine Entschuldigung des G wegen eines intensiven Notwehrexzesses in Betracht. G befand sich in einer Notwehrlage, ihm wurde nur aufgrund des Einsatzes zu einschneidender Mittel gegen T ein Notwehrrecht aus § 32 StGB mangels Erforderlichkeit versagt. Um eine Entschuldigung gemäß § 33 StGB zu tragen, müsste diese Überschreitung der Erforderlichkeit auf asthenische Affekte zurückzuführen sein. Laut Sachverhalt war G im Zeitpunkt der Tat so aufgeregt, dass er nicht zielen konnte. Dieser Zustand erheblicher nervlicher Überlastung wurde durch die Feindseligkeiten des T verursacht und ist als asthenischer, nicht aggressiver Affekt einzustufen. Ein Ausschluss dieses Schuldausschließungsgrundes kommt in Betracht, wenn der Angegriffene die Notwehrlage provoziert hat. Dem Provozierenden kommt dann von vornherein kein Notwehrrecht zu, das überschritten werden könnte.[16] Eine solche Notwehrprovokation könnte in dem Verbot des Zutritts und der Weisung, den Gastraum zu verlassen, liegen. Diese wurde jedoch zulässigerweise von G als Inhaber des Hausrechts und nur deshalb ausgesprochen, um größeren Schaden zu vermeiden. Er wollte den T keineswegs reizen und ihn dann unter dem Deckmantel der Notwehr verletzen. Somit liegen die Voraussetzungen des intensiven Notwehrexzesses aus § 33 StGB vor. G ist ent-

[15] *Wessels/Beulke/Satzger* AT Rn. 700 ff.; *Zieschang* S. 98 ff.
[16] BGH NJW 1993, 1869.

schuldigt und hat sich nicht nach §§ 223 Abs. 1 Alt. 1 und 2, 224 Abs. 1 Nr. 1 Alt. 1, Nr. 5 StGB strafbar gemacht.

III. Gesamtergebnis

G hat sich nicht nach dem StGB strafbar gemacht. **26**

Fallbeurteilung

Dieser Fall ist insgesamt als mittelschwer einzustufen. Aus dem Besonderen Teil des StGB ist die Körperverletzung mit den entsprechenden Qualifikationstatbeständen zu prüfen. Auf eine versuchte Tötung sollte zumindest kurz eingegangen werden; sie ist allerdings wegen des fehlenden Tatentschlusses zu verneinen.

Der Schwerpunkt der Klausur liegt auf der Prüfung der Notwehr. Problematisch ist hier insbesondere, ob der Schusswaffengebrauch das mildeste Mittel zur Abwehr darstellt, da G den T vor dem Schuss nicht gewarnt hatte. Verneint man die Erforderlichkeit, sollte der Bearbeiter noch auf die Notwehrüberschreitung im Rahmen der Schuld (§ 33 StGB) eingehen. Von einer guten Lösung wird auch erwartet, dass die Qualifikationstatbestände des § 224 StGB sauber durchgeprüft werden.

Vertiefungshinweise: BGHSt 39, 133 = NJW 1993, 1869 (kein entschuldigtes Überschreiten der Notwehr bei Übergehen einer möglichen polizeilichen Hilfe); BGH NStZ 2018, 84 (Erforderlichkeit des lebensgefährdenden Einsatzes einer Schusswaffe).

Geppert, Notwehr und Irrtum, Jura 2007, 33; *Müller-Christmann,* Der Notwehrexzeß, JuS 1989, 717; *ders.,* Überschreiten der Notwehr (BGHSt 39, 133), JuS 1994, 649.

Fall 9. Das schwache Herz

Schwierigkeitsgrad: mittelschwer

Sachverhalt

A fährt mit seinem Pkw bei geöffnetem Fenster ein Seeufer entlang, als ihm plötzlich eine Mücke ins Auge fliegt. Blitzschnell führt er mit der Hand eine ruckartige Abwehrbewegung aus, wodurch er das Steuer verreißt und frontal auf den Wagen des entgegenkommenden B aufprallt. B kommt dabei zu Tode.

Die nachfolgende Obduktion ergibt jedoch, dass B nicht erst durch den Aufprall getötet wurde, sondern aus Schreck über den ihm entgegenkommenden Pkw unmittelbar vorher einen tödlichen Herzschlag erlitten hatte. B war nämlich schwer herzkrank und auf die regelmäßige Einnahme eines bestimmten Medikamentes angewiesen, das er an diesem Morgen jedoch vergessen hatte. Daher litt er schon während der Fahrt an erheblichen Schmerzen. Der Herzschlag wäre nach Auskunft eines Sachverständigen nicht erfolgt, wenn B das Medikament ordnungsgemäß am Morgen des Unfalltages genommen hätte.

Wie hat sich A strafbar gemacht? Straßenverkehrsdelikte sind nicht zu prüfen.

Abwandlung: B wollte am fraglichen Morgen das Medikament zwar einnehmen, konnte dies aber nicht, weil es von C versteckt wurde. C kannte die Abhängigkeit des B, nahm aber alle möglichen Konsequenzen seines Tuns in Kauf.

Wie hat sich C strafbar gemacht?

Gliederung

Rn.

I. Grundfall ... 1
1. Fahrlässige Tötung (§ 222 StGB) ... 1
a) Tatbestand ... 2
aa) Handlungsqualität ... 2
Problem: Kommt der ruckartigen Abwehrbewegung strafrechtlich relevante Handlungsqualität zu?
bb) Erfolg und Kausalität ... 4
cc) Objektive Sorgfaltswidrigkeit ... 5
dd) Objektive Vorhersehbarkeit ... 6
Problem: Begründet das Vergessen der Herztabletten, welches zum Tod des B führte, einen atypischen Kausalverlauf?
b) Ergebnis ... 8
2. Sachbeschädigung (§ 303 Abs. 1 StGB) ... 9
a) Tatbestand ... 10

Rn.
aa) Objektiver Tatbestand 10
bb) Subjektiver Tatbestand 11
b) Ergebnis 12
3. Gesamtergebnis zum Grundfall 13
II. Abwandlung 14
1. Totschlag (§ 212 Abs. 1 StGB) 14
a) Tatbestand 15
aa) Objektiver Tatbestand 15
bb) Subjektiver Tatbestand 16
Problem: Wird der konkrete Kausalverlauf vom Vorsatz des C umfasst?
b) Rechtswidrigkeit und Schuld 17
c) Ergebnis 18
2. Gefährliche Körperverletzung (§§ 223 Abs. 1, 224 Abs. 1 StGB) 19
a) Tatbestand 20
aa) Objektiver Tatbestand des § 223 Abs. 1 StGB 20
bb) Objektiver Tatbestand des § 224 Abs. 1 StGB 22
cc) Subjektiver Tatbestand 23
b) Rechtswidrigkeit und Schuld 24
c) Ergebnis 25
3. Gesamtergebnis zur Abwandlung 26

Lösung

I. Grundfall

1. Fahrlässige Tötung (§ 222 StGB)

A könnte sich wegen des Verreißens des Steuers wegen fahrlässiger Tötung gemäß § 222 StGB strafbar gemacht haben. 1

a) Tatbestand

aa) Handlungsqualität

Dazu müsste der tatbestandliche Erfolg, der Tod eines Menschen, durch eine Handlung des A eingetreten sein. Fraglich ist zunächst, ob in der ruckartigen Abwehrbewegung des A eine strafrechtlich relevante Handlung zu sehen ist. Darunter versteht man ein vom steuernden Willen beherrschtes, zielgerichtetes menschliches Verhalten.[1] Dagegen fehlt es an der Handlungsqualität, wenn es sich um eine bloße, der Willensbeherrschung entzogene, Reflex- oder Schreckreaktion handelt.[2] Derartige Reflex- oder Schreckbewegungen zeichnen sich dadurch aus, dass ein physiologischer Reiz ohne Mitwirkung des Bewusstseins von einem Empfindungszentrum auf ein Bewegungszentrum übertragen wird. Hiervon sind sog. Spontanreaktionen ab- 2

[1] *Kindhäuser/Zimmermann* AT § 5 Rn. 10.
[2] *Wessels/Beulke/Satzger* AT Rn. 150; eingehend *Baumann/Weber/Mitsch/Eisele* § 9 Rn. 36 ff.

zugrenzen, welche auf einer bestehenden Handlungsbereitschaft seitens des Täters, einer Affekt- oder Kurzschlusshandlung beruhen.[3]

3 Im vorliegenden Fall war die ruckartige Armbewegung des A zum Verscheuchen der Mücke steuerbar. Im Gegensatz zu einer bloßen Reflexbewegung konnte er noch nachdenken und entscheiden, auf welche Weise er die Mücke aus seinem Auge entfernt. Damit ist eine strafrechtlich relevante Handlung gegeben.

bb) Erfolg und Kausalität

4 Der tatbestandliche Erfolg ist ebenfalls eingetreten, da B tot ist. Fraglich ist indessen, ob die Handlung des A auch kausal für den Tod des B ist, da dieser nicht erst durch den Aufprall getötet wurde, sondern schon vorher einen tödlichen Herzschlag erlitten hat. Nach der Conditio-sine-qua-non-Formel ist jede Bedingung kausal, die nicht hinweggedacht werden kann, ohne dass der Erfolg in seiner konkreten Gestalt entfiele.[4] B erschrak durch das frontale Zurasen des A so sehr, dass er einen Herzschlag bekam. Ohne diese Handlung würde B noch leben. Ein mögliches Mitverschulden seitens des B, da dieser am Morgen die Einnahme seiner Medikamente vergessen hatte, ist für das Vorliegen der Kausalität irrelevant, da alle Bedingungen gleichwertig sind.[5]

cc) Objektive Sorgfaltswidrigkeit

5 A müsste eine objektive Sorgfaltspflichtverletzung anzulasten sein. Eine solche liegt bei einem Außerachtlassen der im Verkehr erforderlichen Sorgfalt und objektiver Vorhersehbarkeit des tatbestandlichen Erfolges vor. Für die Beurteilung von Art und Maß der anzuwendenden Sorgfalt ist auf einen besonnenen und gewissenhaften Menschen in der konkreten Lage und der sozialen Rolle des Handelnden aus der Sicht „ex ante" abzustellen.[6] Ein gewissenhafter Mensch hätte sich nicht ohne Überlegung dem Bedürfnis zur Abwehr der Mücke hingegeben. Vielmehr hätte er den unangenehmen Reiz so lange hingenommen, bis er anhalten konnte, weil er erst dann keine Gefahr mehr für die anderen Verkehrsteilnehmer dargestellt hätte. Unter Berücksichtigung der Tatsache, dass im Straßenverkehr gemäß § 1 Abs. 2 StVO besondere Anforderungen an die Sorgfalt der Verkehrsteilnehmer zu stellen sind, war das Verhalten des A sorgfaltswidrig.

dd) Objektive Vorhersehbarkeit

6 Problematisch ist indessen die objektive Vorhersehbarkeit des Erfolgseintritts. Daran könnte es fehlen, wenn es sich bei dem im Sachverhalt geschilderten Geschehen um einen atypischen Kausalverlauf handeln würde.[7] Ein solcher liegt vor, wenn der eingetretene Erfolg völlig außerhalb dessen liegt, was nach dem gewöhnlichen Ablauf der Dinge und nach der allgemeinen Lebenserfahrung zu erwarten ist.[8]

---

3 *Wessels/Beulke/Satzger* AT Rn. 151.

4 *Fischer* Vor § 13 StGB Rn. 21.

5 *Hilgendorf/Valerius* AT § 4 Rn. 33; *Zieschang* S. 29.

6 *Wessels/Beulke/Satzger* AT Rn. 1115.

7 Der im Vorsatzdelikt als Fallgruppe der objektiven Zurechnung bekannte atypische Kausalverlauf ist im Rahmen des Fahrlässigkeitsdelikts streng genommen bereits auf Ebene der objektiven Vorhersehbarkeit zu verorten, vgl. *Hilgendorf/Valerius* § 12 Rn. 35; *Wessels/Beulke/Satzger* AT Rn. 1124; *Zieschang* S. 118.

8 *Wessels/Beulke/Satzger* AT Rn. 299.

Im vorliegenden Fall hat erst das Vergessen der Herztabletten dazu geführt, dass B aufgrund des Schrecks einen Herzschlag erleiden konnte. Die hier dargestellte Situation, in der ein Mensch bei einem Unfall stirbt, weil er sein Medikament vergessen hat und deshalb einen Herzschlag erleidet, ist höchst unwahrscheinlich und liegt nahezu außerhalb jeglicher Lebenserfahrung. Die objektive Vorhersehbarkeit des Erfolgseintritts ist daher zu verneinen. 7

b) Ergebnis

A hat sich nicht wegen fahrlässiger Tötung strafbar gemacht. **8**

2. Sachbeschädigung (§ 303 Abs. 1 StGB)

A könnte sich wegen des Aufpralls auf den Pkw des B wegen Sachbeschädigung gemäß § 303 Abs. 1 StGB strafbar gemacht haben. **9**

a) Tatbestand

aa) Objektiver Tatbestand

Dazu müsste er eine fremde Sache beschädigt oder zerstört haben. Bei dem Auto des B handelt es sich um eine fremde Sache. Durch den Aufprall wurde sie in ihrer Substanz nicht nur unerheblich beeinträchtigt. Eine Sachbeschädigung liegt somit vor. Der objektive Tatbestand ist erfüllt. **10**

bb) Subjektiver Tatbestand

A müsste gemäß § 15 StGB vorsätzlich gehandelt haben. Vorsatz ist der Wille zur Verwirklichung eines Straftatbestandes in Kenntnis aller seiner objektiven Tatumstände.[9] Dies ist im vorliegenden Fall jedoch abzulehnen, da sich im Sachverhalt keine Anhaltspunkte dafür ergeben, dass A die Beschädigung des Wagens des B beabsichtigte oder auch nur billigend in Kauf genommen hat. Der subjektive Tatbestand ist daher nicht gegeben. **11**

b) Ergebnis

A hat sich nicht nach § 303 Abs. 1 StGB strafbar gemacht. **12**

3. Gesamtergebnis zum Grundfall

A hat sich nicht strafbar gemacht. **13**

II. Abwandlung

1. Totschlag (§ 212 Abs. 1 StGB)

C könnte sich wegen des Versteckens des Medikaments wegen Totschlags gemäß § 212 Abs. 1 StGB strafbar gemacht haben. **14**

a) Tatbestand

aa) Objektiver Tatbestand

Dazu müsste der Erfolg durch eine Handlung des C eingetreten sein. Die Handlung ist in dem Verstecken des Medikaments zu sehen. Der Erfolg ist mit dem Tod **15**

[9] *Wessels/Beulke/Satzger* AT Rn. 316.

des B eingetreten. Fraglich ist, ob die Handlung nach der Bedingungstheorie kausal für den Tod des B war. Ohne das Verstecken des Medikaments hätte B es eingenommen, was dazu geführt hätte, dass der Schrecken des Unfalls nicht zu einem tödlichen Herzschlag hätte führen können. Da das Verreißen des Steuers durch A ebenfalls nicht hinweggedacht werden kann, liegt hier ein Fall der kumulativen Kausalität[10] vor, der nach den Grundsätzen der Conditio-sine-qua-non-Formel gelöst werden kann. Die Kausalität ist zu bejahen. Auch die objektive Zurechnung ist gegeben, da die durch die Wegnahme des Medikaments geschaffene Gefahr sich letztlich im Todeserfolg durch den Herzschlag realisiert hat. Der objektive Tatbestand ist somit erfüllt.

bb) Subjektiver Tatbestand

16 C müsste zudem vorsätzlich gehandelt haben. Konkret müsste er Vorsatz bzgl. der Tathandlung, des Taterfolges, sowie des Kausalverlaufes in seiner konkreten Gestalt gehabt haben. Bezüglich der Tathandlung handelte C vorsätzlich. Ferner hatte er auch Vorsatz bzgl. des Taterfolges, da er wusste, dass B die Herztabletten benötigte und es bei einem Fehlen der Einnahme zu einem tödlichen Herzschlag kommen konnte. Fraglich bleibt indessen, ob er auch Vorsatz bzgl. des Kausalverlaufs aufwies, da er sich keine konkreten Vorstellungen über den Ablauf des Geschehens gemacht hat. Allerdings ist es an dieser Stelle ausreichend, wenn der Kausalverlauf lediglich in seinen wesentlichen Umrissen und nicht in allen Einzelheiten von der Vorstellung des Täters gedeckt ist.[11] Unwesentliche Abweichungen des Kausalverlaufs von der Vorstellung des Täters, wie etwa eine andersartige Wirkungsweise des Tatmittels, schließen den Vorsatz nicht aus.[12] Im vorliegenden Fall nahm C durch das Verstecken des Medikaments zumindest billigend in Kauf, dass das Herz des B geschwächt wird und dieser deshalb sterben könnte. Dabei war es ihm gleichgültig, auf welche Weise, etwa Aufregung, Schrecken oder sonstige Gefühlsregungen, dies geschehen würde. Der Unfall stellt daher keine wesentliche Abweichung vom vorgestellten Kausalverlauf dar. Der Vorsatz ist mithin zu bejahen und der subjektive Tatbestand erfüllt.

b) Rechtswidrigkeit und Schuld

17 Rechtswidrigkeit und Schuld sind ebenfalls gegeben.

c) Ergebnis

18 C hat sich wegen Totschlags gemäß § 212 Abs. 1 StGB strafbar gemacht.

2. Gefährliche Körperverletzung (§§ 223 Abs. 1, 224 Abs. 1 StGB)

19 C könnte sich wegen des Versteckens des Medikaments außerdem wegen gefährlicher Körperverletzung nach §§ 223 Abs. 1, 224 Abs. 1 StGB strafbar gemacht haben.

---

[10] Vgl. dazu *Wessels/Beulke/Satzger* AT Rn. 233.

[11] Lackner/Kühl/*Kühl* § 15 StGB Rn. 11.

[12] Lackner/Kühl/*Kühl* § 15 StGB Rn. 11; eingehend *Baumann/Weber/Mitsch/Eisele* § 11 Rn. 68 ff.

a) Tatbestand

aa) Objektiver Tatbestand des § 223 Abs. 1 StGB

Dazu müsste durch die Vorenthaltung des Medikaments eine körperliche Misshandlung bzw. eine Gesundheitsschädigung i. S. d. § 223 Abs. 1 StGB bei B eingetreten sein. Eine körperliche Misshandlung (§ 223 Abs. 1 Alt. 1 StGB) ist jede üble, unangemessene Behandlung, durch die das Opfer in seiner körperlichen Unversehrtheit oder seinem körperlichen Wohlbefinden mehr als nur unerheblich beeinträchtigt wird.[13] Da B aufgrund des Fehlens seines Medikaments an erheblichen Schmerzen litt, ist von einer nicht nur unerheblichen Beeinträchtigung des körperlichen Wohlbefindens auszugehen. Eine körperliche Misshandlung liegt damit vor. **20**

Eine Gesundheitsschädigung (§ 223 Abs. 1 Alt. 2 StGB) ist das Hervorrufen oder Steigern eines vom Normalzustand der körperlichen Funktion des Opfers nachteilig abweichenden pathologischen Zustandes.[14] Hierfür genügt schon die Verschlimmerung oder Aufrechterhaltung einer bereits vorhandenen Krankheit, ebenso die Herbeiführung oder Aufrechterhaltung von Schmerzzuständen.[15] Der bei B bereits aufgrund der Herzerkrankung vorliegende pathologische Zustand wurde durch die Vorenthaltung des Medikaments gesteigert, sodass eine Gesundheitsschädigung zu bejahen ist. Der objektive Tatbestand ist damit gegeben. **21**

bb) Objektiver Tatbestand des § 224 Abs. 1 StGB

C könnte zudem das Qualifikationsmerkmal des § 224 Abs. 1 Nr. 5 StGB erfüllt haben, was eine lebensgefährdende Behandlung voraussetzt. Dieses Merkmal ist im Einzelnen umstritten. Nach der h. M.[16] reicht eine nicht konkrete, generelle Lebensgefährdung aus, während nach einer anderen Ansicht[17] der Eintritt einer konkreten Lebensgefährdung gefordert wird. Dieser Streit braucht an dieser Stelle jedoch nicht entschieden zu werden, da das Vorenthalten wichtiger Medikamente bei einer schwer herzkranken Person sowohl abstrakt als auch konkret lebensgefährdend sein kann. Im vorliegenden Fall hat sich diese Gefahr sogar verwirklicht. C hat daher das Qualifikationsmerkmal des § 224 Abs. 1 Nr. 5 StGB erfüllt. **22**

cc) Subjektiver Tatbestand

C müsste Vorsatz sowohl bzgl. des Tatbestandes des § 223 Abs. 1 StGB als auch des Qualifikationstatbestandes des § 224 Abs. 1 StGB gehabt haben. Er wusste, dass er durch die Vorenthaltung der Herztabletten dem B erhebliche körperliche Probleme bereiten würde und hat dies billigend in Kauf genommen. Außerdem war ihm klar, dass durch seine Handlung eine lebensgefährliche Situation für B entstehen konnte. Der subjektive Tatbestand ist daher zu bejahen. **23**

b) Rechtswidrigkeit und Schuld

Rechtswidrigkeit und Schuld liegen ebenfalls vor. **24**

---

13 *Wessels/Hettinger/Engländer* BT I Rn. 216.

14 *Wessels/Hettinger/Engländer* BT I Rn. 219.

15 Schönke/Schröder/*Sternberg-Lieben* § 223 StGB Rn. 5.

16 BGH NStZ 2007, 339; *Fischer* § 224 StGB Rn. 27.

17 Schönke/Schröder/*Sternberg-Lieben* § 224 StGB Rn. 12.

c) Ergebnis

25 C hat sich wegen gefährlicher Körperverletzung nach §§ 223 Abs. 1, 224 Abs. 1 Nr. 5 StGB strafbar gemacht.

3. Gesamtergebnis zur Abwandlung

26 C hat sich durch das Verstecken des Medikaments wegen Totschlags nach § 212 Abs. 1 StGB und wegen gefährlicher Körperverletzung nach §§ 223 Abs. 1, 224 Abs. 1 Nr. 5 StGB strafbar gemacht. Die §§ 223, 224 StGB treten im Wege der Subsidiarität hinter § 212 StGB zurück. Somit ergibt sich in der Abwandlung für C eine Strafbarkeit nach § 212 Abs. 1 StGB.

Fallbeurteilung

Dieser nicht einfache Fall behandelt hauptsächlich Probleme aus dem Allgemeinen Teil des Strafrechts. Die Schwerpunkte liegen hier im Bereich der Fahrlässigkeit, der objektiven Zurechnung sowie der Beachtlichkeit der Abweichung des Kausalverlaufs.

Es sollte zuerst mit einer möglichen Strafbarkeit wegen fahrlässiger Tötung begonnen werden, wobei darauf eingegangen werden muss, ob das Verhalten des A, also die reflexartige Abwehrbewegung, überhaupt willensgesteuert war und damit Handlungsqualität aufweist. Im Rahmen der objektiven Vorhersehbarkeit sollte sich der Bearbeiter mit der Lehre des atypischen Kausalverlaufs auseinandersetzen. Negativ wäre zu bewerten, wenn das Problem der Zurechnung der vergessenen Herztabletten gar nicht angesprochen würde. Eine Strafbarkeit wegen Sachbeschädigung am Wagen des B scheitert am fehlenden Vorsatz. Man könnte insoweit an eine fahrlässige Sachbeschädigung denken, die das StGB jedoch nicht unter Strafe stellt.

In der Abwandlung ist die Strafbarkeit des C wegen vorsätzlicher Tötung zu prüfen. Dabei ist es problematisch, ob sich sein Vorsatz auch auf den konkreten Kausalverlauf, hier den Herzanfall aufgrund des Autounfalls, bezog. Da sich C jedoch über die Grundzüge des Kausalverlaufs im Klaren war und den Tod durch einen Herzschlag zumindest billigend in Kauf nahm, sollte ein atypischer Kausalverlauf nicht angenommen werden. Im Anschluss ist die gefährliche Körperverletzung zu prüfen, die jedoch keine besonderen Probleme ausweist.

Vertiefungshinweise: BGHSt 2, 160, 163; BGH NStZ 2004, 618 (keine konkrete Lebensgefährdung bei § 224 Abs. 1 Nr. 5 StGB erforderlich); BGH NStZ 2001, 29 (Ursächlichkeit des Täterhandelns für den Erfolgseintritt und Abweichung vom Kausalverlauf bei Tatbeitrag eines Dritten).

Beck, Fahrlässiger Umgang mit der Fahrlässigkeit, JA 2009, 111–115 (Teil 1) und 286-271 (Teil 2); *Kretschmer*, Das Fahrlässigkeitsdelikt, Jura 2000, 267; *Otto*, Wahrscheinlichkeitsgrad des Erfolgseintritts und Erfolgszurechnung, Jura 2001, 275.

Fall 10. Die Nebenbuhlerin

Schwierigkeitsgrad: mittelschwer

Sachverhalt

Die A weiß, dass ihre Nebenbuhlerin B schon seit langem eine Affäre mit ihrem Ehemann C hat. Als sie die B in ihrer Wohnung zur Rede stellt, kommt es zu einem heftigen Streit. Dabei schlägt sie den Kopf der B aus Eifersucht mehrmals gegen den Türrahmen, um diese aus dem Weg zu räumen. Als B schließlich keine Lebenszeichen mehr von sich gibt, hält A sie für tot. Daraufhin hängt A die B an einem Seil im Wohnzimmer auf, um alles wie einen Suizid aussehen zu lassen, was sie von Anfang an so geplant hatte. Tatsächlich erstickt die nur bewusstlose B erst durch das Aufhängen an dem Seil.

Strafbarkeit der A?

Gliederung

Rn.

I. Mord (§§ 212 Abs. 1, 211 StGB) ... 1
1. Tatbestand ... 2
a) Objektiver Tatbestand ... 2
aa) Objektiver Tatbestand des § 212 Abs. 1 StGB ... 2
bb) Objektiver Tatbestand des § 211 StGB ... 4
b) Subjektiver Tatbestand ... 5
aa) Vorsatz bzgl. § 212 Abs. 1 StGB ... 6
Problem: Erstreckt sich der Vorsatz der A auch auf den Erfolgseintritt durch das Aufhängen an dem Seil? (Vorsatz bei zweiaktigen Geschehensabläufen)
bb) Vorliegen täterbezogener Mordmerkmale nach § 211 StGB ... 11
Problem: Ist die Eifersucht der A vorliegend als niedriger Beweggrund zu qualifizieren?
2. Rechtswidrigkeit und Schuld ... 12
3. Ergebnis ... 13

II. Gefährliche Körperverletzung durch die Schläge (§§ 223 Abs. 1, 224 Abs. 1 StGB) ... 14
1. Tatbestand ... 14
a) Objektiver Tatbestand des § 223 Abs. 1 StGB ... 14
b) Objektiver Tatbestand des § 224 Abs. 1 StGB ... 15
aa) § 224 Abs. 1 Nr. 2 Alt. 2 StGB ... 15
Problem: Werden von § 224 Abs. 1 Nr. 2 Alt. 2 StGB auch unbewegliche Gegenstände erfasst?
bb) § 224 Abs. 1 Nr. 3 StGB ... 16
cc) § 224 Abs. 1 Nr. 5 StGB ... 17
c) Subjektiver Tatbestand ... 18

Rn.
2. Rechtswidrigkeit und Schuld 19
3. Ergebnis 20
III. Gefährliche Körperverletzung durch das Aufhängen am Seil (§§ 223 Abs. 1, 224 Abs. 1 StGB) 21
1. Tatbestand 21
a) Objektiver Tatbestand 21
b) Subjektiver Tatbestand 22
Problem: Hatte A Körperverletzungsvorsatz bei dem Aufhängen der B an dem Seil?
2. Ergebnis 23
IV. Fährlässige Körperverletzung (§ 229 StGB) 24
1. Tatbestand 25
a) Handlung, Erfolg, Kausalität 25
b) Objektive Sorgfaltswidrigkeit und Vorhersehbarkeit 26
c) Pflichtwidrigkeitszusammenhang 27
2. Rechtswidrigkeit und Schuld 28
3. Ergebnis 29
V. Konkurrenzen und Endergebnis 30

Lösung

I. Mord (§§ 212 Abs. 1, 211 StGB)

1 A könnte sich durch die Schläge gegen den Türrahmen wegen Mordes gemäß §§ 212 Abs. 1, 211 StGB strafbar gemacht haben.

1. Tatbestand

a) Objektiver Tatbestand

aa) Objektiver Tatbestand des § 212 Abs. 1 StGB

2 Hierfür müsste der Erfolg des § 212 Abs. 1 StGB, nämlich der Tod eines anderen Menschen, eingetreten sein. Die B ist tot. Der Erfolg ist demnach eingetreten. Die Handlung der A müsste hierfür auch kausal gewesen sein. Kausal i. S. d. Conditio-sine-qua-non-Formel ist jede Bedingung, die nicht hinweggedacht werden kann, ohne dass der Erfolg in seiner konkreten Gestalt entfiele. Ohne die Schläge gegen den Türrahmen wäre der spätere Tod so nicht eingetreten. Die Handlung war daher kausal für den Eintritt des Erfolges.

3 Fraglich ist jedoch, ob der Erfolg der A auch zugerechnet werden kann. Es ist allgemein anerkannt, dass die Bedingungstheorie zu weit ist, um als alleiniges Zurechnungskriterium zu dienen. Während die Rspr. die erforderliche Eingrenzung bei der Prüfung von Vorsatz und Fahrlässigkeit vornimmt, stellen Teile der Lit. auf die Lehre der objektiven Zurechnung ab, die danach fragt, ob das für den Erfolg ursächliche Verhalten eine rechtlich missbilligte Gefahr i. S. d. jeweiligen Tatbestandes geschaffen und gerade diese Gefahr sich im tatsächlichen Erfolgseintritt auch realisiert

hat.[1] In der vorliegenden Konstellation ist für den Eintritt des Erfolges zwar noch ein wesentlicher Zwischenschritt durch das Aufhängen an dem Seil erforderlich. Jedoch hat die A schon durch das Schlagen des Kopfes der B auf den Türrahmen eine rechtlich relevante Gefahr geschaffen, welche sich auch später im tatbestandlichen Erfolg verwirklicht. Die Tat ist der A daher objektiv zurechenbar und der objektive Tatbestand somit erfüllt.

bb) Objektiver Tatbestand des § 211 StGB

Die A könnte das tatbezogene Mordmerkmal der Heimtücke verwirklicht haben. 4
Heimtücke ist das bewusste Ausnutzen der Arg- und Wehrlosigkeit in feindseliger Willensrichtung.[2] Arglos ist, wer sich im Zeitpunkt der Tat keines tätlichen Angriffs auf seine körperliche Unversehrtheit oder sein Leben versieht.[3] Im vorliegenden Fall ist die B jedoch nicht arglos, da es schon vor der Tatausführung durch die A zu einem heftigen Streit zwischen A und B gekommen ist. Das Mordmerkmal der Heimtücke scheidet somit aus. Weitere tatbezogene Mordmerkmale sind nicht ersichtlich.

b) Subjektiver Tatbestand

Ferner müsste der subjektive Tatbestand erfüllt sein. Dieser setzt zunächst vorsätzli- 5
ches Handeln voraus (§ 15 StGB). Vorsatz ist der Wille zur Tatbestandsverwirklichung in Kenntnis aller seiner objektiven Umstände.[4]

aa) Vorsatz bzgl. § 212 Abs. 1 StGB

A müsste zunächst Vorsatz bzgl. der objektiven Merkmale des § 212 Abs. 1 StGB, 6
also der Tötung eines Menschen gehabt haben. Problematisch ist an dieser Stelle, dass ein sog. zweiaktiger Geschehensablauf vorliegt. Zu dem Zeitpunkt, als sie den Kopf der B mehrmals gegen den Türrahmen schlug, bis diese kein Lebenszeichen mehr von sich gab, hatte A zweifelsfrei Tötungsvorsatz. Jedoch ist der Erfolg zu dieser Zeit noch nicht eingetreten, da die B noch lebte. Der Tod trat erst durch das Aufhängen an dem Seil ein, was A jedoch nicht wusste, da sie in diesem Moment glaubte, dass B schon tot sei. Die Frage des Vorsatzes bei derartigen zweiaktigen Geschehensabläufen wird regelmäßig unter dem Stichwort des „dolus generalis“[5] diskutiert.

Hinweis: Diese Problematik tritt regelmäßig in der folgenden Konstellation auf:
- Erster Handlungsabschnitt: Täter will den Erfolg erreichen, was ihm misslingt. Er glaubt aber, den Erfolg bereits erreicht zu haben.
- Zweiter Handlungsabschnitt: Täter erreicht den Erfolg, bemerkt dies jedoch nicht, da er glaubt, den Erfolg schon durch den ersten Handlungsabschnitt erreicht zu haben.

Wie diese Konstellation rechtlich behandelt werden muss, ist im Einzelnen um- 7
stritten. Die früher vertretene Lehre vom dolus generalis betrachtet beide Teilakte als ein einheitliches Gesamtgeschehen. Der Vorsatz des Täters bzgl. des ersten Tatabschnitts soll sich nach dieser Ansicht auch auf den zweiten Tatabschnitt erstre-

[1] Ausführlich mit Fallgruppen *Jescheck/Weigend* § 28 III, IV; *Zieschang* S. 34 ff.
[2] BGHSt 9, 385; *Wessels/Hettinger/Engländer* BT I Rn. 59.
[3] *Wessels/Hettinger/Engländer* BT I Rn. 63.
[4] Lackner/Kühl/*Kühl* § 15 StGB Rn. 3.
[5] Siehe dazu insbesondere BGH NJW 1960, 1261 – „Jauchegrubenfall“; hierzu ausführlich *Valerius* JA 2006, 261 ff.

cken.[6] Dagegen lässt sich jedoch der Wortlaut des § 16 Abs. 1 Satz 1 StGB anführen, der verlangt, dass der Vorsatz des Täters zum Zeitpunkt der Begehung der Tat vorliegen muss. Die beiden Handlungsabschnitte können daher nicht ohne Weiteres als Gesamtgeschehen betrachtet werden.

8 Nach einer anderen Auffassung ist jeder Handlungsabschnitt gesondert zu betrachten. Da der Täter im ersten Handlungsabschnitt zwar vorsätzlich handelte, jedoch den Erfolg nicht herbeiführen konnte, liegt insoweit ein Versuch vor. Im zweiten Handlungsabschnitt kommt aufgrund des fehlenden Vorsatzes nur Fahrlässigkeit in Betracht.[7]

9 Die h. M. löst die vorliegende Konstellation nach den Regeln einer Abweichung des tatsächlichen vom vorgestellten Kausalverlauf. Entscheidend ist demnach, ob sich der Vorsatz des Täters während des ersten Handlungsabschnitts auch auf den tatsächlichen Kausalverlauf erstreckt. Diesen muss er nicht in allen Einzelheiten, sondern nur in seinen wesentlichen Grundzügen erfassen. Der Vorsatz entfällt, wenn die Abweichung des tatsächlichen vom vorgestellten Kausalverlauf wesentlich ist, also sich nicht mehr in den Grenzen der allgemeinen Lebenserfahrung bewegt.[8]

10 In vorliegenden Fall konnte A damit rechnen, dass B durch die Schläge mit dem Kopf auf den Türrahmen zunächst lediglich das Bewusstsein verliert. Überdies hatte sie schon zu diesem Zeitpunkt vor, die B an dem Seil aufzuhängen, um ihre vorherige Tat zu verdecken. Der hier geschilderte Vorgang liegt demnach nicht außerhalb der allgemeinen Lebenserfahrung.

bb) Vorliegen täterbezogener Mordmerkmale nach § 211 StGB

11 A könnte das täterbezogene Mordmerkmal der niedrigen Beweggründe verwirklicht haben. Niedrige Beweggründe sind solche, die nach allgemeiner Bewertung auf sittlich tiefster Stufe stehen, durch hemmungslose Eigensucht bestimmt und daher besonders verachtenswert sind.[9] Zwischen Anlass und Tat muss demnach ein krasses Missverhältnis vorliegen. Hier war das Handeln der A von Eifersucht bestimmt. Gefühlsregungen wie Eifersucht oder Rache sind jedoch nicht per se ein niedriger Beweggrund, sondern nur, wenn sie ihrerseits auf einem niedrigen Beweggrund, also einer nicht mehr nachvollziehbaren Motivlage, beruhen.[10] Hingegen sind niedrige Beweggründe abzulehnen, wenn die Tötung von Gefühlen wie Enttäuschung, Verzweiflung oder Ausweglosigkeit bestimmt war. Im vorliegenden Fall möchte A ihre Nebenbuhlerin durch eine Tötung aus dem Weg räumen. Dies ist aus der Sicht eines „vernünftigen Menschen" nicht mehr nachvollziehbar. Das Mordmerkmal der niedrigen Beweggründe ist somit gegeben.

Hinweis: Das Mordmerkmal der Verdeckungsabsicht liegt dagegen nicht vor, da hier nur die Schläge Gegenstand der Prüfung sind. Zu diesem Zeitpunkt wollte A keine Straftat verdecken.

2. Rechtswidrigkeit und Schuld

12 Rechtswidrigkeit und Schuld sind gegeben.

[6] *Welzel* S. 74.
[7] *Wessels/Beulke/Satzger* AT Rn. 391.
[8] Vgl. Lackner/Kühl/*Kühl* § 15 StGB Rn. 11 und *Wessels/Beulke/Satzger* AT Rn. 392.
[9] Vgl. BGH NJW 1996, 3425.
[10] *Wessels/Hettinger/Engländer* BT I Rn. 49.

3. Ergebnis

A hat sich wegen eines vollendeten Mordes gemäß §§ 211, 212 Abs. 1 StGB strafbar gemacht. 13

II. Gefährliche Körperverletzung durch die Schläge (§§ 223 Abs. 1, 224 Abs. 1 StGB)

1. Tatbestand

a) Objektiver Tatbestand des § 223 Abs. 1 StGB

A könnte sich durch die Schläge wegen gefährlicher Körperverletzung nach §§ 223 Abs. 1, 224 Abs. 1 StGB strafbar gemacht haben. Dazu müsste zunächst eine körperliche Misshandlung bzw. Gesundheitsschädigung i.S.d. § 223 Abs. 1 StGB eingetreten sein. Eine körperliche Misshandlung (§ 223 Abs. 1 Alt. 1 StGB) umfasst alle substanzverletzenden Einwirkungen auf den Körper des Opfers sowie jede üble unangemessene Behandlung, durch die das körperliche Wohlbefinden oder die körperliche Unversehrtheit nicht nur unerheblich beeinträchtigt wird.[11] Dies ist hier zu bejahen, da die B durch die Schläge Verletzungen davonträgt. Eine Gesundheitsschädigung (§ 223 Abs. 1 Alt. 2 StGB) ist das Hervorrufen oder Steigern eines vom Normalzustand der körperlichen Funktion des Opfers nachteilig abweichenden pathologischen Zustandes.[12] Auch dies ist hier gegeben, da die B bewusstlos wird und kein Lebenszeichen mehr von sich gibt. Der objektive Tatbestand des § 223 Abs. 1 StGB ist somit erfüllt. 14

b) Objektiver Tatbestand des § 224 Abs. 1 StGB

aa) § 224 Abs. 1 Nr. 2 Alt. 2 StGB

A könnte die Körperverletzung wegen der Schläge des Kopfes gegen den Türrahmen mittels eines gefährlichen Werkzeuges i.S.d. § 224 Abs. 1 Nr. 2 Alt. 2 StGB begangen haben. Gefährlich ist ein Werkzeug, wenn es nach seiner objektiven Beschaffenheit und in der konkreten Art der Verwendung geeignet ist, erhebliche Verletzungen hervorzurufen.[13] Der Türrahmen als harte und kantige Oberfläche ist durchaus geeignet, erhebliche Verletzungen hervorzurufen. Problematisch ist jedoch, ob § 224 Abs. 1 Nr. 2 Alt. 2 StGB auch unbewegliche Gegenstände erfasst. In der Lit. wird zum Teil vertreten, dass auch unbewegliche Gegenstände, gegen die das Opfer gestoßen wird, gefährliche Werkzeuge darstellen können.[14] Es mache keinen Unterschied, ob das Opfer gegen das Werkzeug oder das Werkzeug gegen das Opfer bewegt wird. Die Rspr. beruft sich dagegen auf den natürlichen Sprachgebrauch als Auslegungsgrenze und lässt nur bewegliche oder zumindest bewegbare Gegenstände zu.[15] Folgt man dieser Ansicht, so scheidet die Annahme eines gefährlichen Werkzeuges hier aus.[16] 15

---

[11] *Wessels/Hettinger/Engländer* BT I Rn. 216.
[12] *Wessels/Hettinger/Engländer* BT I Rn. 219.
[13] *Rengier* BT II § 14 Rn. 27.
[14] So z.B. *Rengier* BT II § 14 Rn. 39.
[15] Vgl. BGH NJW 1968, 2115; zust. *Wessels/Hettinger/Engländer* BT I Rn. 236.
[16] Eingehend zur Figur des „gefährlichen Werkzeuges“ *Hilgendorf* ZStW 112 (2000), 111ff.

bb) § 224 Abs. 1 Nr. 3 StGB

16 Des Weiteren könnte die Körperverletzung mittels eines hinterlistigen Überfalls i.S.d. § 224 Abs. 1 Nr. 3 StGB begangen worden sein. Ein Überfall ist ein plötzlicher, unerwarteter Angriff auf einen Ahnungslosen.[17] Hinterlistig ist der Überfall, wenn der Täter seine wahre Absicht planmäßig berechnend verdeckt, um gerade dadurch dem Angegriffenen die Abwehr zu erschweren.[18] Da hier der Tat ein heftiger Streit vorausging, liegt schon kein Überfall vor, da die B nicht ahnungslos war. Darüber hinaus hat A ihre Absicht nicht planmäßig verdeckt, sodass § 224 Abs. 1 Nr. 3 StGB ausscheidet.

cc) § 224 Abs. 1 Nr. 5 StGB

17 Ferner könnte eine das Leben gefährdende Behandlung i.S.d. § 224 Abs. 1 Nr. 5 StGB vorliegen. Teilweise wird in der Lit. das Vorhandensein einer konkreten Lebensgefahr verlangt,[19] während die h.M. eine abstrakte Lebensgefährdung ausreichen lässt.[20] Dieser Streit kann an dieser Stelle jedoch dahinstehen, da das Schlagen des Kopfes gegen den Türrahmen sowohl abstrakt als auch konkret lebensgefährdend war. § 224 Abs. 1 Nr. 5 StGB ist somit erfüllt.

c) Subjektiver Tatbestand

18 A müsste Vorsatz bzgl. des objektiven Tatbestandes, also hinsichtlich der Tatbestandsmerkmale des § 223 sowie des § 224 StGB gehabt haben. Nach der heute vorherrschenden Einheitstheorie beinhaltet der Tötungsvorsatz auch zwingend den Körperverletzungsvorsatz, da die Körperverletzung ein notwendiges Durchgangsstadium zur Tötung darstellt.[21] Da A die B aus dem Weg räumen will, ist ebenfalls vom Vorsatz bzgl. einer das Leben gefährdenden Behandlung auszugehen. Der subjektive Tatbestand ist erfüllt.

2. Rechtswidrigkeit und Schuld

19 Rechtswidrigkeit und Schuld sind gegeben.

3. Ergebnis

20 A hat sich wegen einer gefährlichen Körperverletzung gemäß §§ 223 Abs. 1, 224 Abs. 1 Nr. 5 StGB strafbar gemacht.

III. Gefährliche Körperverletzung durch das Aufhängen am Seil (§§ 223 Abs. 1, 224 Abs. 1 StGB)

1. Tatbestand

a) Objektiver Tatbestand

21 Weiterhin könnte sich A auch durch das Aufhängen der B an dem Seil wegen einer gefährlichen Körperverletzung gemäß §§ 223 Abs. 1, 224 Abs. 1 StGB strafbar ge-

[17] *Wessels/Hettinger/Engländer* BT I Rn. 241.
[18] BGH NStZ 2005, 97.
[19] Schönke/Schröder/*Sternberg-Lieben* § 224 StGB Rn. 12.
[20] *Rengier* BT II § 14 Rn. 50.
[21] Vgl. dazu Schönke/Schröder/*Eser/Sternberg-Lieben* § 212 StGB Rn. 18.

macht haben. Dazu müsste eine körperliche Misshandlung bzw. eine Gesundheitsschädigung eingetreten sein. Laut Sachverhalt ist B durch das Aufhängen am Seil sogar verstorben. Von einer körperlichen Misshandlung bzw. einer Gesundheitsschädigung i. S. d. § 223 Abs. 1 StGB muss hier daher ausgegangen werden. Ferner könnte es sich bei dem Seil auch um ein gefährliches Werkzeug i. S. d. § 224 Abs. 1 Nr. 2 Alt. 2 StGB handeln. Da durch das Aufhängen die Luft- und Blutzufuhr in das Gehirn unterbrochen wird, ist es in der konkreten Art der Verwendung dazu geeignet, erhebliche Verletzungen hervorzurufen. Die B ist aufgrund dieser Einwirkung verstorben. Ein gefährliches Werkzeug ist daher gegeben. Außerdem könnte es sich bei dem Aufhängen am Seil um eine das Leben gefährdende Behandlung i. S. d. § 224 Abs. 1 Nr. 5 StGB handeln. Dieser Tatbestand ist verwirklicht, wenn die Körperverletzungshandlung des Täters generell geeignet ist, das Opfer in Lebensgefahr zu bringen. Dies ist beim Aufhängen der Fall. Auch dieses Qualifikationsmerkmal ist somit gegeben.

b) Subjektiver Tatbestand

Fraglich ist indessen, ob A Vorsatz bzgl. der Körperverletzung durch das Aufhängen **22** an dem Seil gehabt hat. Problematisch erscheint hier, dass sie davon ausging, dass B bereits durch die Schläge des Kopfes gegen den Türrahmen verstorben sei. Sie irrte sich insoweit über das Tatbestandsmerkmal „andere Person" i. S. d. § 223 Abs. 1 StGB, da sie meinte, nicht eine lebende Person, sondern einen leblosen Körper aufzuhängen. Dieser Irrtum ist als Tatbestandsirrtum i. S. d. § 16 Abs. 1 Satz 1 StGB zu qualifizieren, sodass der Vorsatz bzgl. des Grunddelikts nicht gegeben ist. Der subjektive Tatbestand scheidet daher aus.

2. Ergebnis

A hat sich nicht wegen gefährlicher Körperverletzung gemäß §§ 223 Abs. 1, 224 **23** Abs. 1 StGB strafbar gemacht.

IV. Fahrlässige Körperverletzung (§ 229 StGB)

A könnte sich durch das Aufhängen der B an einem Seil jedoch wegen fahrlässiger **24** Körperverletzung gemäß § 229 StGB strafbar gemacht haben.

1. Tatbestand

a) Handlung, Erfolg, Kausalität

Ein Körperverletzungserfolg ist, wie bereits ausgeführt (→ Rn. 20), durch die kau- **25** sale Handlung der A eingetreten.

b) Objektive Sorgfaltswidrigkeit und Vorhersehbarkeit

Im Aufhängen am Seil müsste eine Sorgfaltspflichtverletzung der A zu erkennen **26** sein. Bei der Bestimmung der Sorgfaltspflicht ist auf einen besonnenen und gewissenhaften Menschen in der konkreten Lage und der sozialen Rolle des Handelnden abzustellen.[22] Ein solcher Mensch hätte B nicht an dem Seil aufgehängt und damit

[22] *Wessels/Beulke/Satzger* AT Rn. 1115; *Zieschang* S. 118.

erhebliche Gefahren für Leib und Leben der B heraufbeschworen. Das Aufhängen war damit sorgfaltswidrig. Ferner müsste der tatbestandliche Erfolg objektiv vorhersehbar gewesen sein. Objektiv vorhersehbar ist, was ein umsichtig handelnder Mensch aus dem Verkehrskreis des Täters unter den jeweils gegebenen Umständen aufgrund der allgemeinen Lebenserfahrung in Rechnung stellen würde.[23] Dass es durch das Aufhängen zu einem Körperverletzungserfolg kommen könnte, ist aus der Sicht eines umsichtig handelnden Menschen durchaus vorhersehbar.

c) Pflichtwidrigkeitszusammenhang

27 Schließlich müsste auch der Pflichtwidrigkeitszusammenhang gegeben sein. Demzufolge müsste sich im konkreten Erfolg gerade die rechtlich missbilligte Gefahr verwirklicht haben, die durch die Sorgfaltspflichtverletzung des Täters geschaffen worden ist.[24] Dies ist hier der Fall, da der Verletzungserfolg eine direkte Folge der Gefahr darstellt, die durch das Aufhängen geschaffen wurde. Der Tatbestand des § 229 StGB ist damit erfüllt.

2. Rechtswidrigkeit und Schuld

28 Rechtswidrigkeit und Schuld, insbesondere die individuelle Sorgfaltspflichtverletzung und Vorhersehbarkeit, sind ebenfalls gegeben.

3. Ergebnis

29 A hat sich wegen des Aufhängens der B an einem Seil wegen fahrlässiger Körperverletzung gemäß § 229 StGB strafbar gemacht.

V. Konkurrenzen und Endergebnis

30 A hat sich durch das Schlagen des Kopfes gegen den Türrahmen gemäß §§ 212 Abs. 1, 211 StGB und gemäß §§ 223 Abs. 1, 224 Abs. 1 StGB und wegen des Aufhängens am Seil gemäß § 229 StGB strafbar gemacht. § 223 StGB tritt im Wege der Spezialität hinter § 224 StGB zurück, ebenso § 212 StGB hinter § 211 StGB. § 224 StGB ist subsidiär zu § 211 StGB. Die Schläge gegen den Türrahmen und das Aufhängen an dem Seil bilden eine natürliche Handlungseinheit. § 229 StGB ist subsidiär zu § 211 StGB. A hat sich demnach insgesamt wegen Mordes gemäß § 211 StGB strafbar gemacht.

Fallbeurteilung

Dieser Fall ist als mittelschwer einzustufen. Von dem Bearbeiter wird fundiertes Wissen im Bereich des Vorsatzes gefordert. Als Schwerpunkt muss die Problematik des zweiaktigen Geschehensablaufs erkannt und vertretbar gelöst werden. Außerdem ist eine gewisse Sicherheit im Aufbau, besonders im Rahmen des Fahrlässigkeitsdelikts, unumgänglich. Überdies muss der Bearbeiter auf einige kleinere Probleme eingehen; dies gilt insbesondere für die niedrigen Beweggründe bei § 211

[23] *Hilgendorf/Valerius* AT § 12 Rn. 32; *Wessels/Beulke/Satzger* AT Rn. 1116.
[24] *Hilgendorf/Valerius* AT § 12 Rn. 28; *Wessels/Beulke/Satzger* AT Rn. 1130.

StGB und die Frage, ob § 224 Abs. 1 Nr. 2 Alt. 2 StGB auch unbewegliche Gegenstände umfasst.

Der Problemkreis des zweiaktigen Geschehensablaufs ist hier dadurch gekennzeichnet, dass A zu dem Zeitpunkt, als sie B schlug, zwar mit Tötungsvorsatz handelte, der Erfolg aber noch nicht eingetreten ist. Zum Zeitpunkt des Erfolgseintritts – nach dem Aufhängen der B am Seil – ist ein entsprechender Tötungsvorsatz der A fraglich, da diese glaubte, dass B bereits tot sei. Es muss daher anhand der hierzu vertretenen Auffassungen (Lehre vom dolus generalis, Versuchslösung, Abweichung vom Kausalverlauf) diskutiert werden, ob A dennoch wegen einer vorsätzlichen Tötung bestraft werden kann. In diesem Zusammenhang sollte auch zumindest kurz auf die objektive Zurechnung eingegangen werden.

Die zweite Schwierigkeit des Falles liegt darin, die (gefährliche) Körperverletzung durch das Aufhängen am Seil nicht zu übersehen. Hier muss die Tatsache angesprochen werden, dass A nicht wusste, dass sie einen lebenden Menschen verletzte und damit einem Tatbestandsirrtum über das Merkmal „Person" unterlag. Da deshalb ein entsprechender Vorsatz nach § 16 Abs. 1 Satz 1 StGB ausscheidet, muss die fahrlässige Körperverletzung geprüft werden.

Vertiefungshinweise: BGHSt 14, 193 = NJW 1960, 1261 (Jauchegrubenfall – bedingter Vorsatz, unerhebliche Abweichungen des Kausalverlaufs).

Britz/Jung, Der praktische Fall – Strafrecht: Weihnachtsüberraschungen, JuS 2000, 1194; *Buttel/Rotsch,* Der praktische Fall – Strafrecht: Der Fremde im Zug, JuS 1995, 1096; *Eisele,* Vom vorgestellten abweichender Kausalverlauf bei mehraktigem Geschehen, JuS 2017, 1223; *Hettinger,* Notiz zum „dolus generalis", GA 2006, 289; *Valerius,* Irrtum über den Kausalverlauf bei mehraktigem Tatgeschehen, JA 2006, 261.

Fall 11. Die Zankhähne

Schwierigkeitsgrad: mittelschwer

Sachverhalt

Die beiden Stammkunden des Gasthauses „Zum roten Hahn", A und B, sind verfeindet. Eines Tages erklärt B dem A, er solle sich in ihrer Stammkneipe nicht mehr blicken lassen, sonst sei er für die Folgen selbst verantwortlich. A ist jedoch entschlossen, sich nicht einschüchtern zu lassen. Obwohl er mit Handgreiflichkeiten des körperlich weit überlegenen B rechnet, setzt er sich am nächsten Abend in das Gasthaus und bestellt wie gewohnt ein Bier.

Als B dies sieht, stürzt er auf A zu und versucht, diesen aus dem Raum zu schleifen. A wehrt sich hiergegen und schlägt B so heftig in das Gesicht, dass dieser zu Boden geht. Als B sich langsam wieder aufrappelt, ergreift A den eben von der Bedienung auf den Tisch gestellten Bierkrug und schlägt ihn dem B wuchtig auf den Kopf. Der Bierkrug wird dabei zertrümmert und das darin enthaltene Bier verschmutzt die Kleidung des B.

Wie hat sich A strafbar gemacht?

Abwandlung: Wie wären der Schlag mit der Faust und das Betreten der Kneipe zu beurteilen, wenn der Wirt dem A ein (wirksames) Hausverbot erteilt hätte, um eine Prügelei zu vermeiden, und dieser trotzdem in der Absicht im Gasthof auftaucht, den B zu „reizen", um ihm einen Denkzettel verpassen zu können?

Gliederung

Rn.

I. Der Schlag mit der Faust 1

1. Gefährliche Körperverletzung (§§ 223 Abs. 1, 224 Abs. 1 Nr. 2 Alt. 2 StGB) 1

a) Tatbestand 2

aa) Objektiver Tatbestand des § 223 Abs. 1 StGB 3

bb) Objektiver Tatbestand des § 224 Abs. 1 Nr. 2 Alt. 2 StGB 4

cc) Subjektiver Tatbestand 5

b) Rechtswidrigkeit 6

Problem: Ist A wegen Notwehr gerechtfertigt?

aa) Notwehrlage 7

bb) Notwehrhandlung 11

Problem: Hat A den Angriff provoziert, sodass ein Notwehrrecht vorliegend ausscheidet?

cc) Subjektives Rechtfertigungselement 21

2. Ergebnis 23

Rn.

II. Der Schlag mit dem Bierkrug 24
1. Gefährliche Körperverletzung (§§ 223 Abs. 1, 224 Abs. 1 Nr. 2 Alt. 2, Nr. 5 StGB) 24
a) Tatbestand 25
aa) Objektiver Tatbestand des § 223 Abs. 1 StGB 26
bb) Objektiver Tatbestand des § 224 Abs. 1 Nr. 2 Alt. 2, Nr. 5 StGB 27
cc) Subjektiver Tatbestand 29
b) Rechtswidrigkeit 30
aa) Notwehr (§ 32 StGB) 31
Problem: Ist der Angriff des B noch gegenwärtig?
bb) Rechtfertigender Notstand (§ 34 StGB) 35
(1) Notstandslage 36
(2) Notstandshandlung 40
Problem: Stellt der Schlag mit dem Bierkrug das mildeste Mittel zur Abwendung der Gefahr dar?
c) Schuld 41
aa) Erlaubnistatbestandsirrtum 42
bb) Überschreitung der Notwehr 43
cc) Verminderte Schuldfähigkeit und Schuldunfähigkeit 44
dd) Entschuldigender Notstand 45
d) Ergebnis 46
2. Sachbeschädigung bzgl. des Bierkruges (§ 303 Abs. 1 StGB) 47
a) Tatbestand 48
aa) Objektiver Tatbestand 48
bb) Subjektiver Tatbestand 49
b) Rechtswidrigkeit und Schuld 50
c) Ergebnis 52
3. Sachbeschädigung bzgl. der Kleidung (§ 303 Abs. 1 StGB) 53
a) Tatbestand 54
aa) Objektiver Tatbestand 54
bb) Subjektiver Tatbestand 55
b) Rechtswidrigkeit und Schuld 56
c) Ergebnis 57
4. Gesamtergebnis und Konkurrenzen zum Grundfall 58

III. Abwandlung: Der Schlag mit der Faust 59
1. Körperverletzung (§ 223 Abs. 1 StGB) 59
a) Tatbestand 60
b) Rechtswidrigkeit 61
c) Schuld 63
2. Ergebnis 64

IV. Betreten der Kneipe 65
1. Hausfriedensbruch (§ 123 Abs. 1 Var. 1 StGB) 65
a) Tatbestand 66
aa) Objektiver Tatbestand 66
bb) Subjektiver Tatbestand 67

Rn.
b) Rechtswidrigkeit 68
c) Schuld 69
2. Ergebnis 70
3. Gesamtergebnis und Konkurrenzen zur Abwandlung 71

Lösung

I. Der Schlag mit der Faust

1. Gefährliche Körperverletzung (§§ 223 Abs. 1, 224 Abs. 1 Nr. 2 Alt. 2 StGB)

1 A könnte sich wegen gefährlicher Körperverletzung gemäß §§ 223 Abs. 1, 224 Abs. 1 Nr. 2 Alt. 2 StGB strafbar gemacht haben, indem er dem B in das Gesicht schlug.

a) Tatbestand

2 A müsste den Tatbestand der §§ 223 Abs. 1, 224 Abs. 1 Nr. 2 Alt. 2 StGB verwirklicht haben.

aa) Objektiver Tatbestand des § 223 Abs. 1 StGB

3 Zunächst müsste die Handlung des A den objektiven Tatbestand des Grunddelikts (§ 223 Abs. 1 StGB) erfüllen. Hierfür erforderlich ist eine körperliche Misshandlung gemäß § 223 Abs. 1 Alt. 1 StGB oder eine Gesundheitsschädigung nach § 223 Abs. 1 Alt. 2 StGB. Eine körperliche Misshandlung ist eine üble und unangemessene Behandlung, die das körperliche Wohlbefinden nicht nur unerheblich beeinträchtigt.[1] B geht infolge des Schlages zu Boden. Von einer Beeinträchtigung des körperlichen Wohlbefindens des B ist mithin auszugehen. Eine Gesundheitsschädigung ist das Hervorrufen oder Steigern eines, wenn auch nur vorübergehenden, pathologischen Zustandes.[2] Hierüber ist keine Aussage möglich, da der Sachverhalt hinsichtlich eventueller durch den Schlag verursachter Verwundungen keine Angaben macht. Folglich hat A durch den Schlag in das Gesicht des B den objektiven Tatbestand der § 223 Abs. 1 Alt. 1 StGB verwirklicht.

bb) Objektiver Tatbestand des § 224 Abs. 1 Nr. 2 Alt. 2 StGB

4 Als Qualifikation zur einfachen Körperverletzung gemäß § 223 Abs. 1 Alt. 1 StGB kommt § 224 Abs. 1 Nr. 2 Alt. 2 StGB in Betracht. Nach gängiger Definition ist ein Werkzeug ein Gegenstand, mittels dessen durch Einwirkung auf den Körper eine Verletzung zugefügt werden kann; die Auslegung folgt also erkennbar keinem technisch-umgangssprachlichen Ansatz.[3] Fraglich ist, ob einer Faust als Teil des menschlichen Körpers Werkzeugqualität zugesprochen werden kann. Eine Auffassung in der Lit. argumentiert mit dem Schutzzweck der Norm und verweist auf die spezifische Gefährlichkeit etwa der Faust eines Boxers, die in ihrer Gefährlichkeit

[1] *Fischer* § 223 StGB Rn. 4; vertiefend *Arzt/Weber/Heinrich/Hilgendorf* § 6 Rn. 21 ff.
[2] *Fischer* § 223 StGB Rn. 8.
[3] *Fischer* § 224 StGB Rn. 12.

beispielsweise der Verwendung eines Schlagstocks in nichts nachsteht.[4] Dem Sachverhalt ist ein einem Werkzeug gleichkommendes Gefährdungspotential der Fäuste des A jedoch nicht zu entnehmen, weshalb eine Qualifikation gemäß § 224 Abs. 1 Nr. 2 Alt. 2 StGB nach dieser Ansicht hier ausscheidet. Die überwiegende Meinung in Lit. und Schrifttum argumentiert mit dem Wortsinn, wonach Körperteile keine „Werkzeuge" (des Körpers) sein können.[5] Folglich kommt auch nach dieser Ansicht der Faust des A keine Werkzeugqualität zu. Eine Qualifikation gemäß § 224 Abs. 1 Nr. 2 Alt. 2 StGB scheidet demnach aus.

cc) Subjektiver Tatbestand

In subjektiver Hinsicht müsste A gemäß § 15 StGB vorsätzlich gehandelt haben. **5** Vorsatz ist der Wille zur Verwirklichung eines Straftatbestandes in Kenntnis aller seiner objektiven Tatumstände.[6] Der erforderliche Tatbestandsvorsatz umfasst demnach ein Willens- und ein Wissenselement. Dem in Bedrängnis geratenen A kam es gerade darauf an, B in das Gesicht zu schlagen, um ihn so von weiteren Attacken abzuhalten. Der Angriff des A geschah demnach in wissentlicher und willentlicher Weise. Vorsatz nach § 15 StGB ist somit gegeben.

b) Rechtswidrigkeit

A müsste ferner rechtswidrig gehandelt haben. Dies wäre indes nicht der Fall, wenn **6** er sich auf einen Rechtfertigungsgrund berufen könnte. In Betracht kommt Notwehr aus § 32 StGB.

aa) Notwehrlage

Die Notwehrlage wird durch einen gegenwärtigen, rechtswidrigen Angriff begründet.[7] **7**

Ein Angriff ist jede durch menschliches Verhalten drohende Verletzung rechtlich **8** geschützter Güter oder Interessen.[8] B stürzt auf den A zu und versucht diesen aus dem Raum zu schleifen. Die körperliche Unversehrtheit und die Entschließungsfreiheit des A sind damit eklatant bedroht.

Dieser Angriff müsste gegenwärtig sein. Gegenwärtig ist ein Angriff, wenn er un- **9** mittelbar bevorsteht, bereits begonnen hat oder noch andauert.[9] B hat bereits körperlichen Kontakt zu A. Damit hat der Angriff bereits begonnen und ist somit gegenwärtig.

Der Angriff des B war ferner rechtswidrig. Insgesamt ist daher eine Notwehrlage **10** gegeben.

bb) Notwehrhandlung

Die Notwehrhandlung muss sich gegen den Angreifer richten, objektiv erforderlich **11** und geboten sein.[10]

4 *Hilgendorf* ZStW 112 (2000), 822ff.
5 *Fischer* § 224 StGB Rn. 13.
6 *Wessels/Beulke/Satzger* AT Rn. 316.
7 *Zieschang* S. 57ff.
8 *Wessels/Beulke/Satzger* AT Rn. 495; *Zieschang* S. 58.
9 *Hilgendorf/Valerius* AT § 5 Rn. 26.
10 *Wessels/Beulke/Satzger* AT Rn. 509.

12 Die Attacke geht von B aus, und gegen ebendiesen richtet sich die Gegenwehr des A.

13 Die Notwehrhandlung des A müsste erforderlich sein. Erforderlich ist eine Notwehrhandlung dann, wenn sie zum einen zur Angriffsabwehr geeignet ist und zum anderen das mildeste zur Verfügung stehende Gegenmittel darstellt.[11]
Das Erfordernis der Geeignetheit der Notwehrhandlung bedeutet, dass die Maßnahme grundsätzlich dazu in der Lage sein muss, den Angriff entweder gänzlich zu beenden oder ihm wenigstens ein Hindernis in den Weg zu legen.[12] Laut Sachverhalt waren die Maßnahmen des A ausreichend, um den Angriff des B zu beenden: B ging zu Boden und konnte seine Attacke nicht fortsetzen. Geeignetheit ist somit gegeben.

14 Fraglich ist, ob die Gegenwehr des A das in dieser Situation mildeste Mittel darstellt. Da das Notwehrrecht auf dem Gedanken der Rechtsbewährung fußt, kann A nicht entgegengehalten werden, er sei verpflichtet, die Flucht anzutreten, um seinen Angreifer zu schonen. Ein Gespräch mit B, um ihn von seinem Vorhaben abzubringen, hätte zu diesem Zeitpunkt nichts mehr genützt; B stürzte sich, ohne Anzeichen von Gesprächsbereitschaft erkennen zu lassen, auf A und war im Begriff, ihn aus dem Raum zu schleifen. Aufgrund der körperlichen Überlegenheit des B standen dem A im Zeitpunkt des Angriffs keine weiteren gleich wirksamen, jedoch milderen Optionen zur Konfliktlösung zur Verfügung. Damit war der Schlag in das Gesicht des B das im rechtlichen Sinne mildeste Mittel.

15 Die Gegenwehr des A müsste ferner geboten gewesen sein (§ 32 Abs. 1 StGB). Zwar findet im Rahmen der Notwehrprüfung keine Güterabwägung statt, dennoch werden dem Notwehrrecht des Individuums in Form eines Verbots von rechtsmissbräuchlichem Verhalten Grenzen gezogen.[13] Die Gebotenheit entfällt dann, wenn dem Angegriffenen aus besonderen Gründen ein Hinnehmen des Angriffs zuzumuten ist und der Gedanke der Rechtsbewährung kein rigoroses Niederschlagen der Gefährdung erfordert. Dieser Ansatz ist durch Rspr. und Lit. in mehreren Fallgruppen typisiert worden, unter anderem bei der Notwehrprovokation.

16 Zugrunde liegender Gedanke ist hierbei, dass derjenige, der einen Angriff provoziert, um den anderem unter dem Deckmantel der Notwehr zu verletzen, sich nicht auf Notwehr berufen können soll; in Wirklichkeit ist nämlich er selbst der Angreifer. Deshalb unterscheidet man in dieser Fallgruppe danach, ob der Angegriffene den Angriff absichtlich oder auf andere Weise vorwerfbar provoziert hat: Kam es ihm gerade darauf an, sein Gegenüber durch Provokation zum Angriff zu verleiten, oder hat er den Angriff auf andere Weise durch rechtswidriges oder sozialethisch zu missbilligendes Vorverhalten bewirkt? In Fällen der Absichtsprovokation scheidet nach der h.M. eine Berufung auf das Notwehrrecht gänzlich aus.[14] Von einer Provokationsabsicht des A kann hier aber keine Rede sein, er rechnet lediglich mit Handgreiflichkeiten; ihm ist klar, dass seine Weigerung, sich der Aufforderung des B zu fügen, Streit verursachen könnte.

[11] *Wessels/Beulke/Satzger* AT Rn. 511; *Zieschang* S. 59.
[12] *Hilgendorf/Valerius* AT § 5 Rn. 37.
[13] *Fischer* § 32 StGB Rn. 36.
[14] Eingehend *Heinrich* Rn. 372ff.

Somit kommt allenfalls eine auf sonstige Weise vorwerfbar verursachte Notwehrlage in Betracht. Umstritten ist, welche Anforderungen an die „Vorwerfbarkeit“ zu stellen sind. Während eine Auffassung ein rechtswidriges Vorverhalten seitens des Angegriffenen fordert, lässt eine andere Meinung bereits ein nicht mehr sozialadäquat zu nennendes, übermäßig riskantes Betragen genügen.[15] **17**

Wurde eine Vorwerfbarkeit nach den dargelegten Maßstäben festgestellt, wird das Notwehrrecht des Betroffenen nach den Regeln der sog. Dreistufentheorie eingeschränkt. Zunächst ist der Angegriffene verpflichtet, dem Angreifer auszuweichen. Ist dies nicht möglich, so darf er Schutzwehr üben, d. h. sich mit defensiven Mitteln gegen die Attacken verteidigen. Erst als letzter Ausweg ist ihm gestattet, mit offensiven Mitteln gegen die Gefahrenquelle selbst, den Angreifer, vorzugehen und „Trutzwehr“ zu üben. Im vorliegenden Fall hatte B den A aufgefordert, seiner Stammkneipe in Zukunft fernzubleiben. A widersetzte sich der Weisung des B. B war nicht dazu berechtigt, ein derartiges Hausverbot zu erteilen; nur der Inhaber des Hausrechts – in diesem Fall der Wirt oder ein von diesem dazu Berechtigter – hätte ein Hausverbot zulässigerweise aussprechen können. **18**

Deshalb stellt die Weigerung des A, der Aufforderung des B Folge zu leisten, keinen rechtswidrigen Akt dar. Überdies fällt es schwer, im Widerstand des A gegen die Weisung des B ein den Normen des sozialen Lebens zuwiderlaufendes Verhalten zu erkennen. A war im sittlich-moralischen Sinne nicht verpflichtet, der Aufforderung des A nachzukommen und seiner Stammkneipe fortan fernzubleiben. Mit anderen Worten, es lag kein sozial inadäquates, etwa ein grob unhöfliches, beleidigendes Benehmen des A vor, welches zu den von ihm im Sozialleben erwarteten Verhaltensweisen in deutlichem Widerspruch stünde. Folglich kann A hinsichtlich des Angriffs des B und damit der Verursachung der Notwehrlage kein Vorwurf gemacht werden. Das Notwehrrecht des A ist deshalb nicht aufgrund rechtsmissbräuchlichen Verhaltens auf der Ebene der Gebotenheit einzuschränken. **19**

Insgesamt sind deshalb die an eine Notwehrhandlung i. S. v. § 32 StGB zu stellenden Voraussetzungen erfüllt. **20**

cc) Subjektives Rechtfertigungselement

Schließlich müsste die Notwehrhandlung vom Verteidigungswillen als subjektives Rechtfertigungselement gedeckt sein. Dies erfordert zum einen die Kenntnis der Notwehrlage und zum anderen, dass der Täter durch die Notwehrlage zur Handlung motiviert wurde.[16] Zusätzliche Beweggründe, wie Hass, Wut oder Streben nach Rache, schließen den Verteidigungswillen nicht aus, solange dadurch nicht das Motiv der Verteidigung gegen den konkreten Angriff an sich gänzlich nebensächlich wird.[17] Der sich in Bedrängnis befindliche A will sich lediglich gegen die Attacke des B wehren. Zwar sind die Kontrahenten miteinander verfeindet, der Sachverhalt lässt jedoch keine Schlüsse zu, dass von dieser Feindschaft herrührende Emotionen den Verteidigungswillen des A im Zeitpunkt der Notwehrhandlung überlagerten oder in den Hintergrund drängten. Somit war Verteidigung die dominierende Motivation des A. Folglich war der Faustschlag vom Verteidigungswillen des A getragen. **21**

Es liegen damit alle Voraussetzungen der Notwehr aus § 32 StGB vor. **22**

[15] BGH NStZ 2016, 84.

[16] *Wessels/Beulke/Satzger* AT Rn. 546 f.; eingehend *Baumann/Weber/Mitsch/Eisele* § 14 Rn. 46 ff.

[17] BGH NStZ 2003, 425, 427.

2. Ergebnis

23 A handelte gerechtfertigt; er hat sich nicht wegen Körperverletzung gemäß § 223 Abs. 1 StGB strafbar gemacht.

II. Der Schlag mit dem Bierkrug

1. Gefährliche Körperverletzung (§§ 223 Abs. 1, 224 Abs. 1 Nr. 2 Alt. 2, Nr. 5 StGB)

24 A könnte sich wegen gefährlicher Körperverletzung gemäß §§ 223 Abs. 1, 224 Abs. 1 Nr. 2 Alt. 2, Nr. 5 StGB strafbar gemacht haben, indem er dem B den Bierkrug auf den Kopf schlug.

a) Tatbestand

25 A müsste den Tatbestand der §§ 223 Abs. 1, 224 Abs. 1 Nr. 2 Alt. 2 StGB verwirklicht haben.

aa) Objektiver Tatbestand des § 223 Abs. 1 StGB

26 Zunächst müsste die Handlung des A den objektiven Tatbestand des Grunddelikts (§ 223 Abs. 1 StGB) erfüllen. Hierfür erforderlich ist eine körperliche Misshandlung gemäß § 223 Abs. 1 Alt. 1 StGB oder eine Gesundheitsschädigung nach § 223 Abs. 1 Alt. 2 StGB. Der schmerzhafte Schlag mit dem Bierkrug auf den Kopf des B kann als unangemessene Behandlung und als erhebliche Einschränkung von dessen körperlicher Unversehrtheit gewertet werden. Somit ist der objektive Tatbestand gemäß § 223 Abs. 1 Alt. 1 StGB verwirklicht. Ob der Schlag darüber hinaus auch eine Gesundheitsschädigung verursachte, muss offen bleiben; der Sachverhalt lässt hierüber keine eindeutigen Aussagen zu.

bb) Objektiver Tatbestand des § 224 Abs. 1 Nr. 2 Var. 2, Nr. 5 StGB

27 Als Qualifikation zur einfachen Körperverletzung gemäß § 223 Abs. 1 Alt. 1 StGB kommt § 224 Abs. 1 Nr. 2 Alt. 2 StGB in Betracht. Im Gegensatz zu einer Faust besitzt ein Bierkrug als beweglicher Gegenstand unstreitig Werkzeugqualität. „Gefährlich" ist ein solches Werkzeug, wenn es nach seiner objektiven Beschaffenheit und nach der Art seiner Benutzung im Einzelfall geeignet ist, erhebliche Verletzungen hervorzurufen.[18] Die äußerst harte Struktur von Bierkrügen, gepaart mit dem kraftvollen Einsatz durch A, stellt eine ernsthafte gesundheitliche Bedrohung dar. Somit ist die Qualifikation aus § 224 Abs. 1 Nr. 2 Alt. 2 StGB gegeben.

28 Darüber hinaus könnte die Handlung des A die Qualifikation aus § 224 Abs. 1 Nr. 5 StGB verwirklicht haben. Diese Vorschrift sieht eine Strafschärfung für Körperverletzungen vor, die zusätzlich zur Einschränkung der körperlichen Integrität des Opfers eine Gefährdung dessen Lebens bewirken. Eine Tatbegehung mittels einer das Leben gefährdenden Behandlung wird von der Rspr. als „Eignungsdelikt" interpretiert. Danach braucht die Handlung des Täters das Leben des Opfers im konkreten Fall nicht bedroht zu haben; vielmehr genügt es, wenn die Art der Behandlung generell zu einer Lebensgefährdung geeignet ist. Dementsprechend wer-

---

[18] *Fischer* § 224 StGB Rn. 14; im Kern geht es um die konkrete Verwendung, vgl. *Arzt/Weber/Heinrich/Hilgendorf* § 6 Rn. 54.

den etwa das Würgen am Hals, Messerstiche in die Brust oder Tritte gegen den Kopf des Opfers – abhängig von den Umständen des Einzelfalls – auch ohne Vorliegen einer tatsächlichen Gefahr für das Leben als generell lebensbedrohlich eingestuft.[19] Im hier untersuchten Fall wird B mit einem Bierkrug wuchtig auf den Kopf geschlagen. Derartige Schläge können als lebensgefährlich eingestuft werden. Somit erfüllt der Einsatz des Bierkruges gegen den Kopf des B den Tatbestand gemäß § 224 Abs. 1 Nr. 2 und 5 StGB.

cc) Subjektiver Tatbestand

In subjektiver Hinsicht müsste A gemäß § 15 StGB vorsätzlich gehandelt haben. **29**
Der Vorsatz des A müsste somit sowohl auf § 223 Abs. 1 Alt. 1 StGB als auch auf § 224 Abs. 1 Nr. 2 Alt. 2, Nr. 5 StGB gerichtet gewesen sein. A hat dem B den Bierkrug wissentlich und willentlich über den Kopf geschlagen. Ferner ist davon auszugehen, dass er sich der Gefährlichkeit seines Tuns bewusst war. Somit ist auch der subjektive Tatbestand gegeben.

b) Rechtswidrigkeit

A müsste ferner rechtswidrig gehandelt haben. **30**

aa) Notwehr (§ 32 StGB)

Fraglich ist, ob sich A erneut auf Notwehr gemäß § 32 StGB berufen kann. **31**

Im Rahmen der Prüfung der Notwehrlage müsste zunächst eine Verletzung recht- **32**
lich geschützter Güter oder Interessen durch menschliches Verhalten drohen. B war durch den Faustschlag des A zu Boden gegangen und war gerade dabei, wieder aufzustehen. Es ist nicht davon auszugehen, dass der Faustschlag in das Gesicht des B einen Sinneswandel verursachte und B den A nun nicht mehr angreifen wollte. Da A sich noch immer in unmittelbarer räumlicher Nähe zu B befand, kann von einer fortdauernden Bedrohung für die körperliche Integrität und die Entschließungsfreiheit des A gesprochen werden. Ein Angriff liegt somit vor.[20]

Dieser Angriff müsste noch gegenwärtig gewesen sein. Das Kriterium der Gegen- **33**
wärtigkeit zieht der Notwehr in zeitlicher Hinsicht enge Grenzen. Präventivmaßnahmen gegen künftige, noch nicht gegenwärtige Angriffe werden durch § 32 StGB nicht gedeckt. Die Rechtsgutsverletzung muss zumindest unmittelbar bevorstehen; so etwa, wenn der Angreifer den Arm zum Schlag erhebt oder nach der Waffe greift. Sein Verhalten muss unmittelbar in eine Rechtsgutsverletzung umschlagen können.

In Betracht kommen zwei Ansatzpunkte. Der erste Angriff des B könnte als ein **34**
noch fortdauernder oder ein möglicher zweiter Angriff als unmittelbar bevorstehend beurteilt werden. Den ersten Angriff hatte A durch das Niederschlagen des B abgewehrt. Dadurch war eine zeitliche Zäsur eingetreten, weshalb der erste Angriff nicht als noch fortdauernd beurteilt werden kann. Es kommt also nur die zweite der beiden genannten Möglichkeiten in Betracht. B war zu Boden gegangen und war gerade im Begriff, langsam und mit Mühe wieder aufzustehen. Zu diesem Zeitpunkt war die Bedrohung, die B für den A darstellte, (noch) nicht im oben darge-

[19] *Fischer* § 224 StGB Rn. 30 f.
[20] Eine a. A. erscheint hier aber vertretbar.

legten Sinne unmittelbar bevorstehend und in diesem Sinne „gegenwärtig". Für eine Gegenwärtigkeit wären noch einige Zwischenschritte erforderlich gewesen: B hätte zunächst wieder aufstehen müssen, ferner seinen Willen zeigen müssen, die Feindseligkeiten gegen A fortzusetzen und letztlich physisch zur Attacke schreiten müssen. All dies liegt nicht vor. Somit fehlt es an der Gegenwärtigkeit des Angriffs. A kann sich nicht auf Notwehr aus § 32 StGB berufen.

bb) Rechtfertigender Notstand (§ 34 StGB)

35 A könnte jedoch wegen rechtfertigenden Notstands aus § 34 StGB gerechtfertigt sein.

(1) Notstandslage

36 Hierfür müsste zunächst eine Notstandslage gegeben sein. Diese besteht in einer gegenwärtigen Gefahr für Leben, Leib oder Freiheit, die nicht anders abgewendet werden kann als durch Einwirkung auf ebenfalls rechtlich geschützte Interessen.[21]

37 Erforderlich ist ein notstandsfähiges Rechtsgut oder ein rechtlich geschütztes Interesse. Die in § 34 StGB aufgezählten Rechtsgüter sind nur Beispiele; auch Rechtsgüter der Allgemeinheit sind erfasst. Vorliegend kann sich A auf eine Gefahr für seinen Leib und seine Entschließungsfreiheit berufen. Damit sind notstandsfähige Rechtsgüter gegeben.

38 Diesen Rechtsgütern müsste eine Gefahr drohen. Eine Gefahr ist ein Zustand, in dem aufgrund tatsächlicher Umstände die Wahrscheinlichkeit des Eintritts eines schädigenden Ereignisses besteht. Wahrscheinlich ist der Eintritt, wenn die Möglichkeit nahe liegt oder begründete Besorgnis besteht; eine bloß allgemeine Möglichkeit genügt hierfür nicht.[22] Im vorliegenden Fall befand sich A in unmittelbarer Nähe zu seinem sich wieder „berappelnden" Angreifer B. Es ist nicht davon auszugehen, dass es sich B nach dem Faustschlag anders überlegt hatte und nun von A ablassen würde. Somit ist die Wahrscheinlichkeit des Eintritts eines Schadens an Rechtsgütern des A vorhanden.

39 Diese Gefahr müsste auch gegenwärtig sein. Gegenwärtig ist eine Gefahr, wenn bei natürlicher Weiterentwicklung der Dinge der Eintritt eines Schadens sicher oder doch höchstwahrscheinlich ist, falls nicht alsbald Abwehrmaßnahmen getroffen werden. Die zeitlichen Grenzen einer Gefahr i.S.d. rechtfertigenden Notstandes aus § 34 StGB sind deutlich weiter gefasst als die eines Angriffs i.S.d. Notwehr gemäß § 32 StGB. So werden auch Dauergefahren erfasst, also Zustände, die nach menschlicher Erfahrung jederzeit in einen Schaden umschlagen können, ohne jedoch die Möglichkeit auszuschließen, dass der Eintritt des Schadens noch eine Weile auf sich warten lässt. Eine solche Dauergefahr ist gegenwärtig, wenn sie so dringend ist, dass sie nur durch unverzügliches Handeln wirksam abgewendet werden kann.[23] Mangels entgegenstehender Anhaltspunkte ist davon auszugehen, dass B seine Feindseligkeiten gegen A in Kürze fortgesetzt hätte, sobald er sich wieder gefangen hätte. Damit war die Gefahr, die B für den A darstellte, noch gegenwärtig.

---

[21] *Wessels/Beulke/Satzger* AT Rn. 458.

[22] *Fischer* § 34 StGB Rn. 4.

[23] *Hilgendorf/Valerius* AT § 5 Rn. 74; *Wessels/Beulke/Satzger* AT Rn. 466.

(2) Notstandshandlung

Die Notstandshandlung als Mittel der Gefahrenabwehr muss objektiv erforderlich („nicht anders abwendbar") sein. An die Erforderlichkeit werden dabei die gleichen Anforderungen gestellt wie im Rahmen der Prüfung des § 32 StGB. Im vorliegenden Fall ist fraglich, ob A das mildeste Mittel zur Abwehr der Bedrohung in Anspruch nahm. B war gerade im Begriff, sich wieder zu einer Bedrohung für A zu entwickeln. Zum Zeitpunkt des Schlages mit dem Bierkrug war er jedoch nicht in der Lage, dem A in einer Weise gefährlich zu werden, die ein Niederschlagen, zumal mit dem schweren Bierkrug, gerechtfertigt hätte. A hatte in dieser Situation Zeit, sich nach milderen Mitteln umzusehen. Er hätte etwa den Wirt oder die Bedienung auffordern können, die Polizei zu rufen oder eventuell vorhandene Sicherheitskräfte zur Konfliktbeendigung heranzuziehen. Die brachiale Reaktion des A stand in keinem Verhältnis zu der Bedrohung, die B für ihn in diesem Zeitpunkt darstellte. Somit war die Notstandshandlung des A nicht erforderlich. A kann sich nicht auf einen rechtfertigenden Notstand aus § 34 StGB berufen. 40

c) Schuld

A müsste ferner schuldhaft gehandelt haben. 41

aa) Erlaubnistatbestandsirrtum

Vorliegend könnte sich A in einem Erlaubnistatbestandsirrtum befunden haben. Dieser Irrtum liegt vor, wenn der Täter an das Eingreifen eines Rechtfertigungsgrundes glaubt, weil er sich über die sachlichen Voraussetzungen eines anerkannten Rechtfertigungsgrundes irrt. Dies bedeutet, dass der Täter irrig Umstände für gegeben hält, die bei ihrem tatsächlichen Vorliegen seine Tat rechtfertigten.[24] Dem Sachverhalt ist jedoch keine Aussage zu entnehmen, dass A sich im Zeitpunkt des Schlages mit dem Bierkrug über Tatsachen im Irrtum befand und von einer Rechtfertigung, etwa aufgrund des Fortbestehens eines Angriffs seitens des B, ausging. 42

bb) Überschreitung der Notwehr

In Betracht kommt ferner eine Notwehrüberschreitung i.S.d. § 33 StGB. Dies erfordert indes eine Überschreitung der Grenzen der Notwehr aus Furcht, Verwirrung oder Schrecken (sog. asthenische Affekte). Laut Sachverhalt zeigt A aber keinerlei Anzeichen einer derartigen Gefühlslage, sodass er nicht nach § 33 StGB entschuldigt ist. 43

cc) Verminderte Schuldfähigkeit und Schuldunfähigkeit

A kann sich weder auf Schuldunfähigkeit gemäß § 20 StGB noch auf verminderte Schuldfähigkeit gemäß § 21 StGB berufen. Zwar spielt sich der Fall in einer Kneipe ab, dem Sachverhalt ist aber weder zu entnehmen, dass A bereits sehr viel Bier getrunken hatte, noch, dass er alkoholisiert gewesen sein könnte. 44

dd) Entschuldigender Notstand

Eine Berufung auf § 35 StGB ist in diesem Kontext ebenso aussichtslos, da der entschuldigende Notstand hinsichtlich der Erforderlichkeit der Notstandshandlung keine geringeren Anforderungen stellt als § 34 StGB. Somit handelte A auch schuldhaft. 45

---

[24] *Wessels/Beulke/Satzger* AT Rn. 727; *Zieschang* S. 95.

d) Ergebnis

46 A hat sich wegen gefährlicher Körperverletzung nach §§ 223 Abs. 1 Alt. 1, 224 Abs. 1 Nr. 2 Alt. 2, Nr. 5 StGB schuldig gemacht. § 223 StGB tritt dabei hinter den Qualifikationstatbestand § 224 StGB zurück.

2. Sachbeschädigung bzgl. des Bierkruges (§ 303 Abs. 1 StGB)

47 A könnte sich wegen Sachbeschädigung gemäß § 303 Abs. 1 StGB strafbar gemacht haben, indem er den Bierkrug auf dem Kopf des B zertrümmerte.

a) Tatbestand

aa) Objektiver Tatbestand

48 A müsste eine fremde Sache beschädigt oder zerstört haben. Der Bierkrug besitzt als körperlicher Gegenstand Sachqualität. Fremd ist eine Sache, wenn sie weder im Eigentum des Täters steht noch herrenlos ist. Der Bierkrug stand nicht im Eigentum des A. Somit handelte es sich für A um eine fremde Sache. Diese Sache könnte A zerstört haben. „Zerstören" bedeutet eine so weitgehende Beschädigung einer Sache, dass ihre Gebrauchsfähigkeit völlig aufgehoben wird, etwa durch Vernichten, d.h. Beseitigen der Sachsubstanz.[25] Im Fall wird der Bierkrug zertrümmert, also seines Potentials, als Behältnis für alkoholische Flüssigkeiten dienen zu können, beraubt. Somit hat A eine fremde Sache zerstört und damit den objektiven Tatbestand des § 303 Abs. 1 StGB verwirklicht.

bb) Subjektiver Tatbestand

49 A müsste vorsätzlich gehandelt haben (§ 15 StGB). A kam es nicht auf die Zerstörung des Bierkruges an. Er musste jedoch die Vernichtung des Kruges als notwendige Folge seines wuchtigen Schlages erkennen. Somit handelte A vorsätzlich i.S. eines dolus directus zweiten Grades (Wissentlichkeit).

b) Rechtswidrigkeit und Schuld

50 Rechtfertigungsgründe greifen nicht. Insbesondere kommt Notwehr nicht in Betracht, da von dem Eigentümer des Bierkruges für A keine Gefahr ausgeht. Notwehr berechtigt nicht zum Eingriff in den Rechtskreis Dritter.[26] Eine Rechtfertigung über den zivilrechtlichen Aggressivnotstand des § 904 BGB scheidet aus, weil die Handlung des A nicht „notwendig" war (→ Rn. 40).

51 A handelte ferner auch schuldhaft.

c) Ergebnis

52 A hat sich wegen Sachbeschädigung nach § 303 Abs. 1 StGB strafbar gemacht. Gemäß § 303c StGB ist ein Strafantrag erforderlich.

3. Sachbeschädigung bzgl. der Kleidung (§ 303 Abs. 1 StGB)

53 A könnte sich wegen Sachbeschädigung gemäß § 303 Abs. 1 StGB strafbar gemacht haben, indem er den Bierkrug auf dem Kopf des B zertrümmerte und so dessen Kleidung mit Bier verschmutzte.

[25] *Fischer* § 303 StGB Rn. 14; vertiefend *Arzt/Weber/Heinrich/Hilgendorf* § 12 Rn. 16f.
[26] *Wessels/Beulke/Satzger* AT Rn. 510.

a) Tatbestand

aa) Objektiver Tatbestand

Bei der Kleidung des B handelte es sich um eine für A fremde Sache. Fraglich ist, ob A diese Sache beschädigt oder zerstört hat. Beschädigung ist eine nicht ganz unerhebliche Verletzung der Substanz; nach herrschender Ansicht aber auch eine Beeinträchtigung der äußeren Erscheinung oder der Form einer Sache, durch welche die Brauchbarkeit der Sache zu ihrem bestimmten Zweck eingeschränkt wird.[27] Beim Verschmutzen mit Bier kann dies angenommen werden. Folglich hat A die Kleidung des B i. S. d. § 303 Abs. 1 StGB beschädigt. **54**

bb) Subjektiver Tatbestand

A müsste vorsätzlich gehandelt haben (§ 15 StGB). A kam es nicht auf die Verschmutzung der Kleidung an. Dennoch musste er die Verunreinigung der Kleidung des B als notwendige Folge eines mittels eines gefüllten Bierkruges geführten wuchtigen Schlages gegen den Kopf des B erkennen. Vorsatz ist somit in Form eines dolus directus zweiten Grades gegeben. **55**

b) Rechtswidrigkeit und Schuld

§ 34 StGB scheidet aus (→ Rn. 35 ff.). Sonstige Rechtfertigungsgründe sind nicht ersichtlich, ebenso wenig Entschuldigungsgründe. A handelte also rechtswidrig und schuldhaft. **56**

c) Ergebnis

A hat sich wegen Sachbeschädigung nach § 303 Abs. 1 StGB strafbar gemacht. **57**

4. Gesamtergebnis und Konkurrenzen zum Grundfall

A hat durch dieselbe Handlung die Tatbestände der §§ 223 Abs. 1 Alt. 1, 224 Abs. 1 Nr. 2 Alt. 2, Nr. 5 StGB und § 303 Abs. 1 StGB verwirklicht. § 223 Abs. 1 StGB tritt hinter § 224 StGB zurück. A hat sich daher nach §§ 224 Abs. 1 Nr. 2 Alt. 2, Nr. 5, 303 Abs. 1, 52 Abs. 1 StGB strafbar gemacht. **58**

III. Abwandlung: Der Schlag mit der Faust

1. Körperverletzung (§ 223 Abs. 1 StGB)

A könnte sich wegen einfacher Körperverletzung gemäß § 223 Abs. 1 StGB strafbar gemacht haben, indem er dem B in das Gesicht schlug. **59**

a) Tatbestand

Hinsichtlich des objektiven und des subjektiven Tatbestandes ergeben sich in der Abwandlung keine Unterschiede zum Ausgangsfall. **60**

b) Rechtswidrigkeit

A müsste ferner rechtswidrig gehandelt haben. Dies wäre nicht der Fall, wenn er sich auf einen Rechtfertigungsgrund berufen könnte. In Betracht kommt Notwehr **61**

27 *Fischer* § 303 StGB Rn. 6.

aus § 32 Abs. 1 StGB. Parallel zum Ausgangsfall ist in der Abwandlung eine nach § 32 StGB erforderliche Notwehrlage gegeben. Im Rahmen der Notwehrhandlung stellt sich die Frage, ob die Gegenwehr des A geboten war. In Betracht kommt eine Einschränkung seines Notwehrrechts aufgrund einer provozierten Notwehrsituation. In der Fallabwandlung betrat A die Kneipe mit dem Ziel, den B zu reizen, um ihm einen Denkzettel verpassen zu können. Es ist davon auszugehen, dass A mit dem Denkzettel eine gewalttätige Auseinandersetzung im Sinn hatte. A kam es gerade auf die tätliche Konfrontation mit B an. Er rechnete damit, dass seine Anwesenheit den B zu einem Angriff bewegen könnte. Dies konnte ihm nur dienlich sein, denn sein Ziel war es, B zu verletzen. Folglich ist in dieser Konstellation ein Fall der Absichtsprovokation gegeben.

62 Bei einer absichtlichen Provokation scheidet das Notwehrrecht nach der h. M. gänzlich aus, in Wirklichkeit ist hier nämlich der Provozierende als Angreifer zu betrachten.[28] A betrat wissentlich und willentlich die Kneipe mit dem Ziel, den B zu reizen, um ihn zu verletzen. Aufgrund der absichtlichen Herbeiführung der Notwehrsituation kann sich A nicht auf Notwehr berufen. Seine Gegenwehr gegen den Angriff des B war somit nicht gerechtfertigt.

c) Schuld

63 Schuld liegt ebenfalls vor.

2. Ergebnis

64 A hat sich folglich wegen einfacher Körperverletzung nach § 223 Abs. 1 Alt. 1 StGB strafbar gemacht. Strafantrag nach § 230 Abs. 1 Satz 1 StGB ist zu stellen.

IV. Betreten der Kneipe

1. Hausfriedensbruch (§ 123 Abs. 1 Var. 1 StGB)

65 A könnte sich wegen Hausfriedensbruch gemäß § 123 Abs. 1 Var. 1 StGB strafbar gemacht haben, indem er das Gasthaus „Zum roten Hahn" betrat.

a) Tatbestand

aa) Objektiver Tatbestand

66 In objektiver Hinsicht müsste A in eine der genannten geschützten Örtlichkeiten eingedrungen sein. Bei der Kneipe könnte es sich um einen Geschäftsraum i. S. d. § 123 Abs. 1 StGB handeln. Geschäftsräume sind abgeschlossene Betriebs- und Verkaufsstätten, die zumindest vorübergehend gewerblichen, künstlerischen, wissenschaftlichen oder ähnlichen Zwecken dienen.[29] Im Gasthaus „Zum roten Hahn" wird aus erwerbswirtschaftlichen Motiven ein Bierausschank betrieben. Somit handelt es sich um einen Geschäftsraum i. S. d. § 123 Abs. 1 StGB. Die Gaststätte war ferner der Bereich eines für A fremden Hausrechts. A müsste in diesen Bereich fremden Hausrechts i. S. d. § 123 Abs. 1 StGB eingedrungen sein. Eindringen bedeutet das Betreten des geschützten Raumes durch den Täter gegen den Willen des

[28] BGH NStZ 1983, 452; *Wessels/Beulke/Satzger* AT Rn. 535.

[29] Schönke/Schröder/*Sternberg-Lieben/Schittenhelm* § 123 StGB Rn. 5.

Berechtigten.[30] Der Wirt als Inhaber des Hausrechts hatte dem A ein wirksames individuelles Hausverbot erteilt. A hat sich dennoch in die Gaststätte begeben. Folglich ist er in die Gaststätte eingedrungen. Damit hat A den objektiven Tatbestand des § 123 Abs. 1 StGB erfüllt.

bb) Subjektiver Tatbestand

In subjektiver Hinsicht müsste A vorsätzlich gehandelt haben (§ 15 StGB). Trotz **67** des ausdrücklichen Verbotes betrat A wissentlich und willentlich die Gaststätte „Zum roten Hahn". Somit handelte er vorsätzlich.

b) Rechtswidrigkeit

Obwohl § 123 Abs. 1 StGB ausdrücklich die Merkmale „Widerrechtlichkeit" und **68** „Unbefugtheit" aufführt, handelt es sich um einen bloßen Verweis auf das generelle Deliktsmerkmal der Rechtswidrigkeit. Vorliegend kommen keine Rechtfertigungsgründe in Betracht. A handelte somit rechtswidrig.

c) Schuld

A handelte auch schuldhaft. **69**

2. Ergebnis

A hat sich wegen Hausfriedensbruchs nach § 123 Abs. 1 StGB strafbar gemacht. **70** Strafantrag nach § 123 Abs. 2 StGB ist zu stellen.

3. Gesamtergebnis und Konkurrenzen zur Abwandlung

A hat sich nach § 223 Abs. 1 StGB und § 123 Abs. 1 StGB in Tateinheit (§ 52 **71** StGB) strafbar gemacht.

Fallbeurteilung

Dieser Fall befindet sich auf einem mittlerem bis gehobenen Schwierigkeitsniveau. Der Schwerpunkt ist im Bereich der Rechtfertigungsgründe angesiedelt. Es wird erwartet, dass die Probleme der Gebotenheit der Notwehr und die Grenzen der Notstandshandlung aufgezeigt werden. Bei der Bearbeitung sollte nicht vergessen werden, die Sachbeschädigung an dem Bierkrug und der Kleidung sowie den Hausfriedensbruch angemessen zu prüfen.

Im Rahmen der Gebotenheit der Notwehrprüfung ist eine mögliche Provokation des Angriffs zu diskutieren, da A die Kneipe entgegen der Aufforderung des B betreten hat. Eine gute Bearbeitung zeichnet sich vor allem dadurch aus, dass zwischen der Absichtsprovokation und einer Provokation in sonstiger vorwerfbarer Weise differenziert und die rechtlichen Konsequenzen dieser Problemkonstellation aufgezeigt werden. Da B nicht Hausrechtsinhaber ist und das Betreten der Kneipe auch sonst nicht zu missbilligen ist, kann von einer entsprechenden Provokation jedoch nicht ausgegangen werden.

[30] *Fischer* § 123 StGB Rn. 14; eingehend *Arzt/Weber/Heinrich/Hilgendorf* § 8 Rn. 9 ff.

Hinsichtlich des Schlages mit dem Bierkrug scheidet die Notwehr vorliegend aus, da der Angriff des B zu diesem Zeitpunkt nicht mehr gegenwärtig war. Es sollten in der Bearbeitung daher weitere Rechtfertigungs- und Entschuldigungsgründe untersucht werden. Ein rechtfertigender Notstand nach § 34 StGB kommt aufgrund der Dauergefahr, die von B noch ausgeht, zwar grundsätzlich in Betracht, scheitert jedoch im Rahmen der Erforderlichkeit, da dem A nun auch mildere Verteidigungsmöglichkeiten zur Verfügung standen.

Die Abwandlung ist im Gegensatz zum Ausgangsfall durch die Absichtsprovokation des A gekennzeichnet, die ein Notwehrrecht ausscheiden lässt. Aufgrund des wirksam erteilten Hausverbots durch den Hausrechtsinhaber ist hier auch § 123 Abs. 1 StGB erfüllt.

Vertiefungshinweise: BGH NStZ 2006, 332 (Notwehreinschränkung durch sozialethisch zu missbilligendes Vorverhalten des Angegriffenen).

Böse, Anm. zu BGH, Beschl. v. 3.2.2016 – 4 StR 594/15 (Gefährliche Körperverletzung mittels eines gefährlichen Werkzeugs), ZJS 2017, 110; *Kühl,* Anmerkung zu BGH: Einschränkung der Notwehr in einem Fall sozialethisch zu beanstandenden Vorverhaltens, StV 1997, 298; *Hilgendorf,* Körperteile als „gefährliche Werkzeuge“, ZStW 112 (2000), 811.

Fall 12. Der Denkzettel

Schwierigkeitsgrad: mittelschwer

Sachverhalt

A will dem B einen massiven „Denkzettel" verpassen. Deshalb beschafft er sich einen Revolver und lauert B im Gebüsch neben dessen Garage auf. Kurz darauf nähert sich B, öffnet die Garage und steigt in seinen Wagen. Auf diesen Moment hat A gewartet. Einem vorgefassten Plan folgend, springt er aus dem Gebüsch, stellt sich vor das Garagentor und schießt durch die Windschutzscheibe auf B, wobei er auf dessen Brust zielt. A trifft B jedoch nur in die Schulter. Obwohl er die Möglichkeit hätte, noch einmal zu schießen, verlässt er den Tatort, weil er den Denkzettel für ausreichend hält. Kurz darauf wird B von Nachbarn, die den Schuss gehört haben, gefunden und gerettet.

Strafbarkeit des A nach dem StGB?

Gliederung

Rn.

I. Versuchter Mord (§§ 212 Abs. 1, 211, 22, 23 Abs. 1 StGB) 1
1. Vorprüfung 2
2. Tatentschluss 3
3. Unmittelbares Ansetzen 8
4. Rechtswidrigkeit und Schuld 10
5. Strafbefreiender Rücktritt nach § 24 StGB 11
   a) Kein fehlgeschlagener Versuch 12
   b) Beendeter oder unbeendeter Versuch 16
   Problem: Liegt ein beendeter oder unbeendeter Versuch vor?
   c) Freiwilligkeit 22
6. Ergebnis 23

II. Gefährliche Körperverletzung (§§ 223 Abs. 1, 224 Abs. 1 StGB) 24
1. Tatbestand 24
   a) Objektiver Tatbestand des § 223 Abs. 1 StGB 24
   b) Objektiver Tatbestand des § 224 Abs. 1 StGB 25
2. Subjektiver Tatbestand 28
3. Rechtswidrigkeit und Schuld 29
4. Ergebnis 30

III. Unterlassene Hilfeleistung (§ 323c Abs. 1 StGB) 31
Problem: Ist ein Hilfeleisten zumutbar, wenn sich der Täter dadurch der Gefahr einer Strafverfolgung aussetzt?

IV. Aussetzung (§ 221 Abs. 1 Nr. 2 StGB) 32

Rn.
V. Sachbeschädigung (§ 303 Abs. 1 StGB) 33
1. Tatbestand 33
a) Objektiver Tatbestand 33
b) Subjektiver Tatbestand 34
2. Rechtswidrigkeit und Schuld 35
3. Ergebnis und Konkurrenzen 36
VI. Hausfriedensbruch (§ 123 Abs. 1 StGB) 37
VII. Gesamtergebnis 39

Lösung

I. Versuchter Mord (§§ 212 Abs. 1, 211, 22, 23 Abs. 1 StGB)

1 A könnte sich eines versuchten Mordes nach §§ 212 Abs. 1, 211, 22, 23 Abs. 1 StGB schuldig gemacht haben.

1. Vorprüfung

2 Dazu dürfte die Tat nicht vollendet und der Versuch müsste strafbar sein. Da B noch lebt, ist die Tat nicht vollendet. Gemäß § 23 Abs. 1 Alt. 1 StGB ist der Versuch einer Tat strafbar, wenn es sich bei dem in Rede stehenden Delikt um ein Verbrechen handelt. Nach § 12 Abs. 1 StGB sind Verbrechen solche Straftaten, die im Mindestmaß mit einem Jahr Freiheitsstrafe geahndet werden. Der Mord nach §§ 212, 211 StGB sieht eine lebenslange Freiheitsstrafe vor. Der versuchte Mord ist daher strafbar.

2. Tatentschluss

3 Fraglich ist das Vorliegen eines entsprechenden Tatentschlusses. Der Tatentschluss umfasst den auf alle objektiven Tatbestandsmerkmale gerichteten Vorsatz sowie die sonstigen subjektiven Tatbestandsmerkmale.

Hinweis: Zu den sonstigen subjektiven Tatbestandsmerkmalen zählen etwa die Zueignungsabsicht i. S. v. § 242 StGB und verwandter Tatbestände oder auch die täterbezogenen Mordmerkmale (§ 211 StGB).

4 A müsste also auf die Tötung des B gerichteten Vorsatz, zumindest in Form von dolus eventualis, gehabt haben. Dolus eventualis liegt vor, wenn der Täter die Verwirklichung des gesetzlichen Tatbestandes ernstlich für möglich hält und sich damit abfindet[1] bzw. die Tatbestandsverwirklichung billigt.[2] Dagegen vertraut der Täter bei bewusst fahrlässigem Verhalten darauf, dass die Tatbestandsverwirklichung ausbleibt, obwohl er das seinem Verhalten innewohnende Risiko erkennt.[3]

[1] So die Formel der h. L., vgl. *Wessels/Beulke/Satzger* AT Rn. 333 m. w. N.

[2] So die Formel der Rspr., die freilich inhaltlich kaum von der h. L. abweicht. Vgl. BGHSt 7, 363 – Lederriemenfall – und dazu *Roxin* JuS 1964, 53; BGHSt 36, 1 – AIDS-Fall.

[3] Vgl. *Heinrich* Rn. 297. Detailliert zur Abgrenzung zwischen bedingtem Vorsatz und bewusster Fahrlässigkeit *Heinrich* Rn. 298 ff.

Im vorliegenden Fall hat A durch die Windschutzscheibe des Wagens auf die Brust des B gezielt und geschossen. A musste erkennen, dass er dadurch das Leben des B erheblich gefährdete. Dass er trotzdem schoss, zeigt, dass er sich mit dem Eintritt eines tödlichen Erfolges innerlich abgefunden hatte. Dagegen lässt sich dem Sachverhalt nicht entnehmen, dass A auf das Ausbleiben des Erfolges vertraute. Deshalb ist hier nicht bewusste Fahrlässigkeit, sondern Vorsatz in Form von dolus eventualis anzunehmen. Somit liegt ein auf Tötung des B gerichteter Tatentschluss des A vor. 5

Zu prüfen ist weiter, ob sich der Tatentschluss des A auf die Verwirklichung von tatbezogenen Mordmerkmalen gerichtet hat. In Betracht kommt die Heimtücke (§ 211 Abs. 2 Gruppe 2 Var. 1 StGB). Heimtückisch handelt, wer die Arg- und Wehrlosigkeit seines Opfers bewusst zur Tötung ausnutzt.[4] Die Rspr. verlangt zusätzlich ein Handeln in feindseliger Gesinnung,[5] während in der Lehre teilweise das Vorliegen eines verwerflichen Vertrauensbruches gefordert wird.[6] Zum Zeitpunkt des Angriffs hat B, wie A wusste, keinen solchen erwartet. Er war mithin arglos.[7] Infolge seiner Arglosigkeit war B in seiner Abwehrbereitschaft stark eingeschränkt, sodass auch Wehrlosigkeit zu bejahen ist. Hingegen fehlt es an einem verwerflichen Vertrauensbruch seitens des A; dem Sachverhalt lässt sich nicht entnehmen, dass B dem A überhaupt Vertrauen entgegengebracht hat. Das Kriterium des verwerflichen Vertrauensbruchs ist jedoch abzulehnen, da es viel zu unbestimmt ist, um nachvollziehbare Entscheidungen zu ermöglichen. Die Probleme, die die Auslegung des Merkmals „verwerflich" bei § 240 Abs. 2 StGB bereitet, lassen es als wenig ratsam erscheinen, die Verwerflichkeit praeter legem in den Heimtückebegriff hineinzuinterpretieren. Vorzugswürdig ist vielmehr die Ansicht der Rspr., die eine feindselige Willensrichtung verlangt.[8] Das Vorliegen einer derartigen Willensrichtung kann hier ohne Weiteres angenommen werden. Der Tatentschluss des A war somit auf einen versuchten Mord gemäß §§ 211 Abs. 1, 2 Gruppe 2 Var. 1 (Heimtücke), 22, 23 Abs. 1 StGB gerichtet. 6

Dagegen scheiden niedrige Beweggründe i. S. v. § 211 Abs. 1, 2 Gruppe 1 Var. 4 StGB aus. 7

3. Unmittelbares Ansetzen

Erforderlich ist ferner ein unmittelbares Ansetzen des Täters zur Verwirklichung des Tatbestandes (§ 22 StGB). Dadurch soll der Versuch von bloßen Vorbereitungshandlungen abgegrenzt werden. Im Einzelnen bereitet die Abgrenzung allerdings nicht selten erhebliche Probleme.[9] Nach der herrschenden „gemischt subjektiv-objektiven Theorie" kommt es nicht nur, wie es der Wortlaut des § 22 StGB nahelegen könnte, auf das Vorstellungsbild des Täters,[10] sondern auch auf die tatsächliche unmittelbare Gefährdung des geschützten Handlungsobjekts[11] an. Das 8

[4] *Haft* BT II S. 111 ff.

[5] BGHSt (GS) 30, 105, 113 ff., noch enger BGHSt 33, 363, 365.

[6] So z. B. Schönke/Schröder/*Eser/Sternberg-Lieben* § 211 StGB Rn. 26.

[7] Ausführlich zur Arglosigkeit *Wessels/Hettinger/Engländer* BT 1 Rn. 63 ff.

[8] So auch LK/*Jähnke*, 11. Aufl. 1992 ff., § 211 StGB Rn. 50; *Wessels/Hettinger/Engländer* BT 1 Rn. 71.

[9] Für einen Überblick über die verschiedenen Abgrenzungstheorien vgl. *Wessels/Beulke/Satzger* AT Rn. 945 ff. mit umfangreichen Nachweisen.

[10] So aber die ältere subjektive Theorie, vgl. etwa RGSt 72, 66; BGHSt 6, 302.

[11] Dieser Gesichtspunkt wurde von der sog. objektiven Theorie in den Mittelpunkt gestellt, vgl. RGSt 53, 217; BGHSt 2, 380; 20, 150.

unmittelbare Ansetzen ist demnach zu bejahen, wenn der Täter subjektiv die Schwelle zum „Jetzt geht's los" überschreitet und objektiv mit der Tatausführung beginnt, die aber nicht zwingend in der Vornahme einer tatbestandlichen Handlung liegen muss.[12]

9 Da A im vorliegenden Fall auf B gezielt und sogar abgedrückt hat, kann ein unmittelbares Ansetzen i. S. v. § 22 StGB bejaht werden.

Hinweis: Ein schematisches Herunterbeten der verschiedenen Abgrenzungstheorien wäre in diesem Fall nicht nur überflüssig, sondern verfehlt.

4. Rechtswidrigkeit und Schuld

10 Rechtswidrigkeit und Schuld sind gegeben.

5. Strafbefreiender Rücktritt nach § 24 StGB

11 A könnte jedoch von dem Mordversuch gemäß § 24 Abs. 1 StGB strafbefreiend zurückgetreten sein.

Hinweis: Nach h. M. handelt es sich bei dem Rücktritt vom Versuch um einen persönlichen Strafaufhebungsgrund.[13] Nach a. A. ist ein Entschuldigungsgrund anzunehmen.[14] Praktische Auswirkungen hat dieser Meinungsstreit jedoch kaum.

a) Kein fehlgeschlagener Versuch

12 Eine Anwendbarkeit des § 24 StGB würde von vornherein ausscheiden, wenn im vorliegenden Fall ein fehlgeschlagener Versuch anzunehmen wäre.

Hinweis: Bei dem fehlgeschlagenen Versuch handelt es sich um eine gesetzlich nicht vorgesehene, aber von der h. L. und Judikatur weitgehend anerkannte Figur, durch die sich insbesondere die – in der Praxis oft sehr schwierige – Prüfung der Freiwilligkeit des Rücktritts vermeiden lässt.[15]

13 Wenn eine Erfolgsherbeiführung gar nicht mehr möglich ist und der Täter dies auch erkennt, wenn der Versuch also fehlgeschlagen ist, ist für einen strafbefreienden Rücktritt kein Raum mehr: Man kann nicht von einer Tat zurücktreten, die man nicht mehr verwirklichen kann. Im Einzelnen lassen sich beim fehlgeschlagenen Versuch zwei Fallgruppen unterscheiden:[16]

14 Ein Fehlschlagen des Versuchs wird zum einen angenommen, wenn der Täter das konkrete tatbestandliche Handlungsziel nicht mehr erreichen kann und dies auch erkennt. Tatbestandliches Handlungsziel ist hier die von A immerhin mit dolus eventualis in Kauf genommene Tötung des B. Dazu ist festzustellen, dass A dieses Ziel durch einen erneuten Gebrauch seines Revolvers weiterhin hätte erreichen können. Insoweit liegt ein fehlgeschlagener Versuch also nicht vor.

15 Die andere Fallgruppe des fehlgeschlagenen Versuchs umfasst solche Situationen, in denen das tatbestandliche Handlungsziel zwar noch erreicht werden kann, der Tat-

[12] Vgl. BGHSt 35, 6, 8 f.; *Wessels/Beulke/Satzger* AT Rn. 948; *Zieschang* S. 133.

[13] So etwa BGH StV 1982, 1; *Wessels/Beulke/Satzger* AT Rn. 1002.

[14] Vgl. *Haft* AT S. 240.

[15] Es sind jedoch auch Zweifel an der Figur des „fehlgeschlagenen Versuchs" laut geworden, vgl. etwa *Ranft* Jura 1987, 527.

[16] Schönke/Schröder/*Eser/Bosch* § 24 StGB Rn. 8 ff.

plan (genauer: die weitere Verwirklichung des Tatplans) jedoch sinnlos geworden ist.[17] Nach dem Tatplan war Handlungsziel, dem B einen Denkzettel zu verpassen. Da A hier diesen Tatplan bereits verwirklicht hat, kann auch aus diesem Gesichtspunkt heraus kein Fehlschlag des Versuchs begründet werden. Insgesamt scheidet deshalb die Annahme eines fehlgeschlagenen Versuchs aus.

b) Beendeter oder unbeendeter Versuch

Nach § 24 Abs. 1 Satz 1 StGB wird nicht wegen Versuchs bestraft, wer freiwillig die weitere Ausführung der Tat aufgibt (Alt. 1) oder deren Vollendung verhindert (Alt. 2). Zunächst ist zu prüfen, welche der beiden Varianten hier einschlägig ist. 16

Von einem Aufgeben der weiteren Tatausführung (§ 24 Abs. 1 Satz 1 Alt. 1 StGB) kann nur dann gesprochen werden, wenn der Täter nach seiner Vorstellung von der Tat noch nicht alles zur Herbeiführung des Erfolges Nötige getan hat (unbeendeter Versuch). Demgegenüber zeichnet sich der beendete Versuch (§ 24 Abs. 1 Satz 1 Alt. 2 StGB) dadurch aus, dass der Täter alles getan hat, was nach seiner Vorstellung den Erfolg herbeiführen sollte. Während beim unbeendeten Versuch das bloße Nichtweiterhandeln genügt, um in den Genuss der Strafbefreiung zu gelangen, ist beim beendeten Versuch eine eigene Gegenaktivität des Täters erforderlich. 17

Im vorliegenden Fall hat A in Ausführung seines Tatplans mit Tötungsvorsatz auf B geschossen, diesen jedoch nicht getötet, sondern nur verletzt. Stellt man auf den Tatplan ab (Tatplantheorie),[18] so hat A hier den Plan vollständig ausgeführt, ohne jedoch den tatbestandlichen Erfolg zu erreichen. Man könnte deshalb argumentieren, es handele sich um einen beendeten Versuch.[19] In seiner neueren Rspr. hat sich der BGH jedoch zur Lehre vom Rücktrittshorizont[20] bekannt. Danach ist für die Annahme eines beendeten Versuchs auf den Zeitpunkt der letzten Ausführungshandlung abzustellen und zu fragen, ob der Täter zu diesem Zeitpunkt davon ausging, alles für die Tatbestandsverwirklichung Erforderliche getan zu haben.[21] Im vorliegenden Fall erkannte A nach dem Schuss, dass B noch nicht tot war. Er konnte nicht davon ausgehen, alles zur Tötung des B Erforderliche bereits getan zu haben. Dies spricht dafür, hier einen unbeendeten Versuch anzunehmen.[22] 18

Es ist jedoch zu berücksichtigen, dass das eigentliche Handlungsziel des A darin bestand, B einen Denkzettel zu verpassen. Eine Tötung des B strebte er nicht an, sondern nahm sie nur als mögliche Nebenfolge seines Tuns billigend in Kauf (dolus eventualis). Folgt man strikt der oben entwickelten Lehre vom Rücktrittshorizont (→ Rn. 18), so ändert dies an der Annahme eines unbeendeten Versuchs nichts, da es danach nur auf die vom Täter erkannte Möglichkeit der Tatbestandsverwirklichung ankommt.[23] Stellt man hingegen auf das eigentliche Handlungsziel des A 19

[17] Beispiel: Die ins Auge gefasste Diebesbeute erweist sich als völlig wertlos; vgl. *Fischer* § 24 StGB Rn. 8.

[18] So noch BGHSt 22, 330.

[19] So in der Tat BGHSt 22, 330, 331. Vgl. auch *Wessels/Beulke/Satzger* AT Rn. 1041 m. w. N.

[20] Häufig findet sich in der Lit. auch die Bezeichnung „Gesamtbetrachtungstheorie".

[21] BGHSt 31, 170; BGH NStZ 1986, 264; BGHSt 33, 295; 35, 90. Krit. dazu Schönke/Schröder/ *Eser/Bosch* § 24 StGB Rn. 15 ff. m. w. N.

[22] Für eine eingehende Diskussion der Abgrenzung von beendetem und unbeendetem Versuch in Konstellationen wie der vorliegenden vgl. LK/*Lilie/Albrecht* § 24 StGB Rn. 140 ff.

[23] So der erste Strafsenat des BGH in NStZ 1990, 30 mit Berufung auf BGH NStZ 1989, 317.

ab, also auf das Verpassen eines Denkzettels, so dürfte die Annahme eines beendeten Versuchs näher liegen, denn da A sein Ziel bereits erreicht hatte, kann insoweit nicht mehr von einem „Aufgeben der weiteren Tatausführung" gesprochen werden.

20 Für die letztere Ansicht spricht, dass die in der Strafbefreiung gemäß § 24 StGB liegende Prämierung[24] nur dann sinnvoll erscheint, wenn die Nichtherbeiführung des tatbestandsmäßigen Erfolges für den Täter ein Opfer darstellt. Hat er ohnehin alles erreicht, was er erreichen wollte, so ist nicht ersichtlich, warum man sein Ablassen von weiterer Tatausführung durch die rücktrittsfreundliche Annahme eines unbeendeten Versuches belohnen sollte. Als A darauf verzichtete, weitere Schüsse auf B abzugeben, hat er aus seiner Sicht nicht von einer versuchten Tötung des B Abstand genommen, sondern eine neue, für ihn nicht interessante Tat unterlassen. Deshalb wird vertreten, bei Konstellationen wie der vorliegenden, in denen das primär angestrebte Handlungsziel vom Täter erreicht wird, sei trotz der vom Täter erkannten Möglichkeit einer Tatbestandsverwirklichung kein unbeendeter, sondern ein beendeter Versuch anzunehmen.[25]

21 Andererseits wäre nur ein unbeendeter Versuch gegeben, wenn A bei sonst gleich bleibender Fallgestaltung mit Tötungsabsicht gehandelt hätte. Täter, bei denen zu einem bedingten Tötungsvorsatz noch Absicht hinsichtlich eines primär erstrebten anderen Handlungsziels (Denkzettel) hinzutritt, würden also schlechter gestellt als Täter, die den Tod ihres Opfers von vornherein beabsichtigen. Um diesen Wertungswiderspruch zu vermeiden, ist es vorzugswürdig, nicht auf das Zwischenziel, sondern nur auf den tatbestandsmäßigen Erfolg abzustellen.[26] Für diese Ansicht spricht auch der Wortlaut des § 24 StGB: „Tat" meint die tatbestandsmäßige Handlung und den tatbestandsmäßigen Erfolg. Da A vorliegend nach seiner Vorstellung von der Tat zwar sein primäres Handlungsziel erreicht, nicht jedoch alles in seiner Macht Stehende getan hatte, um den tatbestandsmäßigen Erfolg der §§ 212, 211 StGB zu verwirklichen, ist hier kein beendeter, sondern ein unbeendeter Versuch anzunehmen.

c) Freiwilligkeit

22 Bei einem unbeendeten Versuch muss der Täter freiwillig von einer weiteren Tatausführung Abstand nehmen. Freiwillig handelt der Täter, wenn die Aktivität seiner eigenen autonomen Entscheidung entspringt.[27] Der ethische Wert des Motivs ist dabei ohne Bedeutung. Unfreiwilligkeit ist hingegen dann anzunehmen, wenn Hinderungsgründe bestehen, die vom Willen des Täters unabhängig sind[28] (heteronome Motivation). Im vorliegenden Fall kann ohne Weiteres Freiwilligkeit angenommen werden. Im Ergebnis ist deshalb ein Rücktritt gemäß § 24 Abs. 1 Alt. 1 StGB zu bejahen.

[24] Hier wird also der dem § 24 StGB zugrundeliegende Gedanke aktuell, vgl. dazu LK/*Lilie/Albrecht* § 24 StGB Rn. 5ff.

[25] So auch der 2. und der 5. Strafsenat des BGH (NStZ 1990, 77f.) m.zust.Anm. *Puppe* NStZ 1990, 433; BGH NStZ 1991, 127f.

[26] So auch BGHSt 39, 221 m.Anm. *Roxin* JZ 1993, 896.

[27] Vgl. die Frank'sche Formel: „Ich will nicht, selbst wenn ich könnte." Siehe ausführlich zur Bestimmung der Freiwilligkeit *Maurach/Gössel/Zipf* § 41 Rn. 179ff.

[28] Die Frank'sche Formel lautet insoweit: „Ich kann nicht, selbst wenn ich wollte."

6. Ergebnis

Zusammenfassend ist also festzustellen, dass sich A nicht nach §§ 212 Abs. 1, 211, 22, 23 Abs. 1 StGB strafbar gemacht hat. 23

II. Gefährliche Körperverletzung (§§ 223 Abs. 1, 224 Abs. 1 StGB)

1. Tatbestand

a) Objektiver Tatbestand des § 223 Abs. 1 StGB

24 In Betracht kommt aber eine gefährliche Körperverletzung gemäß §§ 223 Abs. 1, 224 Abs. 1 StGB. Hierfür müsste durch den Schuss zunächst der Grundtatbestand des § 223 Abs. 1 StGB verwirklicht, also eine körperliche Misshandlung (Alt. 1) bzw. eine Gesundheitsschädigung (Alt. 2) bei B eingetreten sein. Eine körperliche Misshandlung ist jede üble, unangemessene Behandlung, durch die das Opfer in seiner körperlichen Unversehrtheit oder seinem körperlichen Wohlbefinden nicht nur unerheblich beeinträchtigt wird.[29] Das Zufügen einer Schussverletzung stellt eine entsprechende Behandlung dar. Eine Gesundheitsschädigung ist das Hervorrufen oder Steigern eines vom Normalzustand der körperlichen Funktion des Opfers nachteilig abweichenden pathologischen Zustandes.[30] Durch die Schusswunde ist ein pathologischer Zustand hervorgerufen worden. Die objektiven Voraussetzungen einer einfachen Körperverletzung liegen daher vor.

b) Objektiver Tatbestand des § 224 Abs. 1 StGB

25 A könnte zunächst das Qualifikationsmerkmal des § 224 Abs. 1 Nr. 2 Alt. 1 StGB verwirklicht haben. Eine Waffe ist ein Gegenstand, der nach seiner Art dazu bestimmt ist, erhebliche Verletzungen von Menschen zu verursachen.[31] Der Revolver ist demnach eine Waffe i. S. v. § 224 Abs. 1 Nr. 2 Alt. 1 StGB.

26 Des Weiteren könnte die Tat auch mittels eines hinterlistigen Überfalls i. S. d. § 224 Abs. 1 Nr. 3 StGB verwirklicht worden sein. Ein Überfall ist ein unvorhergesehener Angriff, auf den sich der Angegriffene nicht rechtzeitig einstellen kann.[32] Hinterlistig ist ein solcher Überfall, wenn der Täter seine Verletzungsabsicht planmäßig berechnend verbirgt, um dem anderen die Verteidigungsmöglichkeit zu erschweren.[33] Da A dem B auflauerte und so planmäßig die Überraschung seines Opfers ausnutzte, kann ein hinterlistiger Überfall bejaht werden.

27 Fraglich ist allerdings, ob auch eine das Leben gefährdende Behandlung (§ 224 Abs. 1 Nr. 5 StGB) vorliegt. Für eine lebensgefährliche Verletzung des B fehlen im Sachverhalt jegliche Anhaltspunkte. Jedoch genügt schon eine abstrakte objektive Eignung der Behandlung zur Lebensgefährdung; eine konkrete Lebensgefährdung braucht nicht eingetreten zu sein.[34] Eine solche abstrakte objektive Eignung kann hier bejaht werden. § 224 Abs. 1 Nr. 5 StGB wurde also ebenfalls verwirklicht.

---

29 *Wessels/Hettinger/Engländer* BT I Rn. 216.

30 *Wessels/Hettinger/Engländer* BT I Rn. 219.

31 *Fischer* § 224 StGB Rn. 19.

32 Schönke/Schröder/*Sternberg-Lieben* § 224 StGB Rn. 10.

33 *Kindhäuser/Hilgendorf* § 224 StGB Rn. 14.

34 Vgl. *Wessels/Hettinger/Engländer* BT 1 Rn. 244; a. A. Schönke/Schröder/*Sternberg-Lieben* § 224 StGB Rn. 12.

2. Subjektiver Tatbestand

28 Des Weiteren müsste A nach § 15 StGB vorsätzlich gehandelt haben. Nach inzwischen ganz h.M. ist in jedem Tötungsvorsatz ein Verletzungsvorsatz enthalten (Einheitstheorie),[35] sodass auch der subjektive Tatbestand gegeben ist. Darüber hinaus hatte A auch Vorsatz bzgl. der Merkmale des § 224 Abs. 1 Nr. 2, 3 und 5 StGB. Der subjektive Tatbestand ist damit erfüllt.

3. Rechtswidrigkeit und Schuld

29 Rechtswidrigkeit und Schuld sind gegeben.

4. Ergebnis

30 A hat sich demnach wegen gefährlicher Körperverletzung nach §§ 223 Abs. 1, 224 Abs. 1 Nr. 2, 3, 5 StGB strafbar gemacht. Der Rücktritt vom versuchten Mord erfasst die vollendete gefährliche Körperverletzung nicht.[36]

III. Unterlassene Hilfeleistung (§ 323c Abs. 1 StGB)

31 Da A den Tatort verließ und dem B nicht geholfen hat, kommt ferner eine unterlassene Hilfeleistung gemäß § 323c Abs. 1 StGB in Betracht. Bei dem Attentat handelte es sich aus der Sicht des B um ein plötzlich eintretendes Ereignis, das eine erhebliche Gefahr für Personen oder Sachen mit sich brachte, also um einen Unglücksfall i.S.v. § 323c Abs. 1 StGB.[37] Hilfe war erforderlich; fraglich ist allerdings, ob es dem A zumutbar war, seinem Opfer zu helfen, denn dadurch hätte er sich der Gefahr eigener Strafverfolgung ausgesetzt. Hinzu kommt, dass es merkwürdig anmutet, von dem Täter eines Begehungsdelikts nach dessen Ausführung eine Hilfestellung für das Opfer zu erwarten. Das in dem Verlassen des Tatorts liegende Unrecht wird durch die Strafbarkeit der aktiven Tat schon vollständig erfasst. Dies spricht dafür, schon den Tatbestand des § 323c Abs. 1 StGB zu verneinen.[38] Letztlich kann diese Frage aber offen bleiben, da jedenfalls zumindest Subsidiarität des § 323c Abs. 1 StGB gegenüber dem vorausgegangenen Begehungsdelikt gemäß §§ 223 Abs. 1, 224 Abs. 1 Nr. 2, 3, 5 StGB anzunehmen ist.[39]

IV. Aussetzung (§ 221 Abs. 1 Nr. 2 StGB)

32 Indem A den B verletzt zurückließ, könnte er sich wegen Aussetzung gemäß § 221 Abs. 1 Nr. 2 StGB strafbar gemacht haben. A müsste B also in einer hilflosen Lage im Stich gelassen haben. Hilflos ist, wer sich gegen eine konkret drohende Lebens- oder Leibesgefahr nicht aus eigenen Kräften zu schützen vermag.[40] A war zwar an der Schulter getroffen, doch finden sich im Sachverhalt keine ausreichenden Hin-

[35] BGHSt 16, 122; 21, 265. Die sog. Gegensatztheorie, die ein Ausschlussverhältnis zwischen Körperverletzungsvorsatz und Tötungsvorsatz annahm (vgl. z.B. RGSt 61, 375), wird kaum noch vertreten.

[36] Lackner/Kühl/*Kühl* § 24 StGB Rn. 23.

[37] *Haft* BT II S. 257ff.

[38] Vgl. OLG Celle NJW 1970, 341.

[39] BGHSt 3, 65, 67f.; 14, 282, 286.

[40] Eine engere Auffassung will nur konkrete Lebensgefahren für § 221 StGB ausreichen lassen, vgl. *Mitsch* JuS 1994, 555.

weise darauf, dass er dadurch in einen Zustand der Hilflosigkeit geriet, wie ihn § 221 StGB voraussetzt. Eine Aussetzung scheidet deshalb aus.

V. Sachbeschädigung (§ 303 Abs. 1 StGB)

1. Tatbestand

a) Objektiver Tatbestand

A könnte sich durch den Schuss durch die Windschutzscheibe auch wegen einer Sachbeschädigung nach § 303 Abs. 1 StGB strafbar gemacht haben. Dazu müsste er eine fremde Sache beschädigt oder zerstört haben. Der Pkw des B ist für A eine fremde Sache. Eine Sache wird beschädigt, wenn ihr Zustand in nicht unerheblicher Weise nachteilig verändert wird.[41] Durch den Schuss durch die Windschutzscheibe wurde der Zustand des Pkw nachteilig beeinträchtigt, sodass der objektive Tatbestand erfüllt ist. 33

b) Subjektiver Tatbestand

A müsste hinsichtlich der Beschädigung vorsätzlich gehandelt haben (§ 15 StGB). Dies ist vorliegend zu bejahen. 34

2. Rechtswidrigkeit und Schuld

Rechtswidrigkeit und Schuld sind gegeben. 35

3. Ergebnis und Konkurrenzen

A hat sich wegen Sachbeschädigung nach § 303 Abs. 1 StGB strafbar gemacht. Nach erfolgtem Strafantrag (§ 303c StGB) tritt § 303 StGB in Idealkonkurrenz zu §§ 223, 224 StGB, da beide Straftaten durch ein und dieselbe natürliche Handlung begangen wurden (§ 52 StGB).[42] 36

VI. Hausfriedensbruch (§ 123 Abs. 1 StGB)

Zu denken ist schließlich noch an einen Hausfriedensbruch nach § 123 Abs. 1 Var. 1 StGB, da A in die Garage des B geschossen hat. 37

Dies müsste als ein „Eindringen“ in die Wohnung des B zu qualifizieren sein. Unter „Wohnung“ ist der Inbegriff der Räume zu verstehen, die einer oder mehreren Personen als Unterkunft dienen oder zur Benutzung freistehen.[43] Auch eine Garage kann noch dazu gerechnet werden.[44] Sehr fraglich ist aber, ob A in die Garage eingedrungen ist. „Eindringen“ bedeutet nach ganz h. M., dass der Körper des Täters zumindest zum Teil[45] gegen oder ohne den Willen des Berechtigten in den geschützten Raum gebracht wird.[46] Im vorliegenden Fall hat A die Garage nicht betreten, sodass ein „Eindringen“ im soeben umschriebenen Sinn nicht angenommen 38

41 *Hilgendorf/Valerius* BT II § 23 Rn. 8; *Kindhäuser/Böse* BT II § 20 Rn. 9.
42 Vertretbar erscheint es auch, Subsidiarität des § 303 StGB anzunehmen.
43 RGSt 12, 132, 133.
44 Vgl. die Beispiele bei LK/*Lilie* § 123 StGB Rn. 11.
45 Man denke an den berühmten Fuß in der Tür.
46 *Haft* BT II S. 15ff.; *Rengier* BT II § 30 Rn. 8f.

werden kann. Man könnte allerdings argumentieren, das Hineinschießen in einen geschützten Raum verletze das Hausrecht ebenso (oder sogar noch mehr) wie das unbefugte Betreten, sodass derartige Fälle dem körperlichen Eindringen gleichzustellen seien.[47] Dem steht allerdings der insoweit klare Wortlaut des Verbes „eindringen" entgegen. Deshalb ist hier ein „Eindringen" zu verneinen.
A hat sich nicht nach § 123 Abs. 1 StGB strafbar gemacht.

VII. Gesamtergebnis

39 Insgesamt hat sich A nach §§ 223 Abs. 1, 224 Abs. 1 Nr. 2, 3, 5; 303 Abs. 1; 52 StGB strafbar gemacht, wobei für die Verfolgbarkeit der Sachbeschädigung das Erfordernis eines Strafantrages gemäß § 303c StGB zu beachten ist.

Fallbeurteilung

Der vorliegende Fall entspricht einem mittleren Schwierigkeitsgrad. Von dem Bearbeiter wird in erster Linie eine korrekte Schwerpunktsetzung erwartet.

Die Prüfung sollte mit einem versuchten Mord begonnen werden, wobei zunächst auf die umstrittene Auslegung des Heimtückebegriffs eingegangen werden sollte. Der Schwerpunkt liegt jedoch in der Prüfung eines möglichen Rücktritts und hier insbesondere in der Fragestellung, ob ein beendeter oder unbeendeter Versuch vorliegt. Von dem Bearbeiter wird erwartet, dass er das Problem erkennt, dass A dem B nur einen Denkzettel verpassen wollte und daher ein beendeter Versuch vorliegen könnte. Zu einem anderen Ergebnis gelangt die Lehre vom Rücktrittshorizont, wenn man nicht auf das eigentliche Ziel, das Verpassen eines Denkzettels, sondern auf die Tatbestandsverwirklichung abstellt. Der Streit ist vom Bearbeiter zu diskutieren, wobei es (wie so oft in juristischen Fallbearbeitungen) nicht entscheidend ist, für welches Ergebnis man sich entscheidet, sondern welche Argumente man formuliert.

Danach ist neben der Prüfung der gefährlichen Körperverletzung in aller Kürze noch auf mögliche Begleitdelikte einzugehen, die jedoch keine besonderen Probleme beinhalten.

Vertiefungshinweise: Zur früher vertretenen Tatplantheorie des BGH: BGHSt 10, 129 (Flachmannfall); BGHSt 22, 176 (Rohrzangenfall); BGHSt 22, 330; zur heute vorherrschenden Lehre vom Rücktrittshorizont: BGHSt 31, 170; BGHSt 33, 295 (Schläfenschussfall); BGH NStZ 1986, 264 (Benzinfall); zur Denkzettelproblematik und zum Rücktritt vom Versuch: BGHSt 39, 221; BGH NStZ 1990, 77; 1991, 127; JZ 1993, 359.

Jäger, Der Rücktritt zur außertatbestandlichen Zielerreichung, JA 2019, 629.

[47] Vgl. auch die bei *Maurach/Schroeder/Maiwald/Hoyer/Momsen* § 30 Rn. 13 aufgezählten Fälle.

Fall 13. Prügeltipps

Schwierigkeitsgrad: mittelschwer

Sachverhalt

A plant, dem B eine „ordentliche Tracht Prügel“ zu verpassen. Er fragt C um Rat, wie er am besten vorzugehen habe. C sagt dem A, wo und zu welchem Zeitpunkt er dem B am besten auflauern könne, und rät ihm außerdem, einen Holzknüppel zu benutzen, weil B körperlich recht kräftig sei.

A hält sich an die Ratschläge des C. Als B am bezeichneten Ort auftaucht, springt A aus seinem Versteck und schlägt mit dem Holzknüppel kräftig in Richtung des Kopfes von B. Im letzten Moment wird B von dem zufällig vorbeikommenden D beiseite gestoßen, der die Gefahr erkennt und B retten will. Der Schlag trifft daraufhin nur die Schulter des B und nicht seinen Kopf. B erleidet durch den Schlag eine Schulterprellung.

Haben sich A, C und D strafbar gemacht?

Gliederung

Rn.

I. Strafbarkeit des A 1
1. Versuchter Totschlag (§§ 212 Abs. 1, 22, 23 Abs. 1 StGB) 1
a) Strafbarkeit des Versuchs 2
b) Nichtvollendung 3
c) Tatentschluss 4
2. Gefährliche Körperverletzung (§§ 223 Abs. 1, 224 Abs. 1 StGB) 5
a) Tatbestand 6
aa) Objektiver Tatbestand des Grunddelikts (§ 223 Abs. 1 StGB) 6
(1) Körperliche Misshandlung und Gesundheitsbeschädigung 6
(2) Objektive Zurechnung 7
Problem: Liegt ein vollverantwortliches Dazwischentreten eines Dritten, bzw. ein atypischer Kausalverlauf vor?
bb) Objektiver Tatbestand der Qualifikation (§ 224 Abs. 1 StGB) 10
(1) Gefährliches Werkzeug (§ 224 Abs. 1 Nr. 2 Alt. 2 StGB) 10
(2) Hinterlistiger Überfall (§ 224 Abs. 1 Nr. 3 StGB) 11
(3) Gemeinschaftliche Begehung (§ 224 Abs. 1 Nr. 4 StGB) 12
(4) Mittels einer das Leben gefährdenden Behandlung (§ 224 Abs. 1 Nr. 5 StGB) 13
cc) Subjektiver Tatbestand 14
b) Rechtswidrigkeit und Schuld 15
c) Ergebnis 16

Rn.
II. Strafbarkeit des C 17
1. Anstiftung zur gefährlichen Körperverletzung (§§ 223 Abs. 1, 224 Abs. 1, 26 StGB) 17
a) Tatbestand 18
aa) Objektiver Tatbestand 18
(1) Vorsätzliche, rechtswidrige Haupttat 19
(2) Anstiftungshandlung 20
Problem: Ist die Anstiftung eines bereits zum Grunddelikt entschlossenen Täters zur Begehung einer Qualifikation möglich?
bb) Subjektiver Tatbestand 28
b) Rechtswidrigkeit und Schuld 29
c) Ergebnis 30
2. Beihilfe zur gefährlichen Körperverletzung (§§ 223 Abs. 1, 224 Abs. 1 Nr. 2 Alt. 2, Nr. 3, Nr. 5, 27 StGB) 31
3. Gesamtergebnis für C 32
III. Strafbarkeit des D 33
1. Gefährliche Körperverletzung (§§ 223 Abs. 1, 224 Abs. 1 StGB) 33
a) Tatbestand 34
Problem: Entfällt die objektive Zurechnung bei Risikoverringerung?
b) Ergebnis 37
2. Gesamtergebnis für D 38

Lösung

I. Strafbarkeit des A

1. Versuchter Totschlag (§§ 212 Abs. 1, 22, 23 Abs. 1 StGB)

1 A könnte sich wegen versuchten Totschlages gemäß §§ 212 Abs. 1, 22, 23 Abs. 1 StGB strafbar gemacht haben, indem er den B am Kopf zu treffen versuchte.

a) Strafbarkeit des Versuchs

2 Der Versuch müsste strafbar sein. Nach § 23 Abs. 1 Alt. 1 StGB ist dies stets der Fall, wenn es sich bei dem in Rede stehenden Delikt um ein Verbrechen handelt. Verbrechen sind gemäß § 12 Abs. 1 StGB Straftaten, die im Mindestmaß mit einem Jahr Freiheitsstrafe geahndet werden. Totschlag wird gemäß § 212 Abs. 1 StGB mit einer Mindestfreiheitsstrafe von fünf Jahren bestraft. Folglich handelt es sich um ein Verbrechen. Somit ist der Versuch des Totschlages nach § 23 Abs. 1 Alt. 1 StGB strafbar.

b) Nichtvollendung

3 B lebt noch, der tatbestandliche Erfolg des § 212 Abs. 1 StGB ist demnach nicht eingetreten. Die Tat ist nicht vollendet.

c) Tatentschluss

A müsste mit Tatentschluss gehandelt haben. Tatentschluss umfasst den Vorsatz zur Verwirklichung eines Straftatbestandes (§ 15 StGB) sowie das Vorliegen eventueller sonstiger subjektiver Merkmale.[1] Entsprechend § 212 Abs. 1 StGB müsste A Tötungsvorsatz gehabt haben; besondere subjektive Merkmale sind nicht einschlägig. A kam es jedoch lediglich darauf an, dem B eine „ordentliche Tracht Prügel" zu verpassen, was eher den Willen zu einer Körperverletzung nahe legt. Es fehlen klare Indizien daraufhin, dass A die Hemmschwelle zum Tötungsvorsatz überschritten hat. Somit weist A keinen Tötungsvorsatz und damit keinen Tatentschluss i. S. d. §§ 212 Abs. 1, 22, 23 Abs. 1 StGB auf. Folglich hat A sich nicht wegen versuchten Totschlages strafbar gemacht. 4

2. Gefährliche Körperverletzung (§§ 223 Abs. 1, 224 Abs. 1 StGB)

A könnte sich wegen gefährlicher Körperverletzung gemäß §§ 223 Abs. 1, 224 Abs. 1 StGB strafbar gemacht haben, indem er den B an der Schulter verletzte. 5

a) Tatbestand

aa) Objektiver Tatbestand des Grunddelikts (§ 223 Abs. 1 StGB)

(1) Körperliche Misshandlung und Gesundheitsbeschädigung

Zunächst müsste die Handlung des A den objektiven Tatbestand des Grunddelikts (§ 223 Abs. 1 StGB) erfüllen. Hierfür erforderlich ist eine körperliche Misshandlung gemäß § 223 Abs. 1 Alt. 1 StGB oder eine Gesundheitsschädigung nach § 223 Abs. 1 Alt. 2 StGB. Eine körperliche Misshandlung ist eine üble und unangemessene Behandlung, die das körperliche Wohlbefinden nicht nur unerheblich beeinträchtigt.[2] B wurde von einem kräftigen Schlag vom Holzknüppel des A getroffen. Dieser war so heftig, dass B eine Schulterprellung erlitt. Von der Schmerzhaftigkeit dieser Behandlung und somit einer erheblichen Beeinträchtigung des körperlichen Wohlbefindens des A ist mithin auszugehen. Eine Gesundheitsschädigung ist das Hervorrufen oder Steigern eines, wenn auch nur vorübergehenden, pathologischen Zustandes.[3] B trug von der Konfrontation mit A eine Schulterprellung davon. Eine solche ist als krankhafter Zustand zu betrachten. Folglich hat A durch den Schlag auf die Schulter des B den objektiven Tatbestand der § 223 Abs. 1 Alt. 1 und 2 StGB verwirklicht. 6

(2) Objektive Zurechnung

Fraglich ist jedoch, ob der Erfolg dem A auch objektiv zugerechnet werden kann. Objektiv zurechenbar soll ein Erfolg dem Täter dann sein, wenn er eine rechtlich relevante Gefahr geschaffen hat, die sich im tatbestandlichen Erfolg realisierte.[4] An einer rechtlich relevanten Gefahr könnte es hier aufgrund des Verhaltens des D fehlen, weil die Verantwortung des Erstverursachers grundsätzlich dann endet, wenn 7

---

[1] So z. B. Habgier und Mordlust aus § 211 StGB oder die besonderen „Absichten" in §§ 242 Abs. 1, 263 Abs. 1 StGB. Vgl. *Wessels/Beulke/Satzger* AT Rn. 940.

[2] *Fischer* § 223 StGB Rn. 4.

[3] *Fischer* § 223 StGB Rn. 8.

[4] *Fischer* Vor § 13 StGB Rn. 25.

ein Dritter vollverantwortlich eine neue, selbstständig auf den Erfolg hinwirkende Gefahr begründet, die sich letztlich im Erfolg realisiert.[5]

Hinweis: Die objektive Zurechnung muss und sollte nur angesprochen werden, wenn eine der einschlägigen Fallgruppen[6] problematisch ist. Vorliegend kommen ein eigenverantwortliches Dazwischentreten eines Dritten und ein atypischer Kausalverlauf in Betracht.

8 Durch den Eingriff des D wurde B an der Schulter getroffen. Damit könnte sein Dazwischentreten als neue Gefahr verstanden werden. Allgemein ist eine objektive Zurechnung in solchen Fällen eines Einschreitens Dritter jedoch dann möglich, wenn das Verhalten des Dritten so spezifisch mit der Ausgangsgefahr verbunden ist, dass es bereits als typischerweise in der Ausgangsgefahr begründet erscheint.[7] D schritt allein deshalb ein, um den Angriff des A auf B abzuwehren und so Schaden für B abzuwenden. Sein Eingriff schuf keine neue oder selbstständige Gefahr für B, sondern lag allein in der Attacke des A begründet und reduzierte lediglich die Gefährlichkeit einer bereits bestehenden Gefahr. Damit kann das Einschreiten des D nicht als Unterbrechung des Zurechnungszusammenhangs beurteilt werden. Dies erscheint auch bei rein wertender Betrachtung als richtig: Es ließe sich schwerlich behaupten, dass es sich nicht mehr um das Werk des A handelte, wenn sich aufgrund von dessen Feindseligkeiten ein schützender Dritter vor das Opfer stellt und daraus eine andere, zudem mildere Schädigung resultierte als die beabsichtigte.

9 Die objektive Zurechnung entfiele jedoch auch dann, wenn sich die von A geschaffene Gefahr nicht im Erfolg realisiert hätte. Dies ist unter anderem bei sog. atypischen Kausalverläufen der Fall, wenn der eingetretene Erfolg völlig außerhalb dessen liegt, was nach dem gewöhnlichen Verlauf der Dinge und nach der allgemeinen Lebenserfahrung noch in Rechnung zu stellen ist.[8] In solchen Situationen macht die Rechtsordnung dem Täter keinen Vorwurf, weil mit dem Eintritt des Erfolges vernünftigerweise nicht zu rechnen war. Das Verhalten des D, durch welches B an der Schulter getroffen wurde, könnte einen solchen atypischen Kausalverlauf begründen. Eine Schulterprellung als Resultat des Einschreitens Dritter zur Rettung eines attackierten Opfers ist allerdings keineswegs als außerhalb der allgemeinen Lebenserfahrung liegend zu beurteilen. Bei wertender Betrachtung sollte darüber hinaus die keineswegs gewöhnliche Zivilcourage des D dem A nicht zugutekommen. Die Körperverletzung des B ist A somit objektiv zuzurechnen.

bb) Objektiver Tatbestand der Qualifikation (§ 224 Abs. 1 StGB)

(1) Gefährliches Werkzeug (§ 224 Abs. 1 Nr. 2 Alt. 2 StGB)

10 Als mögliche Qualifikation zur einfachen Körperverletzung gemäß § 223 Abs. 1 StGB kommt § 224 Abs. 1 Nr. 2 Alt. 2 StGB in Betracht. Nach gängiger Definition ist ein gefährliches Werkzeug ein Gegenstand, der nach seiner objektiven Beschaffenheit und nach der Art seiner konkreten Verwendung im Einzelfall geeignet ist, erhebliche Körperverletzungen zuzufügen.[9] Ein Holzknüppel ist nicht nur objektiv in der Lage, erhebliche Verletzungen hervorzurufen (zumal wenn gegen den Kopf geführt), sondern war es auch im konkreten Einzelfall, was sich in Gestalt der

[5] *Hilgendorf/Valerius* AT § 4 Rn. 60; *Wessels/Beulke/Satzger* AT Rn. 286.
[6] Vgl. *Wessels/Beulke/Satzger* AT Rn. 262.
[7] *Otto* AT § 6 Rn. 58.
[8] *Wessels/Beulke/Satzger* AT Rn. 299 ff.
[9] *Fischer* § 224 StGB Rn. 14.

Schulterprellung des B zeigt. A hat sich somit eines gefährlichen Werkzeuges gemäß § 224 Abs. 1 Nr. 2 Alt. 2 StGB bedient.

(2) Hinterlistiger Überfall (§ 224 Abs. 1 Nr. 3 StGB)

Des Weiteren könnte die Tat des A einen hinterlistigen Überfall i. S. d. § 224 Abs. 1 Nr. 3 StGB darstellen. Überfall ist jeder plötzliche, unerwartete Angriff auf einen Ahnungslosen.[10] Als A aus seinem Versteck springt, um B zu attackieren, versieht sich dieser keiner Gefahr für sein körperliches Wohlbefinden. Hinterlistig ist ein solcher Überfall, wenn der Täter seine wahre Absicht planmäßig berechnend verdeckt, um gerade dadurch dem Angegriffenen die Abwehr zu erschweren.[11] Bloßes Ausnutzen eines Überraschungsmoments reicht nicht aus; der Täter muss zur Verschleierung des geplanten Angriffs zuvor weitere Vorkehrungen getroffen haben,[12] wie etwa das Aufsuchen eines Versteckes.[13] Im vorliegenden Fall hat A alles getan, um dem ahnungslosen B seine Absichten zu verheimlichen: Nach Beratung mit C wählte er ein Versteck aus und wartete darauf, bis sein Opfer vorbeikam und er zum Angriff übergehen konnte. Aufgrund seiner Vorgehensweise blieb B wie vorgesehen keine Chance zur Verteidigung. Somit hat A das Qualifikationsmerkmal des hinterlistigen Überfalls nach § 224 Abs. 1 Nr. 3 StGB erfüllt. **11**

(3) Gemeinschaftliche Begehung (§ 224 Abs. 1 Nr. 4 StGB)

A könnte die Körperverletzung gemeinschaftlich mit C begangen haben. Entscheidend ist, wie die Merkmale „gemeinschaftlich mit einem anderen Beteiligten" in diesem Zusammenhang ausgelegt werden. § 224 Abs. 1 Nr. 4 StGB wird überwiegend so verstanden, dass ein einverständliches Zusammenwirken von mindestens zwei unmittelbar am Tatort befindlichen Personen gefordert wird.[14] Der Grund für die Qualifizierung liegt in der erhöhten Gefährlichkeit eines Angriffs von mehreren Personen für das Opfer, das durch die Zahl der Angreifer eingeschüchtert und in seiner Verteidigung gehemmt wird.[15] A und C sind jedoch physisch nicht gleichzeitig am Tatort präsent. Insofern bestand keine erhöhte Gefährlichkeit aufgrund der Überzahl der Angreifer für B. Die Voraussetzungen gemäß § 224 Abs. 1 Nr. 4 StGB sind somit nicht erfüllt. **12**

(4) Mittels einer das Leben gefährdenden Behandlung (§ 224 Abs. 1 Nr. 5 StGB)

Die Körperverletzung ist mittels einer das Leben gefährdenden Behandlung begangen, wenn die Verletzungshandlung den konkreten Umständen nach objektiv dazu geeignet war, das Leben des Opfers in Gefahr zu bringen; die Verletzung braucht also nicht tatsächlich lebensgefährlich zu sein.[16] Bei einer solch abstrakten Betrachtungsweise ist ein kräftiger Schlag mit einem Holzknüppel in Richtung des Kopfes eines Menschen ohne Weiteres dazu geeignet, dessen Leben zu gefährden. Schwere Kopfverletzungen, wie sie bei solchen Schlägen zu erwarten sind, können unter Umständen Hirnblutungen, Gerinnsel oder Gehirnerschütterungen mit sich bringen, die eine akute Gefahr für das Leben des Opfers darstellen. Somit hat A durch **13**

[10] *Wessels/Hettinger/Engländer* BT I Rn. 241.
[11] *Kindhäuser/Hilgendorf* § 224 StGB Rn. 14.
[12] *Wessels/Hettinger/Engländer* BT I Rn. 241.
[13] BGH GA 1969, 61.
[14] *Fischer* § 224 StGB Rn. 23.
[15] *Fischer* § 224 StGB Rn. 25.
[16] *Wessels/Hettinger/Engländer* BT I Rn. 244.

den Einsatz des Holzknüppels gegen den Kopf des B den Tatbestand des § 224 Abs. 1 Nr. 5 StGB erfüllt.

cc) Subjektiver Tatbestand

14 In subjektiver Hinsicht müsste A gemäß § 15 StGB vorsätzlich gehandelt haben. Vorsatz ist der Wille zur Verwirklichung eines Straftatbestandes in Kenntnis aller seiner objektiven Tatumstände.[17] Der erforderliche Tatbestandsvorsatz umfasst folglich ein Willens- und ein Wissenselement. Der Vorsatz des A müsste sich demnach auf die objektiven Tatbestände des § 223 und § 224 StGB beziehen. Hinsichtlich des Grunddelikts § 223 StGB kam es A, der dem B eine „ordentliche Tracht Prügel" verpassen wollte, gerade auf die verursachte Körperverletzung an. Bezüglich der Qualifikation des § 224 StGB handelte A auch hinsichtlich Nr. 2 Alt. 2 und Nr. 3 absichtlich: Die hinterlistige Attacke mit dem Holzknüppel war aufgrund der körperlichen Überlegenheit des B Teil seines Plans. Hinsichtlich der abstrakten Lebensgefährlichkeit seines Angriffs nach § 224 Abs. 1 Nr. 5 StGB genügt es, dass der Täter die Umstände kennt, die die Gefährlichkeit der Tathandlung für das Leben des Opfers begründen.[18] Mangels expliziter Angaben im Sachverhalt über das Vorstellungsbild des A ist davon auszugehen, dass er die möglichen Gefahren seines beabsichtigten Kopftreffers richtig einschätzte, was ebenso nach allgemeiner Lebenserfahrung nahe liegt. Der Angriff des A geschah demnach in wissentlicher und willentlicher Weise. Vorsatz nach § 15 StGB ist somit gegeben.

b) Rechtswidrigkeit und Schuld

15 Aus dem Sachverhalt ergeben sich keine Tatsachen, die Zweifel an der Rechtswidrigkeit und der Schuldhaftigkeit des Verhaltens des A aufwerfen.

c) Ergebnis

16 A hat sich somit nach §§ 223 Abs. 1, 224 Abs. 1 Nr. 2 Alt. 2, Nr. 3, Nr. 5 StGB strafbar gemacht.

II. Strafbarkeit des C

1. Anstiftung zur gefährlichen Körperverletzung (§§ 223 Abs. 1, 224 Abs. 1, 26 StGB)

17 C könnte sich wegen Anstiftung zur gefährlichen Körperverletzung gemäß §§ 223 Abs. 1, 224 Abs. 1, 26 StGB strafbar gemacht haben, indem er A dazu anstiftete, den B aus einem Versteck heraus mittels eines Holzknüppels zu attackieren.

a) Tatbestand

aa) Objektiver Tatbestand

18 In objektiver Hinsicht setzt eine Strafbarkeit nach §§ 223 Abs. 1, 224 Abs. 1, 26 StGB eine vorsätzliche, rechtswidrige Tat des Haupttäters und eine Anstiftungshandlung des Anstifters voraus.

[17] *Hilgendorf/Valerius* AT § 4 Rn. 67.

[18] BGHSt 19, 352; *Fischer* § 224 StGB Rn. 32.

(1) Vorsätzliche, rechtswidrige Haupttat

Der Haupttäter A, auf dessen Tat aufgrund des Akzessorietätsgrundsatzes in § 26 StGB die Strafbarkeit des Anstifters aufbaut, hat tatbestandsmäßig und rechtswidrig eine gefährliche Körperverletzung nach §§ 223 Abs. 1, 224 Abs. 1 Nr. 2 Alt. 2, Nr. 3, Nr. 5 StGB begangen. Damit sind diesbezüglich die Voraussetzungen aus § 26 StGB erfüllt. **19**

(2) Anstiftungshandlung

Der Anstifter muss den Haupttäter nach dem Gesetzeswortlaut des § 26 StGB zur Tat „bestimmt" haben. „Bestimmen" bedeutet Hervorrufen des Tatentschlusses.[19] Problematisch ist vorliegend, dass A bereits dazu entschlossen war, dem B eine „ordentliche Tracht Prügel" zu verpassen. Fraglich ist also, ob eine Anstiftung zur Tat dann noch möglich ist. Ein zur konkreten Tat schon fest Entschlossener (omnimodo facturus) kann nicht mehr angestiftet werden. **20**

Hinweis: Ist der Täter schon fest zur Tat entschlossen, kommen lediglich eine versuchte Anstiftung nach § 30 Abs. 1 StGB oder eine psychische Beihilfe nach § 27 StGB in Betracht. Die versuchte Anstiftung ist jedoch ausweislich des Gesetzeswortlauts (§ 30 Abs. 1 StGB) nur bei Verbrechen strafbar.

Da A bereits eine einfache Körperverletzung nach § 223 StGB im Sinn hatte, scheidet eine Anstiftung diesbezüglich aus. Allerdings entschied sich A nach der Beratung mit C, einen Holzknüppel für die Tat zu benutzen und ein geeignetes Versteck aufzusuchen, um B aufzulauern. Durch den Ratschlag zur heimlichen Vorgehensweise und zum Einsatz des Holzknüppels hat C in A den Entschluss hervorgerufen, eine qualifizierte Körperverletzung nach § 224 StGB anstelle einer einfachen gemäß § 223 StGB zu begehen. Die Frage, ob C für dieses „Mehr" in Form der „Aufstiftung" zu einer gefährlichen Körperverletzung haftbar gemacht werden kann, ist sehr umstritten. **21**

Hinweis: Diese Konstellation ist von jener zu unterscheiden, in der nach der Einwirkung des Anstifters eine ganz andere Tat vorliegt (z. B. Erpressung statt Diebstahl). Hier kann eine Anstiftung weitgehend problemlos bejaht werden, da die neue Tat einen eigenständigen Unrechtsgehalt aufweist.
Eine wiederum andere Situation liegt vor, wenn der Täter veranlasst wird, statt eines qualifizierten Delikts das Grunddelikt zu begehen (z. B. einfache statt gefährliche Körperverletzung). Hier scheidet Anstiftung schon deshalb aus, weil der Täter hinsichtlich des leichteren Delikts bereits zur Tat entschlossen (omnimodo facturus) ist.

Nach einer ersten Ansicht wird durch eine Qualifikation die Tatidentität geändert, weshalb eine völlig neue Bewertung möglich und notwendig ist. Das qualifizierte Delikt ist eine selbstständige Unrechtseinheit und nicht lediglich ein Unrechtsplus. Eine qualifizierte Straftat ist insofern eine gegenüber dem Grunddelikt „neue" Tat; die Anstiftung zu einer Qualifikation lässt die an sich nicht mehr mögliche Anstiftung zum Grunddelikt aufleben. Deshalb wird, wer einen zur Begehung des Grunddelikts entschlossenen Täter zu einer Qualifikation anstiftet, wegen Anstiftung zum qualifizierten Delikt bestraft.[20] A war zur Begehung des Grunddelikts § 223 StGB bereits fest entschlossen. Eine Anstiftung zur Qualifikation nach § 224 StGB durch C wäre also möglich. **22**

---

19 *Wessels/Beulke/Satzger* AT Rn. 882; *Zieschang* S. 191.
20 So etwa BGHSt 19, 339; *Fischer* § 26 StGB Rn. 5.

23 Eine andere Ansicht lässt eine Anstiftung nur zu, soweit sie sich auf denjenigen Teil der Straftat bezieht, zu dessen Begehung der Täter nicht bereits entschlossen war.[21] Nur wenn dieser Teil für sich gesehen einen eigenständigen Straftatbestand erfüllt, kann dieses dem Anstifter auch angelastet werden. Es muss somit differenziert werden zwischen der Anstiftung zu einem abgegrenzten Tatteil und der Beihilfe zum Tatganzen. Ein „Steigern" ist eben kein „Hervorrufen", wie es § 26 StGB verlangt. Wer einen zur Begehung des Grunddelikts entschlossenen Täter zu einer Qualifikation anstiftet, kann nicht wegen Anstiftung bestraft werden. Anstiftung ist nur dort möglich, wo nicht zu einem „Mehr" sondern zu einem „aliud" angestiftet wird. Wird lediglich zu einem „Mehr" angestiftet, so ist nur eine Strafbarkeit wegen psychischer Beihilfe möglich. Nach dieser Ansicht ist eine Anstiftung zu § 224 StGB als bloßes „Mehr" in Form einer Qualifikation, die keinen eigenständigen Straftatbestand darstellt, nicht möglich.

24 Nach einem dritten Ansatz muss die Abgrenzung, ob das qualifizierte Delikt mit dem Grunddelikt noch identisch ist und somit eine Tatidentität vorliegt, nach dem materiellen Kriterium des Unrechtsgehalts geschehen.[22] Wird das Unrecht konkret gesteigert, so ist Anstiftung zum Tatganzen möglich, da diese konkrete Tat so vom Täter nicht beabsichtigt war. Durch den verschlagenen Einsatz des Knüppels steigt das Verletzungsrisiko für den schutzlosen B enorm, was eine Gefährdung zusätzlicher Rechtsgüter bedingt. War es lediglich seine körperliche Unversehrtheit, die durch den Plan des A in Gefahr geriet, so bringt die Wahl des Knüppels, ausgelöst durch C, auch eine Gefährdung des Lebens des B mit sich. Eine Steigerung des Unrechts des in Rede stehenden Delikts ist also gegeben. Nach dieser Ansicht wäre also eine Anstiftung zur Qualifikation nach § 224 StGB möglich.

25 Eine vierte Ansicht schließlich will denjenigen, der einen zur Begehung des Grunddelikts entschlossenen Täter zu einer Qualifikation anstiftet, nur dann wegen Anstiftung bestrafen, wenn die Tatabwandlung wesentlich ist.[23] Diese Lösung wird damit begründet, dass die Frage der Tatidentität durch viele, abstrakt nicht festlegbare Faktoren bestimmt wird. Es treten hierbei ähnliche Probleme auf wie bei der Kausalität. Deren Regelung – die Abgrenzung nach wesentlichen und unwesentlichen Abweichungen vom Kausalverlauf – kann daher übertragen werden. Die Verwirklichung des Qualifikationstatbestandes ist demnach daraufhin zu untersuchen, ob sie eine wesentliche Abweichung zum Grunddelikt darstellt oder nicht. Um zu beurteilen, ob eine Abweichung wesentlich ist, wird letztlich gefragt, ob die Veränderung so stark ist, dass sie eine Neubeurteilung der Gesamttat erfordert, den Charakter der Tat also grundlegend verändert. Die heimliche Vorgehensweise des A, der seine dem B unterlegenen Kräfte durch einen Holzknüppel aufbessert, verändert die Konfrontationssituation mit seinem Widersacher deutlich: Wäre es dem B in dem ursprünglich von A erdachten Szenario möglich gewesen, sich gegen seinen Angreifer zu verteidigen, so blieben ihm durch den Überfall von hinten keine Chancen. Berücksichtigt man zudem die erhöhte Gefährdung der Rechtsgüter des B, muss von einer wesentlichen Abweichung des verwirklichten Qualifikationstatbestandes gegenüber der bloßen Begehung des Grunddelikts ausgegangen werden.

---

21 So Schönke/Schröder/*Heine/Weißer* § 26 StGB Rn. 9; SK/*Hoyer* § 26 StGB Rn. 19f.

22 BGHSt 19, 339; *Maurach/Gössel/Zipf* § 51 Rn. 38ff.; *Jäger* Rn. 257.

23 *Cramer* JZ 1965, 32; *Schulz* JuS 1986, 938.

Lediglich die zweite Ansicht kommt zu einem von den anderen Meinungen abweichenden Ergebnis. Gegen sie spricht allerdings, dass sie sich bei der Differenzierung auf eine dogmatisch-formelle Betrachtung der verschiedenen Straftatbestände stützt. Entscheidend ist hiernach die „Eigenständigkeit" des betreffenden Straftatbestandes. Dies ist jedoch nicht unproblematisch: So würde zum Beispiel jemand, der einen Dieb dazu bestimmt, einen Raub zu begehen, ein Anstifter sein; die Bestimmung des Räubers zur Waffenbenutzung wäre jedoch keine Anstiftung.[24] Wenn der Unrechtsgehalt dieser Taten in den Blick genommen wird, ist es nicht einleuchtend, warum derjenige, der den Dieb dazu anstiftet, der alten Dame die Tasche wegzureißen (§ 249 StGB), als Anstifter zu bestrafen sein soll, während derjenige, der den Räuber dazu bestimmt, eine lebensgefährliche Waffe einzusetzen (§ 250 StGB), nicht als Anstifter gelten soll.[25] Wegen dieser Wertungswidersprüche soll der skizzierten Ansicht hier nicht gefolgt werden.[26] **26**

Somit ist eine Anstiftung zur Qualifikation gemäß § 224 Abs. 1 StGB möglich. C hat in A den Tatentschluss zur Begehung einer gefährlichen Körperverletzung nach § 224 StGB hervorgerufen. Folglich ist die erforderliche Anstiftungshandlung nach § 26 StGB gegeben. **27**

bb) Subjektiver Tatbestand

In subjektiver Hinsicht müsste C mit „doppeltem Anstiftervorsatz" nach §§ 15, 26 StGB gehandelt haben. Sein Vorsatz muss sich demnach nicht nur auf die Ausführung und Vollendung der vorsätzlichen und rechtswidrigen Haupttat richten, sondern auch auf die eigene Anstiftungshandlung.[27] C gibt dem A Ratschläge, um diesem die effektive Ausführung seines Planes zu ermöglichen. C weiß also von der Wirkung seiner Äußerungen auf die Willensbildung des A, und ihm kommt es, da er am Erfolg des A interessiert ist, auch darauf an. Somit hatte C Vorsatz i.S.d. §§ 15, 26 StGB. **28**

b) Rechtswidrigkeit und Schuld

C handelte rechtswidrig und schuldhaft. **29**

c) Ergebnis

C hat sich wegen Anstiftung zur gefährlichen Körperverletzung nach §§ 223 Abs. 1, 224 Abs. 1 Nr. 2 Alt. 2, Nr. 3, Nr. 5, 26 StGB strafbar gemacht. **30**

2. Beihilfe zur gefährlichen Körperverletzung (§§ 223 Abs. 1, 224 Abs. 1 Nr. 2 Alt. 2, Nr. 3, Nr. 5, 27 StGB)

Denkbar wäre zudem eine Strafbarkeit des C wegen Beihilfe zur gefährlichen Körperverletzung, weil er A durch die Beratung zumindest psychisch dabei unterstützte, die geplante Straftat zu begehen. Diese Frage kann jedoch offen bleiben, da eine eventuelle Strafbarkeit nach §§ 223 Abs. 1, 224 Abs. 1, 27 StGB in jedem Fall hinter der Anstiftungshandlung im Wege der Subsidiarität zurückträte. **31**

---

[24] Vgl. *Baumann/Weber/Mitsch/Eisele* § 26 Rn. 35 ff.

[25] *Roxin* AT II § 26 Rn. 107.

[26] Eine a.A. ist natürlich vertretbar.

[27] *Wessels/Beulke/Satzger* AT Rn. 889; eingehend *Baumann/Weber/Mitsch/Eisele* § 26 Rn. 40 ff.

3. Gesamtergebnis für C

32 C hat sich nach §§ 223 Abs. 1, 224 Abs. 1, 26 StGB strafbar gemacht.

Hinweis: Hat man sich oben für die zweite Ansicht entschieden und die Anstiftung entsprechend abgelehnt, ist zumindest die Strafbarkeit wegen psychischer Beihilfe zur gefährlichen Körperverletzung (§§ 223 Abs. 1, 224 Abs. 1, 27 StGB) zu bejahen.

III. Strafbarkeit des D

1. Gefährliche Körperverletzung (§§ 223 Abs. 1, 224 Abs. 1 StGB)

33 D könnte sich wegen gefährlicher Körperverletzung nach §§ 223 Abs. 1, 224 Abs. 1 StGB strafbar gemacht haben, indem er B so beiseite stieß, dass B an der Schulter getroffen wurde.

a) Tatbestand

34 Der nach § 223 StGB erforderliche Erfolg ist in Form einer Körperverletzung bei B eingetreten. Nach der Conditio-sine-qua-non-Formel war das Eingreifen des D kausal für die Verwundung des B, denn hätte D den B nicht beiseite gestoßen, wäre der Erfolg in seiner konkreten Gestalt, nämlich der Treffer an der Schulter, nicht eingetreten.

35 Fraglich ist allerdings, ob der Erfolg dem D objektiv zurechenbar ist. Die objektive Zurechnung entfällt in Fällen, in denen der Täter keine rechtlich relevante Gefahr geschaffen hat, etwa wenn er bei einem bereits angelegten Kausalverlauf das Verletzungsrisiko für den Betroffenen dadurch mindert, dass er Angriffe Dritter in ihren nachteiligen Wirkungen abschwächt, ohne zugleich eine eigenständige, andersartige Gefahr für den Betroffenen zu schaffen.[28]

Hinweis: Dieser Sachverhalt lässt sich unter die Fallgruppe eines atypischen Kausalverlaufs subsumieren. Nur wenn der Täter die Gefahr des Eintritts des konkreten Erfolges erhöht, lässt sich davon sprechen, dass sich die vom Täter geschaffene Gefahr realisiert hat.

36 D stieß den B beiseite und lenkte damit den Schlag ab. B wurde dadurch lediglich an der Schulter anstelle des wesentlich sensibleren Kopfes getroffen. D verringerte durch sein Eingreifen eine bereits bestehende Gefahr in Form des Schlages durch A. Er schuf somit kein rechtlich relevantes Risiko, sondern knüpfte an ein bestehendes Risiko an und setzte keine neue, andersartige Gefahr zur Erreichung seines Rettungsziels. Folglich kann die Körperverletzung des B dem D objektiv nicht zugerechnet werden.[29]

b) Ergebnis

37 Eine Strafbarkeit wegen gefährlicher Körperverletzung nach §§ 223 Abs. 1, 224 Abs. 1 StGB scheidet demnach aus.

2. Gesamtergebnis für D

38 D hat sich nicht nach dem StGB strafbar gemacht.

[28] *Hilgendorf/Valerius* AT § 4 Rn. 55.

[29] Zu den Bedenken gegen die Lehre von der objektiven Zurechnung → Fall 4 Rn. 2 („AIDS"). Lehnt man die objektive Zurechnungslehre ab, so wäre im obigen Zusammenhang an die Prüfung einer (mutmaßlichen) Einwilligung zu denken.

Fallbeurteilung

Der vorliegende Fall weist einen mittleren Schwierigkeitsgrad auf. Seine Schwerpunkte liegen bei der objektiven Zurechnung und dem Themenkomplex der Täterschaft und Teilnahme.

Bei der Prüfung der Strafbarkeit des A sollte kurz darauf eingegangen werden, ob das eigenverantwortliche Dazwischentreten des D den Kausalzusammenhang ausnahmsweise unterbricht. Ansonsten ergeben sich hier keine Besonderheiten. Bei der Strafbarkeit des C wegen Anstiftung zur gefährlichen Körperverletzung hat sich der Verfasser mit dem Problemkomplex der Aufstiftung eines bereits zum Grunddelikt entschlossenen Täters zur Qualifikation auseinanderzusetzen. Hier muss zum einen erkannt werden, dass A hinsichtlich § 223 Abs. 1 StGB omnimodo facturus ist und eine diesbezügliche Anstiftung daher ausscheidet. Demnach kommt eine Strafbarkeit wegen Anstiftung nur in Betracht, wenn die Aufstiftung zur Qualifikation selbstständig strafbar ist, was anhand der hierzu vertretenen Auffassungen erörtert werden sollte. Diese Problematik kann in einer Klausur in folgenden Konstellationen auftreten:

- Täter ist zur Verwirklichung des Delikts A entschlossen und wird zur Verwirklichung des Delikts B angestiftet: Hier kann problemlos wegen Anstiftung bestraft werden.
- Täter ist zur Verwirklichung eines Grundtatbestandes entschlossen und wird zur Qualifikation angestiftet (Aufstiftung): Hier ist die rechtliche Behandlung wie im obigen Fall umstritten.
- Täter ist zur Verwirklichung eines Grunddelikts und der zugehörigen Qualifikation entschlossen, wird aber nur zum Grunddelikt angestiftet (Abstiftung): Es kommt nur eine Strafbarkeit wegen (psychischer) Beihilfe in Betracht, da der Täter bzgl. des Grunddelikts omnimodo facturus ist.
- Täter ist zur Verwirklichung eines Delikts entschlossen, wird aber hinsichtlich der Art und Weise der Tatbegehung, des Tatobjekts oder des Zeitpunkts der Tatausführung umgestimmt (Umstiftung): Auch hier kann nur wegen (psychischer) Beihilfe bestraft werden, da der Täter bereits zur Tat entschlossen ist.

Bei der Prüfung der Strafbarkeit des D ist im Rahmen der objektiven Zurechnung auf das Vorliegen eines atypischen Kausalverlaufs einzugehen. Da D die Gefahr des Eintritts des konkreten Erfolges nicht in rechtlich messbarer Weise erhöht, sondern vermindert hat, scheidet eine Strafbarkeit aus.

Vertiefungshinweise: BGHSt 19, 339; BGH NStZ-RR 1996, 1.

Roxin/Greco AT I § 11 Rn. 1 ff.

Fall 14. Der Boxkampf

Schwierigkeitsgrad: mittelschwer

Sachverhalt

A und B boxen um die Kreismeisterschaft. Schon in der ersten Runde wird A schwer getroffen. Um den Kampf nicht zu verlieren, stößt er B einige Male absichtlich mit dem Ellenbogen ins Gesicht, was der Ringrichter jedoch nicht bemerkt. Vor der zweiten Runde bringt A an der Unterseite eines seiner Boxhandschuhe einen kleinen, aber scharfkantigen Metallsplitter an. Dies gelingt ihm nur, weil sein Trainer C ihm dabei hilft, der so einen baldigen technischen K.O. erreichen möchte. B wiederum ist über die Untätigkeit des Ringrichters in der ersten Runde empört und beschließt, es mit den Regeln auch seinerseits nicht mehr allzu genau zu nehmen. Vom manipulierten Boxhandschuh des A weiß er nichts. Sofort nach Ertönen des Gongs versetzt er A einen gezielten Tiefschlag unter die Gürtellinie. A geht zu Boden, doch B wird disqualifiziert.

Um sich für die Disqualifikation zu rächen, sucht B zusammen mit ein paar Freunden noch am selben Abend die Stammkneipe des A auf, wo dieser seinen Sieg feiert. B weiß, dass es zu Handgreiflichkeiten kommen kann, doch das ist ihm durchaus nicht unwillkommen. Als A den B zu Gesicht bekommt, fordert er ihn auf, sofort zu verschwinden, doch B lacht ihn aus. Daraufhin greift A den B tätlich an und es kommt zu einer heftigen Prügelei zwischen den beiden, bei der sie von ihren jeweiligen Anhängern angefeuert werden. Auch diesmal behält B die Oberhand. A verliert in dem Kampf mehrere Schneidezähne und zieht sich tiefe Wunden im Gesicht zu. Die zurückbleibenden Narben können später nicht einmal durch eine kosmetische Operation vollständig beseitigt werden.

Wie haben sich A, B und C nach dem StGB strafbar gemacht?

Gliederung

	Rn.
I. Erster Tatkomplex: Die erste Runde	1
1. Strafbarkeit des A	1
a) Gefährliche Körperverletzung (§§ 223 Abs. 1, 224 Abs. 1 StGB)	1
aa) Tatbestand	2
(1) Objektiver Tatbestand	2
(2) Subjektiver Tatbestand	6
bb) Rechtswidrigkeit und Schuld	7
b) Ergebnis	8
2. Strafbarkeit des B	9
a) Gefährliche Körperverletzung (§§ 223 Abs. 1, 224 Abs. 1 StGB)	9

	Rn.
aa) Tatbestand	10
bb) Rechtswidrigkeit	11
Problem: Liegt eine wirksame Einwilligung seitens der Boxer in Körperverletzungen vor?	
b) Ergebnis	13
3. Ergebnis für den ersten Tatkomplex	14
II. Zweiter Tatkomplex: Die zweite Runde	15
1. Strafbarkeit des A	15
a) Versuchte gefährliche Körperverletzung (§§ 223 Abs. 1, 224 Abs. 1, 22, 23 Abs. 1 StGB)	15
aa) Vorprüfung	16
bb) Tatentschluss	17
cc) Unmittelbares Ansetzen	18
dd) Rechtswidrigkeit und Schuld	19
b) Ergebnis	20
2. Strafbarkeit des B	21
a) Körperverletzung (§ 223 Abs. 1 Alt. 1 StGB)	21
aa) Tatbestand	22
bb) Rechtswidrigkeit	23
Problem: Ist B aufgrund des manipulierten Boxhandschuhs des A wegen Notwehr gerechtfertigt?	
cc) Schuld	28
b) Ergebnis	29
3. Strafbarkeit des C	30
a) Beihilfe zur versuchten gefährlichen Körperverletzung (§§ 223 Abs. 1, 224 Abs. 1, 22, 23 Abs. 1, 27 StGB)	30
aa) Vorsätzliche rechtswidrige Haupttat	31
bb) Hilfeleisten	32
b) Ergebnis	33
4. Ergebnis für den zweiten Tatkomplex	34
III. Dritter Tatkomplex: Der Besuch der Stammkneipe	35
1. Strafbarkeit des A	35
a) Beleidigung (§ 185 StGB)	35
b) Versuchte Nötigung (§§ 240, 22, 23 Abs. 1 StGB)	36
c) Körperverletzung (§ 223 Abs. 1 Alt. 1 StGB)	37
2. Strafbarkeit des B	38
a) Körperverletzung (§ 223 Abs. 1 StGB)	38
aa) Tatbestand	39
bb) Rechtswidrigkeit	41
Problem: Ist B wegen Notwehr gerechtfertigt? Liegt eine Provokation vor?	
cc) Schuld	49
dd) Ergebnis	50
b) Schwere Körperverletzung (§ 226 Abs. 1 StGB)	51
aa) Tatbestand, Rechtswidrigkeit und Schuld	52
bb) Ergebnis	55

Rn.
c) Beteiligung an einer Schlägerei (§ 231 Abs. 1 StGB) 56
aa) Tatbestand 57
bb) Ergebnis 58
3. Ergebnis für den dritten Tatkomplex 59
IV. Gesamtergebnis 60

Lösung

I. Erster Tatkomplex: Die erste Runde

1. Strafbarkeit des A

a) Gefährliche Körperverletzung (§§ 223 Abs. 1, 224 Abs. 1 StGB)

1 Durch die Schläge mit dem Ellenbogen könnte sich A einer gefährlichen Körperverletzung gemäß §§ 223 Abs. 1, 224 Abs. 1 StGB schuldig gemacht haben.

aa) Tatbestand

(1) Objektiver Tatbestand

2 Dazu müsste A den B körperlich misshandelt bzw. an der Gesundheit geschädigt haben. Eine körperliche Misshandlung i. S. v. § 223 Abs. 1 Alt. 1 StGB ist jede üble, unangemessene Behandlung, durch die das körperliche Wohlbefinden eines anderen nicht nur unerheblich beeinträchtigt wird.[1] Bei einem mit dem Ellenbogen geführten Schlag ins Gesicht lässt sich eine Körperverletzung in diesem Sinne ohne Weiteres bejahen.[2] Eine Gesundheitsschädigung, also ein Hervorrufen oder Steigern eines pathologischen Zustands (§ 223 Abs. 1 Alt. 2 StGB),[3] kann aufgrund mangelnder Angaben im Sachverhalt jedoch nicht angenommen werden.

3 Fraglich ist, ob auch die Voraussetzungen einer gefährlichen Körperverletzung gemäß § 224 Abs. 1 StGB gegeben sind. In Betracht kommt insbesondere § 224 Abs. 1 Nr. 2 StGB. Dann müsste der Ellenbogen des A als Waffe oder zumindest als ein „anderes gefährliches Werkzeug" i. S. dieser Vorschrift anzusehen sein. Gefährlich ist ein Werkzeug, das nach seiner objektiven Beschaffenheit und nach der Art seiner Benutzung im konkreten Fall erhebliche Verletzungen herbeizuführen geeignet ist.[4] Für die Qualifikation eines Ellenbogens als „gefährliches Werkzeug" lässt sich anführen, dass das Verletzungspotential eines kraftvoll in Verletzungsabsicht eingesetzten Ellenbogens dem einer typischen Schlagwaffe, etwa eines Knüppels oder eines Schlagrings, durchaus gleichkommt. Aus dem Wortlaut von § 224 Abs. 1 Nr. 2 StGB ergibt sich nach Ansicht der überwiegenden Meinung allerdings, dass lediglich die Verwendung eines gegenständlichen Mittels tatbestandsrelevant sein kann; der Einsatz eigener Körperteile soll nicht genügen.[5] Folgt man dem, so muss § 224 Abs. 1 Nr. 2 StGB hier verneint werden.

---

[1] BGHSt 25, 277, 278; *Rengier* BT II § 13 Rn. 7.
[2] Vgl. auch OLG Düsseldorf NJW 1994, 1232 (Faustschlag ins Gesicht); BayObLG NJW 1991, 2031 (Ohrfeige).
[3] *Fischer* § 223 StGB Rn. 8.
[4] Lackner/Kühl/*Kühl* § 224 StGB Rn. 5 m. w. N.
[5] Lackner/Kühl/*Kühl* § 224 StGB Rn. 3; LK/*Lilie*, 11. Aufl. 1992 ff., § 224 StGB Rn. 25.

Zwingend erscheint die h. M. aber nicht: Der allgemeine Sprachgebrauch lässt es ohne Weiteres zu, auch Körperteile bei entsprechendem Einsatz als „Werkzeuge" zu bezeichnen. Dasselbe Ergebnis legt eine teleologische Betrachtungsweise nahe: Sinn des § 224 StGB ist die Erfassung von Körperverletzungen, die nach der Art ihrer Tatausführung besonders gefährlich sind.[6] Ob die Gefahrenerhöhung aus dem Einsatz körpereigener oder körperfremder Mittel resultiert, ist nicht ausschlaggebend. Da die ins Gesicht geführten Ellenbogenschläge des A schon im Hinblick auf mögliche Augen- oder Schädelverletzungen als außerordentlich riskant eingestuft werden müssen, ist das Vorliegen einer gefährlichen Körperverletzung gemäß § 224 Abs. 1 Nr. 2 Alt. 2 StGB im Ergebnis zu bejahen.[7] **4**

Weiter könnte eine das Leben gefährdende Behandlung (§ 224 Abs. 1 Nr. 5 StGB) vorliegen. Eine konkrete Gefahr für das Leben des B durch die Stöße mit dem Ellenbogen kann dem Sachverhalt nicht entnommen werden. Darauf kommt es aber auch nicht an; vielmehr genügt, dass die Art der Behandlung generell geeignet ist, das Leben des Opfers zu gefährden.[8] Auch dies lässt sich jedoch im vorliegenden Fall nicht annehmen. § 224 Abs. 1 Nr. 5 StGB scheidet somit aus (letztlich ist dies aber Tatfrage). **5**

(2) Subjektiver Tatbestand

A müsste gemäß § 15 StGB auch vorsätzlich, also mit Wissen und Wollen bzgl. des objektiven Tatbestandes[9] gehandelt haben. Dies ist hier sowohl bzgl. der üblen, unangemessenen Behandlung als auch bzgl. der Verwendung eines gefährlichen Werkzeuges der Fall. Der Tatbestand ist somit erfüllt. **6**

bb) Rechtswidrigkeit und Schuld

Möglicherweise könnte der Schlag jedoch aufgrund einer rechtfertigenden Einwilligung seitens des B gerechtfertigt sein. Jedoch würde eine Einwilligung in die bei einem Boxkampf üblicherweise auftretenden Verletzungen das grob regelwidrige Verhalten des A auf keinen Fall mehr umfassen, sodass auf eine nähere Prüfung der Voraussetzungen einer rechtfertigenden Einwilligung an dieser Stelle noch verzichtet werden kann. Rechtswidrigkeit ist gegeben. Schuld liegt ebenfalls vor. **7**

Hinweis: Bei sportlichen Wettkämpfen kann man zwar in der Regel von einer konkludenten Einwilligung der Teilnehmer in typischerweise mit der Sportart verbundene Verletzungen ausgehen. Ein vorsätzliches, grob regelwidriges Vorgehen ist von einer solchen Einwilligung jedoch nicht mehr gedeckt.

b) Ergebnis

Durch die Ellenbogenschläge hat sich A nach § 223 Abs. 1 Alt. 1 StGB strafbar gemacht. § 223 Abs. 1 Alt. 1 StGB tritt hinter die gefährliche Körperverletzung gemäß § 224 Abs. 1 Nr. 2 Alt. 2 StGB zurück (Spezialität). **8**

---

6 Schönke/Schröder/*Sternberg-Lieben* § 224 StGB Rn. 1; vgl. auch *Hilgendorf* ZStW 112 (2000), 822.

7 Es ist ohne Weiteres zulässig, in Klausuren oder Hausarbeiten auch einmal einer Mindermeinung zu folgen, sofern diese Meinung hinreichend begründet wird. Zur Lösung nach der h. M. → Fall 11 Rn. 4 („Die Zankhähne").

8 So die ganz h. M., vgl. etwa Schönke/Schröder/*Sternberg-Lieben* § 224 StGB Rn. 12.

9 Vgl. *Fischer* § 15 StGB Rn. 3.

2. Strafbarkeit des B

a) Gefährliche Körperverletzung (§§ 223 Abs. 1, 224 Abs. 1 StGB)

9 Die Boxhiebe, die B in der ersten Runde an A ausgeteilt hat, könnten die Voraussetzungen der §§ 223 Abs. 1 Alt. 1, 224 Abs. 1 StGB erfüllen.

aa) Tatbestand

10 Eine vorsätzlich begangene üble und unangemessene Behandlung ist gegeben, sodass der Tatbestand von § 223 Abs. 1 Alt. 1 StGB bejaht werden kann. Boxhandschuhe schützen den jeweiligen Gegner vor Verletzungen, die durch die harten Handknöchel der Faust entstehen könnten. Somit sind Boxhandschuhe – im Gegensatz zum beschuhten Fuß – kein gefährliches Werkzeug i.S.d. § 224 Abs. 1 Nr. 2 Alt. 2 StGB.[10] Es ist daher nur der Grundtatbestand des § 223 Abs. 1 StGB erfüllt.

bb) Rechtswidrigkeit

11 Es kommt jedoch eine Rechtfertigung des B in Betracht, weil A sich freiwillig an dem Boxkampf beteiligt hat. Dies könnte die Voraussetzungen der rechtfertigenden Einwilligung erfüllen:[11] A hat durch seine Teilnahme zumindest konkludent erklärt, eventuelle Treffer in Kauf nehmen zu wollen. Zweifel an seiner Einsichts- und Urteilsfähigkeit ergeben sich aus dem Sachverhalt ebenso wenig wie etwaige Willensmängel. Die Einwilligung des A bezog sich auf seine eigene körperliche Unversehrtheit, ein Rechtsgut, das grundsätzlich seiner Verfügungsmacht unterworfen ist.

12 Fraglich ist aber, ob § 228 StGB nicht gegen die Wirksamkeit der Einwilligung des A spricht. Nach dieser Vorschrift verliert eine Einwilligung ihre rechtfertigende Wirkung, wenn die betreffende Tat gegen die guten Sitten verstößt. Maßstab dafür ist nach h.M. die Ansicht „aller billig und gerecht Denkenden";[12] was also nur einem Teil der Bevölkerung missbilligenswert erscheint, lässt sich nicht unter § 228 StGB subsumieren.[13] Bei einem durch einen Schiedsrichter kontrollierten, nach den traditionellen Boxregeln durchgeführten Faustkampf wird man trotz der teilweise brutalen Szenen im heutigen Boxsport im Regelfall davon ausgehen können, dass der Kampf nicht gegen die guten Sitten verstößt. Dies gilt jedenfalls insoweit, als die Boxhiebe regelkonform angebracht wurden. Im vorliegenden Fall kommt der Einwilligung des A deshalb eine rechtfertigende Wirkung zu. Da B die Einwilligung des A kannte, liegt auch das subjektive Rechtfertigungselement vor.[14]

b) Ergebnis

13 Eine Strafbarkeit des B nach § 223 Abs. 1 StGB scheidet aus.

[10] Ein anderes Ergebnis ließe sich etwa mit dem Argument begründen, ohne Handschuhe ließe sich jedenfalls nicht so hart zuschlagen.

[11] Dazu im Einzelnen *Hilgendorf/Valerius* AT § 5 Rn. 109ff.

[12] Lackner/Kühl/*Kühl* § 228 StGB Rn. 10.

[13] So hat der BGH die studentische Mensur als nicht sittenwidrig angesehen, vgl. BGHSt 4, 24, 32; vgl. auch BGHSt 49, 166 zu sadomasochistischen Praktiken.

[14] Vgl. allgemein zu den subjektiven Rechtfertigungsvoraussetzungen *Kühl* § 6 Rn. 11ff.

3. Ergebnis für den ersten Tatkomplex

14 A hat sich nach § 224 Abs. 1 Nr. 2 Alt. 2 StGB strafbar gemacht. Da es sich um mehrere gleichartig durchgeführte Ellenbogenstöße handelte, liegt natürliche Handlungseinheit vor.

II. Zweiter Tatkomplex: Die zweite Runde

1. Strafbarkeit des A

a) Versuchte gefährliche Körperverletzung (§§ 223 Abs. 1, 224 Abs. 1, 22, 23 Abs. 1 StGB)

15 Durch das Tragen des manipulierten Handschuhs könnte A eine nach §§ 223 Abs. 1, 224 Abs. 1, 22, 23 Abs. 1 StGB versuchte gefährliche Körperverletzung begangen haben.

aa) Vorprüfung

16 Zunächst dürfte die Tat nicht vollendet und der Versuch müsste strafbar sein. Zu einer Verletzung des B durch den manipulierten Handschuh ist es aufgrund der vorzeitigen Disqualifikation nicht mehr gekommen. Die Versuchsstrafbarkeit ergibt sich aus den §§ 23 Abs. 1 Alt. 2, 12 Abs. 2, 223 Abs. 2, 224 Abs. 2 StGB.

bb) Tatentschluss

17 Des Weiteren müsste A einen entsprechenden Tatentschluss gehabt haben. A beabsichtigte, B mit einem Handschuh zu schlagen, an dem verdeckt ein Metallsplitter angebracht war. Ein derart manipulierter Handschuh kann, wie A wusste, bei kräftigen Schlägen schwere Verletzungen des Gegners zur Folge haben, sodass er als gefährliches Werkzeug i.S.v. § 224 Abs. 1 Nr. 2 Alt. 2 StGB anzusehen ist. Ein Tatentschluss bzgl. §§ 223 Abs. 1, 224 Abs. 1 Nr. 2 Alt. 2 StGB lag somit vor.

cc) Unmittelbares Ansetzen

18 Um einen Versuch bejahen zu können, müsste A außerdem zur Tatbestandsverwirklichung unmittelbar angesetzt haben (§ 22 StGB). Das fremde Rechtsgut müsste nach dem Täterplan bereits unmittelbar gefährdet gewesen sein: Anders ausgedrückt muss aus der Sicht des Täters die Schwelle zum „Jetzt geht's los“ überschritten sein.[15] Beides kann hier mit Beginn der zweiten Runde angenommen werden.

dd) Rechtswidrigkeit und Schuld

19 Rechtfertigungsgründe sind nicht ersichtlich. Insbesondere liegt keine wirksame Einwilligung vor, da grob unsportliches Verhalten nicht hiervon gedeckt ist. Auch Entschuldigungsgründe sind nicht ersichtlich.

b) Ergebnis

20 A hat sich damit einer versuchten gefährlichen Körperverletzung nach §§ 223 Abs. 1, 224 Abs. 1 Nr. 2 Alt. 2, 22, 23 Abs. 1 StGB schuldig gemacht.

[15] Vgl. näher zum „unmittelbaren Ansetzen“ *Baumann/Weber/Mitsch/Eisele* § 22 Rn. 29 ff.; *Wessels/Beulke/Satzger* AT Rn. 945 ff.

2. Strafbarkeit des B

a) Körperverletzung (§ 223 Abs. 1 Alt. 1 StGB)

21 Der Tiefschlag des B könnte die Voraussetzungen einer einfachen Körperverletzung (§ 223 Abs. 1 StGB) erfüllen.

aa) Tatbestand

22 Der Schlag stellt eine üble und unangemessene Behandlung dar, welche die körperliche Unversehrtheit nicht nur unerheblich beeinträchtigt (§ 223 Abs. 1 Alt. 1 StGB). Ob auch ein pathologischer Zustand hervorgerufen wurde, wie ihn § 223 Abs. 1 Alt. 2 StGB erfordert, geht aus dem Sachverhalt nicht mit der nötigen Eindeutigkeit hervor. Da B vorsätzlich handelte, ist aber jedenfalls der Tatbestand des § 223 Abs. 1 Alt. 1 StGB zu bejahen.

bb) Rechtswidrigkeit

23 Zu prüfen ist, ob sich B nicht auf den Rechtfertigungsgrund der Notwehr (§ 32 StGB) berufen kann.

24 Ein gegenwärtiger rechtswidriger Angriff seitens des A liegt vor, da die Verwendung des manipulierten Handschuhs nicht mehr als Bestandteil eines regelgerechten Boxkampfes anzusehen ist (Notwehrlage). Die Handlung des B, also der gezielte Schlag unter die Gürtellinie, war geeignet, erforderlich und auch geboten, um den Angriff abzuwehren (Notwehrhandlung).

25 Problematisch ist, dass B von dem manipulierten Boxhandschuh nichts wusste. Es fehlt also insoweit an dem Bewusstsein, einem gegenwärtigen rechtswidrigen Angriff ausgesetzt zu sein, und damit auch an dem Verteidigungswillen i. S. v. § 32 StGB (subjektives Rechtfertigungselement). Auf die – ebenfalls regelwidrigen – Ellenbogenschläge lässt sich nicht abstellen, denn dieser Angriff war bereits abgeschlossen und insofern nicht mehr gegenwärtig i. S. v. § 32 StGB. B handelte nicht zur Abwehr – weder im Hinblick auf den „frisierten" Handschuh noch auf die Schläge mit dem Ellenbogen – sondern aus Frustration über den bisherigen, seiner Ansicht nach ungerecht bewerteten Kampfverlauf. Die Lösung derartiger Konstellationen ist umstritten.

26 Eine besonders im Schrifttum stark vertretene Ansicht will die Versuchsregeln analog anwenden, wenn der Täter einen gesetzlichen Tatbestand verwirklicht, ohne erkannt zu haben, dass objektiv die Voraussetzungen eines Rechtfertigungsgrundes bestanden („Versuchslösung"). Dies wird damit begründet, dass durch die Rechtfertigungslage der Erfolgsunwert der Tat kompensiert werde und sich der Unwertgehalt der Tat wie beim untauglichen Versuch auf den Handlungsunwert beschränke.[16] In Betracht käme somit eine Strafbarkeit wegen versuchter Körperverletzung gemäß §§ 223 Abs. 1, Abs. 2, 22, 23 StGB.

Hinweis: Nach dieser Ansicht führt das fehlende *subjektive* Rechtfertigungselement zum Bestehenbleiben des *Handlungs*unwerts, während der *Erfolgs*unwert aufgrund des *objektiven* Vorliegens des Rechtfertigungsgrundes entfällt. Dies führt im Ergebnis zu einer Abwertung des subjektiven Rechtfertigungselements.

---

[16] *Baumann/Weber/Mitsch/Eisele* § 15 Rn. 48; *Graul* JuS-Lernbogen 1994, L 73; *Roxin/Greco* AT I § 14 Rn. 104; *Wessels/Beulke/Satzger* AT Rn. 417; KG GA 1975, 213, 215; für § 218a StGB auch BGHSt 38, 144, 155 f.

Dem ist jedoch entgegenzuhalten, dass die allgemeine Dogmatik die Figur einer „Kompensation" des Erfolgsunwerts nicht kennt. Es handelt sich offenkundig um eine Ad-hoc-Konstruktion, um ein rechtspolitisch erwünschtes Resultat begründen zu können. Es wäre den Rechtsunterworfenen außerdem kaum vermittelbar, wieso trotz Eintritt des Taterfolges (A ist schwer getroffen) bloß Versuch vorliegen soll. Deshalb ist daran festzuhalten, dass beim Fehlen des subjektiven Rechtfertigungselements wegen vollendeter Tat zu bestrafen ist („Vollendungslösung").[17] Eine Rechtfertigung scheidet damit vorliegend aus. **27**

cc) Schuld

Die Schuld ist ebenfalls zu bejahen. **28**

b) Ergebnis

Durch den gezielten Tiefschlag hat sich B somit nach § 223 Abs. 1 Alt. 1 StGB strafbar gemacht. Hinweise, dass auch eine gefährliche Körperverletzung gemäß § 224 Abs. 1 StGB verwirklicht sein könnte, finden sich im Sachverhalt nicht. Die behandschuhte Faust stellt kein gefährliches Werkzeug i.S.v. § 224 Abs. 1 Nr. 2 Alt. 2 StGB dar, da der Boxhandschuh erheblichere Verletzungen verhindert (→ Rn. 10). Hinzuweisen ist noch auf das Strafantragserfordernis (§ 230 Abs. 1 Satz 1 StGB). **29**

3. Strafbarkeit des C

a) Beihilfe zur versuchten gefährlichen Körperverletzung (§§ 223 Abs. 1, 224 Abs. 1, 22, 23 Abs. 1, 27)

C könnte sich dadurch, dass er dem A beim Fixieren des Metallsplitters geholfen hat, der Beihilfe zum Versuch der gefährlichen Körperverletzung (§§ 223 Abs. 1, 224 Abs. 1, 22, 23 Abs. 1, 27 StGB) schuldig gemacht haben. **30**

aa) Vorsätzliche rechtswidrige Haupttat

Eine vorsätzliche und rechtswidrige Haupttat ist durch die versuchte gefährliche Körperverletzung des A (→ Rn. 20) gegeben. **31**

bb) Hilfeleisten

C müsste zu dieser Tat Hilfe geleistet haben. Fraglich ist vorliegend, ob C Täter- oder Teilnehmerwillen hatte. Nach der subjektiven Theorie, die darauf abstellt, ob Täterwille (animus auctoris) oder Teilnehmerwille (animus socii) vorliegt,[18] ist hier Beihilfe gegeben, da C die Tat nicht als eigene wollte, sondern lediglich den A zu unterstützen gedachte. Auch die Vertreter der Tatherrschaftslehre[19] würden im vorliegenden Fall zur Bejahung von Beihilfe gelangen, obgleich man argumentieren könnte, in der gegebenen Situation habe die eigentliche Tatherrschaft bei C gele- **32**

---

[17] BGHSt 2, 111, 115f. Eine Übersicht über den Meinungsstand geben *Hillenkamp/Cornelius* 4. Problem (2. Folgeproblem); vgl. auch LK/*Rönnau* Vor § 32 StGB Rn. 90ff., der Versuch annimmt.

[18] Die subjektive Theorie wird von der Rspr. vertreten, vgl. die Nachweise bei *Baumann/Weber/Mitsch/Eisele* § 25 Rn. 20ff.

[19] Vgl. nur LK/*Schünemann* § 25 StGB Rn. 7–10 m.w.N. Siehe ausführlich zum Theorienstreit um Täterschaft und Teilnahme *Hillenkamp/Cornelius* 19. Problem.

gen, weil A den Splitter nicht ohne seine Hilfe hätte anbringen und er die Tat auch jederzeit hätte aufdecken können. Hierin zeigt sich einmal mehr eine deutliche Unschärfe der Tatherrschaftslehre,[20] die deshalb von der Rspr. nach wie vor abgelehnt wird.[21] Vorzugswürdig ist es, die Tatherrschaft lediglich als ein Indiz für die über den animus auctoris definierte Täterschaft anzusehen.[22] Daher lässt sich trotz der partiellen Tatherrschaft des C für ihn bloß Beihilfe annehmen. C hat den Versuch des A vorsätzlich gefördert. Rechtswidrigkeit und Schuld sind gegeben.

b) Ergebnis

33 C hat sich nach §§ 223 Abs. 1, 224 Abs. 1 Nr. 2, 22, 23 Abs. 1, 27 StGB strafbar gemacht.

4. Ergebnis für den zweiten Tatkomplex

34 A hat sich nach §§ 223 Abs. 1, 224 Abs. 1 Nr. 2 Alt. 2, 22, 23 Abs. 1 StGB strafbar gemacht. B hat sich nach § 223 Abs. 1 Alt. 1 StGB strafbar gemacht. C ist strafbar nach §§ 223 Abs. 1, 224 Abs. 1 Nr. 2, 22, 23 Abs. 1, 27 StGB.

III. Dritter Tatkomplex: Der Besuch der Stammkneipe

1. Strafbarkeit des A

a) Beleidigung (§ 185 StGB)

35 In der Aufforderung an B, „sofort zu verschwinden“, könnte eine Beleidigung (§ 185 StGB) liegen. Beleidigung ist jede Kundgabe der Miss- oder Nichtachtung.[23] Dabei ist jedoch kein absoluter Maßstab anzulegen, sondern auf die Gebräuche des jeweiligen Sozialkreises abzustellen, in dem sich Täter und Opfer bewegen. Im Boxermilieu dürfte die Aufforderung, „sofort zu verschwinden“, noch als sozialadäquat aufgefasst werden; eine Kundgabe besonderer Missachtung liegt darin nicht. Eine Beleidigung (§ 185 StGB) scheidet mithin im vorliegenden Fall aus.

b) Versuchte Nötigung (§§ 240, 22, 23 Abs. 1 StGB)

36 Eine versuchte Nötigung gemäß §§ 240, 22, 23 Abs. 1 StGB ist ebenfalls nicht anzunehmen. Als A den B zum Verlassen des Lokals aufforderte, wendete er weder Gewalt an noch drohte er auch nur konkludent mit der Zufügung eines empfindlichen Übels.

c) Körperverletzung (§ 223 Abs. 1 Alt. 1 StGB)

37 Dagegen ist eine einfache Körperverletzung gemäß § 223 Abs. 1 Alt. 1 StGB, begangen durch den nachfolgenden tätlichen Angriff auf B, ohne Weiteres zu bejahen. Zu denken ist wieder an einen Strafantrag (§ 230 Abs. 1 Satz 1 StGB).

---

[20] Dazu näher *Baumann/Weber/Mitsch/Eisele* § 25 Rn. 27.

[21] Eine Entscheidung, die eine Annäherung an die Tatherrschaftslehre erkennen lässt, ist BGHSt 19, 135 (für § 216 StGB).

[22] *Baumann/Weber/Mitsch/Eisele* § 25 Rn. 34.

[23] Lackner/Kühl/*Kühl* § 185 StGB Rn. 3.

Hinweis: Diese Delikte können hier kurz abgehandelt werden, da sich zum einen keine besonderen Probleme ergeben und der Schwerpunkt des dritten Handlungsabschnitts bei der Strafbarkeit des B liegt.

2. Strafbarkeit des B

a) Körperverletzung (§ 223 Abs. 1 StGB)

Als sich A und B prügelten, könnte sich auch B nach § 223 Abs. 1 Alt. 1 StGB **38** strafbar gemacht haben.

aa) Tatbestand

Der objektive Tatbestand einer einfachen Körperverletzung ist durch die mit der Prü- **39** gelei verbundenen Verletzungen erfüllt. Diesbezüglich handelte B auch vorsätzlich.

Zu denken ist ferner an eine gefährliche Körperverletzung gemäß § 224 Abs. 1 **40** StGB. Man könnte in der Faust des als Boxer ausgebildeten B ein gefährliches Werkzeug i. S. v. § 224 Abs. 1 Nr. 2 Alt. 2 StGB sehen. A verliert bei dem Kampf mehrere Schneidezähne und zieht sich tiefe Wunden im Gesicht zu. Daraus lässt sich auf eine besondere Gefährlichkeit der ausgeführten Schläge schließen. Damit ließe sich die Verwendung eines gefährlichen Werkzeuges (§ 224 Abs. 1 Nr. 2 Alt. 2 StGB) vertreten (→ Rn. 3 f.).[24] Eine das Leben des A gefährdende Behandlung (§ 224 Abs. 1 Nr. 5 StGB) liegt dagegen nicht vor.

bb) Rechtswidrigkeit

Zu prüfen ist, ob B nicht durch Notwehr (§ 32 StGB) gerechtfertigt ist. Ein ge- **41** genwärtiger und rechtswidriger Angriff des A ist gegeben.

Die Abwehr des B müsste ferner geeignet und erforderlich gewesen sein, um weitere **42** Schläge abzuwehren. Auf den ersten Blick erfüllt das Verhalten des B beide Voraussetzungen, denn anders als durch Zurückschlagen hätte er sich gegen die Attacke des A kaum wirksam schützen können. Fraglich ist aber, ob man dabei tatsächlich nur auf die Abwehrhandlung oder nicht auch auf den Abwehrerfolg (hier: den Verlust mehrerer Schneidezähne und andere schwere Verletzungen im Gesicht) abzustellen hat. Der Verletzungserfolg als solcher war zur Abwehr des Angriffs nicht erforderlich.

Aus dem Sachverhalt geht allerdings nicht hervor, dass B diese schweren Verletzun- **43** gen dem A vorsätzlich oder auch nur fahrlässig zugefügt hat. Beeinträchtigungen, die nicht gezielt erstrebt wurden, sondern sich als unbeabsichtigte Nebenfolgen eines an sich gerechtfertigten Verhaltens ergeben, wird man ebenfalls als gerechtfertigt ansehen müssen.[25] Andernfalls würde man dem Angegriffenen sehr weitgehende Sorgfaltspflichten auferlegen, die seine Notwehrmöglichkeiten beträchtlich beschränken und so dem Sinn des § 32 StGB[26] zuwiderliefen. Für den vorliegenden Fall bedeutet dies, dass die Abwehr des B samt den durch sie bewirkten Folgen noch als erforderlich i. S. v. § 32 Abs. 2 StGB angesehen werden kann.

Fraglich ist allerdings weiter, ob die Notwehrrechte des B im vorliegenden Fall nicht **44** aus besonderen Gründen eingeschränkt waren („Gebotenheit"). Eine derartige Ein-

[24] Die h. M. würde dagegen § 224 Abs. 1 Nr. 2 Alt. 2 StGB ablehnen, da es sich bei der Faust nicht um ein „Werkzeug" handeln soll.

[25] BGHSt 27, 313; BayObLG NStZ 1988, 408; *Kühl* § 7 Rn. 112 f.

[26] Siehe näher zu Sinn und Zweck von § 32 StGB und seinen beiden tragenden Prinzipien „Individualschutz" und „Rechtsbewährung" Schönke/Schröder/*Perron*/*Eisele* § 32 StGB Rn. 1 f.

schränkung könnte sich insbesondere aus dem Gesichtspunkt der Notwehrprovokation ergeben.[27]

Hinweis: Weitere Fallgruppen der sozialethischen Einschränkung des Notwehrrechts (Gebotenheit) sind Angriffe Schuldloser und vermindert Schuldfähiger, ein extremes Missverhältnis zwischen geschütztem und verletztem Rechtsgut und Notwehrfälle in sehr engen persönlichen Beziehungen.

45 Eine Notwehrprovokation liegt vor, wenn ein Angriff in objektiv voraussehbarer Weise durch das Vorverhalten des Angegriffenen bewirkt wurde. Das Vorverhalten selbst muss rechtswidrig oder zumindest sozialethisch missbilligt sein;[28] ein vollkommen sozialadäquates und nach den Maßstäben der Bevölkerungsmehrheit nicht zu missbilligendes Vorverhalten kann also nicht zu einer Einschränkung des Notwehrrechts führen.

46 Liegt ein geeignetes Vorverhalten vor, so sind zwei Fallgruppen zu unterscheiden: die der Absichtsprovokation und die des sonst schuldhaften Vorverhaltens. Bei der Absichtsprovokation wird überwiegend das Notwehrrecht ganz versagt,[29] während in Fällen der Provokation durch sonst schuldhaftes Vorverhalten die sog. Dreistufentheorie angewandt wird:

47 (1.) Wer durch sein Vorverhalten den Angriff zwar nicht absichtlich, aber doch vorwerfbar herbeigeführt hat, hat dem Angriff auszuweichen. (2.) Erst wenn dies nicht möglich ist, darf er sich verteidigen („Schutzwehr"). (3.) Nur wenn auch dies nicht mehr hilft, ist der Provokateur befugt, zum Gegenangriff („Trutzwehr") überzugehen.[30]

Hinweis: Bei der Absichtsprovokation (Täter beabsichtigt Notwehrlage, um bei späteren Handlungen gerechtfertigt zu sein) scheidet die Notwehr aus, da der Provozierende sich in Wirklichkeit als Angreifer herausstellt.
Bei der Provokation in sonstiger vorwerfbarer Weise bleibt das Notwehrrecht in abgestufter Form bestehen (Ausweichen – Schutzwehr – Trutzwehr).

48 Im vorliegenden Fall hat es B nicht auf einen Angriff des A angelegt; er hat diese Reaktion also nicht absichtlich provoziert. Er wusste jedoch, dass die Wahrscheinlichkeit eines tätlichen Angriffs sehr hoch war, wenn er A in dessen Stammkneipe aufsuchte, und die Aussicht auf eine körperliche Auseinandersetzung war ihm durchaus nicht unwillkommen. Durch sein Lachen auf die Aufforderung des A, das Lokal sofort wieder zu verlassen, hat er die Situation vorsätzlich weiter angeheizt. Dieses Verhalten ist nicht mehr als sozialadäquat anzusehen. Es liegt also zwar keine Absichtsprovokation, aber doch eine wissentliche Provokation durch ein sozialethisch zu missbilligendes Verhalten vor. Die Rechtsfolgen sind der Dreistufentheorie zu entnehmen: B musste sich, soweit es möglich war, dem Angriff entziehen; dabei war auch eine üblicherweise als „schimpflich" empfundene Flucht zumutbar. Erst wenn sich ein Ausweichen als unmöglich herausgestellt hätte, hätte B zu Schutz- oder Trutzwehr übergehen dürfen. Dass sich B sofort massiv gegen den Angriff des A zur Wehr setzte und nicht bloß Schutz-, sondern sogar Trutzwehr übte,

[27] Dazu eingehend *Kühl* Jura 1991, 57, 175; aus der Rspr. BGHSt 42, 97 m.w.N.

[28] Manche Autoren halten eine sozialethische Missbilligung nicht für ausreichend, so etwa Schönke/Schröder/*Perron/Eisele* § 32 StGB Rn. 59.

[29] BGH NJW 1983, 2267; a.A. *Baumann/Weber/Mitsch/Eisele* § 15 Rn. 55; vgl. auch *Hillenkamp/Cornelius* 2. Problem.

[30] *Kühl* § 7 Rn. 258f.

wird durch § 32 StGB also nicht gedeckt.[31] Weitere Rechtfertigungsgründe sind nicht ersichtlich. Eine Rechtfertigung des B scheidet deshalb aus.

cc) Schuld

B handelte auch schuldhaft. 49

dd) Ergebnis

B hat sich nach § 223 Abs. 1 Alt. 1 StGB strafbar gemacht. Folgt man der Ansicht, 50 die in der Faust des Boxers ein gefährliches Werkzeug sieht, so liegt auch § 224 Abs. 1 Nr. 2 Alt. 2 StGB vor.

b) Schwere Körperverletzung (§ 226 Abs. 1 StGB)

Wegen des Verlustes der Schneidezähne und der Narben bei A könnte eine schwere 51 Körperverletzung (§ 226 Abs. 1 StGB) gegeben sein.

aa) Tatbestand, Rechtswidrigkeit und Schuld

Das Grunddelikt (§ 223 Abs. 1 Alt. 1 StGB) liegt vor. Fraglich ist, ob eine Erfolgs- 52 qualifikation i. S. v. § 226 StGB vorliegt.

In Betracht kommt eine dauernde Entstellung nach § 226 Abs. 1 Nr. 3 Var. 1 53 StGB. Darunter ist eine Verunstaltung der persönlichen Gesamterscheinung zu verstehen, die vom Betroffenen auch durch zumutbare Gegenmaßnahmen nicht mehr zu beseitigen ist.[32] Die Schneidezähne, die A in der tätlichen Auseinandersetzung mit B verloren hat, lassen sich durch geeignete Prothesen ersetzen; insofern wird man also eine dauernde Entstellung i. S. v. § 226 Abs. 1 Nr. 3 Var. 1 StGB abzulehnen haben.[33] Dagegen konnten die Narben im Gesicht des A nicht einmal durch eine kosmetische Operation beseitigt werden. Man könnte allenfalls argumentieren, im Boxermilieu würden Gesichtsnarben nicht als Entstellung betrachtet, sondern als mehr oder weniger normal angesehen und manchmal sogar positiv bewertet.

Selbst wenn man eine derartige Subjektivierung der „Entstellung" i. S. v. § 226 54 Abs. 1 Nr. 3 Var. 1 StGB zulassen möchte, wird man dem jedoch hier entgegenzuhalten haben, dass A durch die kosmetische Operation hinreichend deutlich gemacht hat, dass in seinem Umfeld derartige Narben gerade nicht als sozialadäquat angesehen werden. Hinsichtlich der Narben lässt sich somit eine dauernde Entstellung i. S. v. § 226 Abs. 1 Nr. 3 Var. 1 StGB bejahen.[34] Auch ein tatbestandsspezifischer Gefahrzusammenhang zwischen dem Grunddelikt und den eingetretenen schweren Folgen lässt sich bejahen. Die Voraussetzungen des § 18 StGB sind gegeben. Hinweise, dass eine besonders schwere Körperverletzung i. S. v. § 226 Abs. 2 StGB vorliegen könnte, finden sich im Sachverhalt nicht. Rechtswidrigkeit und Schuld liegen vor.

bb) Ergebnis

B hat sich wegen schwerer Körperverletzung nach § 226 Abs. 1 Nr. 3 Var. 1 StGB 55 strafbar gemacht.

---

[31] Ein anderes Ergebnis ist vertretbar.

[32] Lackner/Kühl/*Kühl* § 226 StGB Rn. 4.

[33] So auch BGHSt 24, 315.

[34] Vgl. auch BGH NJW 1967, 297 f. m. abl. Anm. *Schröder* JR 1967, 146.

c) Beteiligung an einer Schlägerei (§ 231 Abs. 1 StGB)

56 Es könnte schließlich ein Delikt nach § 231 Abs. 1 StGB anzunehmen sein.

aa) Tatbestand

57 Dann müsste die Auseinandersetzung zwischen A und B eine „Schlägerei" i. S. v. § 231 Abs. 1 StGB darstellen. Fraglich ist, ob diese Voraussetzung bei einer Prügelei, bei der nur zwei Personen aktiv an den Tätlichkeiten beteiligt sind und die Umstehenden sich auf anfeuernde Zurufe beschränken, erfüllt ist. Vom allgemeinen Sprachgebrauch ausgehend könnte diese Frage bejaht werden. Im Hinblick auf den ebenfalls nach § 231 Abs. 1 StGB tatbestandsmäßigen Angriff mehrerer wird man aber die aktive Beteiligung von mindestens drei Personen verlangen müssen.[35] Für dieses Ergebnis spricht auch, dass § 231 Abs. 1 StGB gerade die spezifische Gefährlichkeit und die damit verbundenen Beweisschwierigkeiten bei Schlägereien erfassen soll.[36] Diese Besonderheiten sind bei einer Auseinandersetzung zwischen zwei Personen kaum gegeben, selbst wenn sie von Umstehenden angefeuert werden. Dass der Begriff der „Beteiligung" in § 231 Abs. 1 StGB von der h. M. weit ausgelegt wird (auch anfeuerndes Zurufen erfüllt danach die Voraussetzung einer Beteiligung),[37] ist demgegenüber ohne Bedeutung.

bb) Ergebnis

58 Im vorliegenden Fall ist deshalb eine Schlägerei gemäß § 231 Abs. 1 StGB zu verneinen.

3. Ergebnis für den dritten Tatkomplex

59 A hat sich nach § 223 Abs. 1 Alt. 1 StGB strafbar gemacht.

B ist strafbar nach § 226 Abs. 1 Nr. 3 Var. 1 StGB. § 223 Abs. 1 Alt. 1 StGB und § 224 Abs. 1 Nr. 2 Alt. 2 StGB treten im Wege der Gesetzeskonkurrenz (Spezialität bzw. Subsidiarität) zurück.

IV. Gesamtergebnis

60 Die von A in den einzelnen Handlungsschritten verwirklichten Taten nach §§ 223 Abs. 1, 224 Abs. 1 Nr. 2 Alt. 2 StGB (Ellenbogenschläge), §§ 223 Abs. 1, 224 Abs. 1 Nr. 2 Alt. 2, 22, 23 Abs. 1, StGB (manipulierter Handschuh) und § 223 Abs. 1 Alt. 1 StGB (Prügelei in der Stammkneipe) stehen zueinander wegen der zwischen ihnen bestehenden zeitlichen Zäsuren und der unterschiedlichen Weise der Ausführung in Tatmehrheit (§ 53 StGB).

Auch bei B ist Tatmehrheit zwischen § 223 Abs. 1 Alt. 1 StGB (Tiefschlag) und § 226 Abs. 1 Nr. 3 Var. 1 StGB (Gesichtsnarben) anzunehmen.

C hat sich nach §§ 223 Abs. 1, 224 Abs. 1 Nr. 2 Alt. 2, 22, 23 Abs. 1, 27 StGB strafbar gemacht.

---

[35] MünchKommStGB/*Hohmann* § 231 StGB Rn. 6.
[36] Schönke/Schröder/*Sternberg-Lieben* § 231 StGB Rn. 1.
[37] *Kindhäuser/Hilgendorf* § 231 StGB Rn. 8.

Fallbeurteilung

Der vorliegende Fall weist einen mittleren bis hohen Schwierigkeitsgrad auf. Von einer guten Bearbeitung wird vor allem erwartet, dass die unterschiedlichen Handlungen der Tatbeteiligten in Tatkomplexe unterteilt und sauber in die Prüfung eingearbeitet werden.

Der Schwerpunkt liegt im Allgemeinen Teil des StGB und hier insbesondere bei der Prüfung der Rechtswidrigkeit. So sollte die Bearbeitung klar herausstellen, dass bei einem Boxkampf regelmäßig eine (konkludente) Einwilligung der Teilnehmer in durch den Kampf verursachte Verletzungen gegeben ist, sich diese jedoch nicht auf grob regelwidriges Verhalten, wie etwa Tiefschläge oder Präparationen der Handschuhe, erstreckt. In diesem Zusammenhang muss auch auf eine mögliche Sittenwidrigkeit nach § 228 StGB eingegangen werden. Für C kommt lediglich eine Beihilfe zur versuchten Körperverletzung (Präparation des Handschuhs) in Betracht. Hier sollten die unterschiedlichen Ansichten der Rspr. und Lit. bzgl. der Abgrenzung zwischen Täterschaft und Teilnahme angesprochen werden.

Ein weiteres Problem stellt der fehlende Verteidigungswille im Rahmen der Notwehr des B dar, der bei der Ausführung des Tiefschlags nichts von der Manipulation des Boxhandschuhs wusste. Während ein Teil der Lit. aufgrund der Konstruktion des „fehlenden Erfolgsunrechts" nur wegen eines Versuchs bestrafen würde, geht die noch h. M. bei dem Fehlen des subjektiven Elements von der Rechtswidrigkeit der Tat und daher von einem vollendeten Delikt aus.

Den Schwerpunkt des dritten Tatkomplexes bildet das Sonderproblem der Notwehrprovokation. Hier gilt es zwischen einer Absichtsprovokation und einer Provokation in sonst vorwerfbarer Weise zu unterscheiden und die Rechtsfolgen anhand des Falles darzustellen. Da B vorliegend sofort Trutzwehr gegen den Angriff des A geübt hat, scheidet eine Notwehr aus.

Vertiefungshinweise: BGH NStZ 2006, 332 (zu den Voraussetzungen einer Notwehrprovokation).

Kühl, Anmerkung zu BGHSt 42, 97: Einschränkung der Notwehr in einem Fall sozialethisch zu beanstandenden Vorverhaltens, StV 1997, 298; *Rönnau,* Grundwissen – Strafrecht: Einwilligung und Einverständnis, JuS 2007, 18; *Sternberg-Lieben,* Voraussetzungen der Notwehr, JA 1996, 299.

Fall 15. Der Erbschleicher

Schwierigkeitsgrad: mittelschwer

Sachverhalt

Der reiche V hat zwei Söhne, A und B. Als V einmal schwer erkrankt ist, spiegelt A, der den V beerben möchte, dem B vor, V liege im Sterben. Um dem Vater unnötiges Leid zu ersparen, solle ihm B ein tödliches Mittel verabreichen. V sei damit einverstanden, wolle aber über die Angelegenheit nicht sprechen.

Der intellektuell nur schwach entwickelte B glaubt seinem Bruder wie immer vorbehaltlos und geht auch davon aus, dass ein solches Verhalten aufgrund der Umstände nicht verwerflich sei. Nachdem A ihm ein Gift besorgt hat, mischt er es in ein Glas Orangensaft und reicht es dem Vater V. Wider Erwarten trinkt V jedoch nicht sofort, sondern stellt das Glas neben sich auf den Nachttisch. Während er noch mit B spricht, überkommen diesen schwere Gewissensbisse. Er greift das Glas und schüttet es in den Ausguss. Zwar möchte er weiterhin V unnötiges Leid ersparen, er hält sich jedoch nicht für stark genug, seinen Vater auf diese Weise zu töten und will den Plan nochmals mit A besprechen.

Haben sich A und B strafbar gemacht?

Gliederung

Rn.

I. Strafbarkeit des B ... 1
1. Versuchter Mord (§§ 212 Abs. 1, 211, 22, 23 Abs. 1 StGB) ... 1
a) Vorprüfung ... 2
b) Tatentschluss ... 3
aa) Bezüglich des Grunddelikts § 212 Abs. 1 StGB ... 4
bb) Bezüglich der Qualifikation § 211 StGB ... 7
c) Unmittelbares Ansetzen ... 9
d) Rechtswidrigkeit ... 11
aa) Rechtfertigender Notstand ... 11
bb) Rechtfertigende Einwilligung ... 12
e) Schuld ... 13
aa) Erlaubnistatbestandsirrtum ... 13
bb) Erlaubnisirrtum ... 15
f) Strafbefreiender Rücktritt vom Versuch ... 17
aa) Kein fehlgeschlagener Versuch ... 18
bb) Rücktrittsvoraussetzungen ... 19
cc) Freiwilligkeit ... 21
dd) Endgültige Aufgabe des Tatentschlusses ... 23
g) Ergebnis ... 28

Rn.

2. Versuchte gefährliche Körperverletzung (§§ 223 Abs. 1, 224 Abs. 1, 22, 23 StGB) ... 29
a) Vorprüfung ... 30
b) Tatentschluss ... 31
aa) Bezüglich des Grunddelikts § 223 Abs. 1 StGB ... 32
bb) Bezüglich der Qualifikation § 224 Abs. 1 StGB ... 33
c) Unmittelbares Ansetzen ... 37
d) Rechtswidrigkeit ... 38
e) Schuld ... 39
f) Rücktritt vom Versuch ... 40
g) Ergebnis ... 41
3. Ergebnis ... 42
II. Strafbarkeit des A ... 43
1. Anstiftung zum versuchten Mord (§§ 212 Abs. 1, 211, 22, 23 Abs. 1, 26 StGB) ... 43
a) Tatbestand ... 44
aa) Objektiver Tatbestand ... 44
bb) Subjektiver Tatbestand ... 46
cc) Tatbestandsverschiebung nach § 28 Abs. 2 StGB ... 47
Problem: Findet eine Tatbestandsverschiebung nach § 28 Abs. 2 StGB statt, wenn der Anstifter ein täterbezogenes Mordmerkmal verwirklicht, der Täter jedoch nicht?
b) Rechtswidrigkeit und Schuld ... 52
c) Rücktritt ... 53
d) Ergebnis ... 54
2. Anstiftung zur versuchten gefährlichen Körperverletzung (§§ 223 Abs. 1, 224 Abs. 1, 22, 23 Abs. 1, 26 StGB) ... 55
a) Tatbestand ... 56
aa) Objektiver Tatbestand ... 56
bb) Subjektiver Tatbestand ... 57
b) Rechtswidrigkeit und Schuld ... 58
c) Ergebnis ... 59
3. Konkurrenzen ... 60
III. Gesamtergebnis ... 61

Lösung

I. Strafbarkeit des B

Hinweis: Die Prüfung ist vorliegend mit B als Tatnächstem zu beginnen. Dies ist hier besonders wichtig, da A den B zur Tat angestiftet haben könnte und der Täter stets vor dem Teilnehmer zu prüfen ist.

1. Versuchter Mord (§§ 212 Abs. 1, 211, 22, 23 Abs. 1 StGB)

1 Indem B dem V einen vergifteten Saft verabreichen wollte, könnte er sich wegen versuchten Mordes nach §§ 212 Abs. 1, 211, 22, 23 Abs. 1 StGB zum Nachteil des V strafbar gemacht haben.

a) Vorprüfung

2 Zunächst dürfte die Tat nicht vollendet und der Versuch müsste strafbar sein. Da V noch lebt, ist die Tat nicht vollendet. Der Versuch eines Totschlags bzw. eines Mordes ist nach § 23 Abs. 1 Alt. 1 StGB strafbar, da es sich in beiden Fällen um ein Verbrechen nach § 12 Abs. 1 StGB handelt. Die Voraussetzungen für eine Versuchsstrafbarkeit liegen also vor.

b) Tatentschluss

3 Des Weiteren müsste B mit Tatentschluss gehandelt haben, worunter der auf alle objektiven Tatbestandsmerkmale gerichtete Vorsatz (§ 15 StGB) und gegebenenfalls das Vorliegen weiterer subjektiver Tatbestandsmerkmale zu fassen ist.[1] Der Vorsatz des B müsste sich demnach auf die objektiven Merkmale des § 212 Abs. 1 StGB sowie gegebenenfalls auf die Mordmerkmale des § 211 Abs. 2 StGB richten.

aa) Bezüglich des Grunddelikts § 212 Abs. 1 StGB

4 B wollte seinen Vater V töten. Selbst Schuldunfähige können einen Vorsatz bilden, sodass der schwach entwickelte Intellekt des B bzgl. der Vorsatzfrage nicht von Relevanz ist. Tötungsvorsatz ist somit gegeben.

5 Problematisch ist jedoch, dass B aufgrund der Täuschung des A davon ausging, dass V im Sterben liege und mit seiner Tötung einverstanden sei. B könnte daher einem Irrtum über das Vorhandensein eines ernstlichen und ausdrücklichen Tötungsverlangens i. S. d. § 216 Abs. 1 StGB unterlegen sein. Diese Vorschrift privilegiert die Tötung gegenüber § 212 StGB und geht als abschließende Spezialregelung auch dem § 211 StGB vor.[2] Aufgrund des § 16 Abs. 2 StGB könnte B bei der irrigen Annahme eines ernstlichen und ausdrücklichen Tötungsverlangens wegen vorsätzlicher Begehung nur nach § 216 StGB bestraft werden, da er nach dieser Norm so behandelt wird, als ob seine Vorstellung richtig gewesen wäre.[3] Fraglich ist demnach, ob sich der Irrtum des B tatsächlich auf ein derartiges Verlangen des V bezog.

6 B geht davon aus, dass V mit seiner Tötung einverstanden ist. Ein Tötungsverlangen i. S. d. § 216 StGB erfordert jedoch mehr als die bloße Einwilligung. Es liegt nur vor, wenn das Opfer seine Tötung ernstlich begehrt.[4] Das Verlangen muss in eindeutiger, nicht misszuverstehender Weise geäußert werden, von freiem Willen getragen und zielbewusst auf die eigene Tötung gerichtet sein.[5] Ein solches zielgerichtetes Verlangen des V liegt auch nach der Vorstellung des B nicht vor, da er lediglich davon ausgeht, dass dieser mit seiner Tötung einverstanden sei. § 16 Abs. 2 StGB ist daher nicht einschlägig. Der Tatentschluss bzgl. § 212 StGB ist zu bejahen.

bb) Bezüglich der Qualifikation § 211 StGB

7 Von den Mordmerkmalen des § 211 Abs. 2 StGB kommt das tatbezogene Mordmerkmal der Heimtücke in Betracht. Heimtückisch handelt, wer in feindlicher

---

[1] *Hilgendorf/Valerius* AT § 10 Rn. 19.

[2] Schönke/Schröder/*Eser/Sternberg-Lieben* § 216 StGB Rn. 2; Lackner/Kühl/*Kühl* § 216 StGB Rn. 1.

[3] Lackner/Kühl/*Kühl* § 216 StGB Rn. 5.

[4] *Wessels/Hettinger/Engländer* BT I Rn. 107.

[5] Vgl. Schönke/Schröder/*Eser/Sternberg-Lieben* § 216 StGB Rn. 7 f.

Willensrichtung die Arg- und Wehrlosigkeit des Opfers bei der Tötung bewusst ausnutzt.[6] Arglos ist, wer sich zum Zeitpunkt der Tat keines Angriffs auf Leib oder Leben versieht.[7] Wehrlos ist, wer aufgrund der Arglosigkeit zur Verteidigung außerstande oder zumindest stark eingeschränkt ist.[8] Zum Zeitpunkt des Verabreichens des vergifteten Saftes ist V arg- und wehrlos, da er sich keines Angriffs auf sein Leben durch seinen Sohn B versieht. Das Mordmerkmal der Heimtücke erfordert aber auch das bewusste Ausnutzen der Arg- und Wehrlosigkeit durch den Täter. B glaubt jedoch im Einverständnis mit V zu handeln, als er ihm das vergiftete Getränk reicht. Er ist der Ansicht, V wolle wegen seines krankheitsbedingten Leidens sterben. Das subjektive Element der Heimtücke ist somit nicht gegeben. Das tatbezogene Mordmerkmal Heimtücke liegt also nicht vor.

Weitere objektive oder subjektive Mordmerkmale sind nicht ersichtlich. B handelte 8
somit nur mit Vorsatz bzgl. der objektiven Merkmale des Totschlags nach § 212 Abs. 1 StGB.

c) Unmittelbares Ansetzen

B müsste nach § 22 StGB unmittelbar zur Tat angesetzt haben. Das unmittelbare 9
Ansetzen ist nach der gemischt subjektiv-objektiven Theorie[9] zu bejahen, wenn der Täter subjektiv die Schwelle zum „Jetzt geht's los" überschreitet und objektiv mit der Tatausführung beginnt, die aber nicht zwingend in der Vornahme einer tatbestandlichen Handlung liegen muss.

Laut Sachverhalt mischt B das Gift in das Glas Orangensaft und reicht es dem 10
V. Durch das Reichen des vergifteten Getränks führt B die tatbestandliche Handlung bereits aus, da bei ungestörtem Fortgang V den vergifteten Saft aus dem Glas getrunken hätte. B hat somit unmittelbar zur Verwirklichung des Tatbestandes angesetzt, da er nach seiner Vorstellung von der Tat den V bereits unmittelbar gefährdet hat.

d) Rechtswidrigkeit

aa) Rechtfertigender Notstand

Zu prüfen ist, ob die Tat nach § 34 StGB gerechtfertigt sein könnte. Für eine 11
Rechtfertigung wegen eines rechtfertigenden Notstands ist jedoch das Vorliegen einer objektiven gegenwärtigen Gefahr für ein notstandsfähiges Rechtsgut erforderlich. Selbst wenn man das würdevolle Sterben ohne unnötiges Leiden als ein notstandsfähiges Rechtsgut einordnen würde, müsste es auch von dem Willen des Betroffenen getragen werden. Dies ist hier nicht der Fall. Es liegt hier demnach objektiv keine gegenwärtige Gefahr vor, sodass der Rechtfertigungsgrund des § 34 StGB nicht einschlägig ist.

bb) Rechtfertigende Einwilligung

Eine Rechtfertigung aufgrund einer (mutmaßlichen) Einwilligung kommt ebenfalls 12
nicht in Betracht, da in die eigene Tötung nicht eingewilligt werden kann. Dies

[6] *Fischer* § 211 StGB Rn. 34.

[7] *Fischer* § 211 StGB Rn. 35.

[8] Lackner/Kühl/*Kühl* § 211 StGB Rn. 8; eingehend zur Arg- und Wehrlosigkeit *Arzt/Weber/Heinrich/Hilgendorf* § 2 Rn. 44 ff.

[9] Vgl. BGHSt 35, 6, 8 f.; *Wessels/Beulke/Satzger* AT Rn. 947; *Zieschang* S. 133.

macht § 216 StGB deutlich, der die aktive Tötung auf Verlangen ausdrücklich unter Strafe stellt. Das Rechtsgut Leben ist nicht dispositionsfähig. Somit ist schon unabhängig von der Frage, ob V seine Tötung anstrebte oder nicht, eine Rechtfertigung durch eine Einwilligung nicht möglich. Weitere Rechtfertigungsgründe sind nicht ersichtlich. Die Tat des B ist somit rechtswidrig.

Hinweis: Die aktive direkte Sterbehilfe, also die absichtliche aktive Tötung eines Menschen mit dessen Einwilligung, ist in Deutschland grundsätzlich strafbar. In eine solche Handlung kann nur ausnahmsweise mit rechtfertigender Wirkung eingewilligt werden (dazu BGH JZ 2011, 532 m. Anm. *Engländer* ebd., 513).
Dagegen ist die Beihilfe zum Suizid (assistierter Suizid) mangels rechtswidriger Haupttat nicht strafbar, da der Suizid keinem Straftatbestand unterfällt.

e) Schuld

Hinweis: Es wäre verfehlt, eine Schuldunfähigkeit nach § 20 StGB anzusprechen. Laut Sachverhalt ist B zwar intellektuell schwach entwickelt. Da es jedoch keine weiteren Hinweise auf Schwachsinn oder tiefgreifende Bewusstseinsstörungen gibt, käme allenfalls eine verminderte Schuldfähigkeit nach § 21 StGB in Betracht.

aa) Erlaubnistatbestandsirrtum

13 Die Schuld könnte jedoch aufgrund eines Irrtums des B entfallen. B ging irrig von der Annahme aus, V wünsche wegen seiner Schmerzen den Tod. Zu prüfen ist daher, ob B sich in einem Erlaubnistatbestandsirrtum befunden hat. Ein Erlaubnistatbestandsirrtum liegt vor, wenn der Täter irrig Umstände für gegeben hält, die im Falle ihres wirklichen Gegebenseins die Tat rechtfertigen würden.[10]

14 Fraglich ist daher, ob bei der Annahme, die Vorstellungen des B seien zutreffend gewesen, ein Rechtfertigungsgrund eingreifen würde. Geht man von dem Vorliegen eines Tötungswunsches seitens des V aus, wäre dennoch keine Rechtfertigung möglich, da es im deutschen Strafrecht derzeit keine Grundlage für eine aktive Sterbehilfe gibt und eine derartige Einwilligung aufgrund der fehlenden Dispositionsbefugnis über das eigene Leben nicht möglich ist. Ein Erlaubnistatbestandsirrtum liegt somit nicht vor.

Hinweis: Der Erlaubnistatbestandsirrtum scheitert somit aus denselben Erwägungen wie schon die Einwilligung und der rechtfertigende Notstand nach § 34 StGB. Selbst bei Vorliegen einer entsprechenden Sterbeabsicht bei V wäre aufgrund der fehlenden Dispositionsbefugnis über das Leben kein Rechtfertigungsgrund gegeben.

bb) Erlaubnisirrtum

15 B könnte jedoch auch einem Erlaubnisirrtum nach § 17 StGB unterlegen sein, da er davon ausging, dass die Tötung des V durch dessen Einwilligung gedeckt sei. Ein Erlaubnisirrtum liegt vor, wenn der Täter die rechtlichen Grenzen eines Rechtfertigungsgrundes verkennt oder an das Bestehen eines von der Rechtsordnung nicht anerkannten Rechtfertigungsgrundes glaubt.[11] B irrte hier nicht nur bzgl. des Vorliegens einer Einwilligung seitens des V, sondern auch darüber, dass eine Einwilligung in die eigene Tötung grundsätzlich möglich sei. Er verkannte daher die rechtlichen Grenzen der rechtfertigenden Einwilligung, da er die fehlende Dispositionsbefugnis übersah.

---

[10] *Hilgendorf/Valerius* AT § 8 Rn. 40.
[11] *Wessels/Beulke/Satzger* AT Rn. 1332.

Der Erlaubnisirrtum führt gemäß § 17 Satz 1 StGB jedoch dann nicht zum Wegfall der Schuld, wenn der Irrtum vermeidbar war. Entscheidend hierfür ist, ob der Täter aufgrund seiner sozialen Stellung, nach seinen individuellen Fähigkeiten und bei dem ihm zumutbaren Einsatz seiner Erkenntniskräfte und seiner rechtlich-sittlichen Wertvorstellungen das Unrecht der Tat hätte einsehen können.[12] Ein Rechtsunkundiger muss sich vor dem Eingriff in das geschützte Rechtsgut über die Rechtslage vergewissern und darf sich nicht ohne Weiteres auf sein unsicheres Urteil verlassen.[13] Vorliegend war es dem B trotz seiner intellektuellen Schwäche durchaus möglich, sich intensiver mit der Frage zu beschäftigen, ob ein Mensch mit seiner Einwilligung durch einen anderen getötet werden darf. Der Irrtum wäre durch eigenes Nachdenken oder durch das Konsultieren eines Anwalts vermeidbar gewesen. Es kommt daher lediglich eine Strafmilderung nach § 17 Satz 2 i.V.m. § 49 Abs. 1 StGB in Betracht. Die Tat ist somit durch den B schuldhaft begangen worden.[14] 16

f) Strafbefreiender Rücktritt vom Versuch

B handelte rechtswidrig und schuldhaft. Er könnte jedoch durch die Wegnahme der vergifteten Flüssigkeit nach § 24 StGB strafbefreiend vom Versuch des Totschlags zurückgetreten sein. 17

aa) Kein fehlgeschlagener Versuch

Ein strafbefreiender Rücktritt kommt nur in Betracht, wenn der Versuch nicht fehlgeschlagen ist. Ein fehlgeschlagener Versuch liegt vor, wenn der Täter davon ausgeht, dass er sein Ziel nicht erreicht hat und mit den ihm zur Verfügung stehenden Mitteln nicht mehr oder zumindest nicht ohne zeitliche Zäsur erreichen kann.[15] Entscheidend ist hier die Vorstellung des Täters. Die Erfolgsherbeiführung ist vorliegend objektiv noch möglich, wovon B auch ausgeht. B ist sich bewusst, mit dem Verabreichen des vergifteten Safts den Erfolg noch herbeiführen zu können. Es handelt sich demnach nicht um einen fehlgeschlagenen Versuch. 18

bb) Rücktrittsvoraussetzungen

Zunächst ist festzustellen, ob es sich um einen unbeendeten Versuch nach § 24 Abs. 1 Satz 1 Alt. 1 StGB oder um einen beendeten Versuch nach § 24 Abs. 1 Satz 1 Alt. 2 StGB handelt. Während bei einem unbeendeten Versuch schon die Aufgabe der Tat zur Straflosigkeit führt, werden bei einem beendeten Versuch aktive Gegenmaßnahmen zur Verhinderung des Erfolges verlangt. 19

Ein Versuch gilt als beendet, wenn der Täter glaubt, alles zur Herbeiführung des Erfolges Erforderliche getan zu haben.[16] Laut Sachverhalt reicht B dem V das Glas mit dem vergifteten Saft. In diesem Moment muss der Versuch bereits als beendet betrachtet werden, da B nun alles Erforderliche getan hat, damit bei ungestörtem Fortgang V sich das Gift durch das Trinken des Saftes zuführt. Zu klären ist daher, ob der Erfolgseintritt durch B aktiv verhindert wurde. Durch die Wegnahme des 20

[12] BGHSt 3, 357; 4, 1.

[13] BGHSt 21, 18.

[14] Im Hinblick auf die intellektuelle Verfassung des B wäre es hier auch vertretbar, von einem unvermeidbaren Irrtum auszugehen.

[15] Vgl. BGHSt (GS) 39, 221, 228; *Wessels/Beulke/Satzger* AT Rn. 1011; *Zieschang* S. 145.

[16] *Hilgendorf/Valerius* AT § 10 Rn. 83.

Glases und das Wegschütten des Inhalts hat B die Vollendung des Versuchs verhindert. Damit ist die Rücktrittsvoraussetzung des § 24 Abs. 1 Satz 1 Alt. 2 StGB erfüllt.

cc) Freiwilligkeit

21 B müsste außerdem freiwillig von der Tat zurückgetreten sein. Dies ist der Fall, wenn der Täter eine freie, autonome Entscheidung zum Rücktritt trifft. Der ethische Wert des Motivs ist ohne Bedeutung. Unfreiwilligkeit ist hingegen anzunehmen, wenn Hinderungsgründe bestehen, die vom Willen des Täters unabhängig sind (heteronome Motivation).[17]

Hinweis: Ein guter Maßstab zur Bestimmung der Freiwilligkeit ist die sog. Frank'sche Formel:
- „Ich kann nicht, selbst wenn ich wollte" = unfreiwillig;
- „Ich will nicht, selbst wenn ich könnte" = freiwillig.

22 Hier bricht B durch die Wegnahme des Giftes den Versuch freiwillig ab, weil er Gewissensbisse verspürt. Er handelt damit freiwillig.

dd) Endgültige Aufgabe des Tatentschlusses

23 Problematisch erscheint jedoch, dass B dem V weiterhin unnötiges Leid ersparen und ihn, nach einer Absprache mit dem A, auf eine andere Weise töten will. In diesem Zusammenhang ist fraglich, ob ein strafbefreiender Rücktritt eine vollständige und endgültige Aufgabe des Tatbestandsvorsatzes voraussetzt.

24 Die Rspr. hat in früheren Entscheidungen die Ansicht vertreten, dass ein Rücktritt nur für denjenigen möglich ist, der die Durchführung seines kriminellen Entschlusses im Ganzen und endgültig aufgibt.[18] Demnach wäre ein Rücktritt vorliegend ausgeschlossen, da B den Erfolg möglicherweise zu einem späteren Zeitpunkt und auf eine andere Weise erneut herbeiführen möchte. Gegen diese Ansicht lässt sich jedoch anführen, dass der innere Vorbehalt, die Tat irgendwann bei passender Gelegenheit erneut zu versuchen, nach üblichen Sprachgebrauch durchaus mit dem „Aufgeben" eines konkreten Tatentschlusses vereinbar ist.

25 Nach einer anderen Auffassung soll schon das Abstandnehmen von der konkreten Ausführungshandlung strafbefreiend wirken, unabhängig davon, ob sich der Täter weitere Akte vorbehält.[19] Problematisch erscheint jedoch, dass es an jeder Rückkehr zu Legalität fehlt, wenn der Täter seine Ausführungshandlung lediglich zeitlich verschiebt.

26 Nach der h.M.[20] ist daher ein Abstandnehmen von der vorsätzlich begangenen rechtswidrigen Tat, gekennzeichnet durch das Tatobjekt, die reale Tatsituation und das angestrebte Tatziel, erforderlich. Danach steht einem Rücktritt nicht entgegen, wenn sich der Täter vorbehält, das versuchte Delikt bei Gelegenheit doch noch durchzuführen. Ein Rücktritt ist dagegen ausgeschlossen, wenn der Täter sich Fortsetzungsakte vorbehält, die bei ihrer Realisierung nur unselbstständige Teilakte der

[17] Siehe ausführlich zur Bestimmung der Freiwilligkeit *Maurach/Gössel/Zipf* § 41 Rn. 179ff.
[18] BGHSt 7, 296; BGH NJW 1980, 602.
[19] *Bloy* JuS 1986, 986f.
[20] So etwa *Maurach/Gössel/Zipf* § 41 Rn. 118; Schönke/Schröder/*Eser/Bosch* § 24 StGB Rn. 40; *Wessels/Beulke/Satzger* AT Rn. 1052.

zuvor begonnenen Straftat darstellen würden, mit ihr also einen einheitlichen Lebensvorgang bilden würden.

Vorliegend möchte B den Tötungserfolg zwar immer noch eintreten lassen, jedoch steht das „Ob" und „Wie" der weiteren Handlungen noch nicht fest. Ein erneuter Versuch der Tötung des V wäre daher eine selbstständige Tat, für die ein erneuter Tatentschluss gefasst werden müsste. B ist daher von dem versuchten Totschlag wirksam zurückgetreten. 27

g) Ergebnis

B hat sich nicht wegen versuchten Totschlags nach §§ 212 Abs. 1, 22, 23 Abs. 1 StGB strafbar gemacht, da er wirksam zurückgetreten ist. 28

2. Versuchte gefährliche Körperverletzung (§§ 223 Abs. 1, 224 Abs. 1, 22, 23 Abs. 1 StGB)

Indem B dem V ein Glas mit vergiftetem Saft gereicht hat, könnte er sich auch wegen versuchter gefährlicher Körperverletzung nach §§ 223 Abs. 1, 224 Abs. 1, 22, 23 Abs. 1 StGB strafbar gemacht haben. 29

a) Vorprüfung

Die gefährliche Körperverletzung ist nicht vollendet, der V ist unverletzt. Der Versuch einer einfachen wie auch einer gefährlichen Körperverletzung ist nach §§ 223 Abs. 2, 224 Abs. 2, 12 Abs. 2, 23 Abs. 1 Alt. 2 StGB strafbar. 30

b) Tatentschluss

Fraglich ist, ob B bzgl. der Verwirklichung des objektiven Tatbestandes der einfachen Körperverletzung nach § 223 Abs. 1 StGB und der Qualifikation nach § 224 Abs. 1 Nr. 1, 3, 4, 5 StGB Vorsatz hatte. 31

aa) Bezüglich des Grunddelikts § 223 Abs. 1 StGB

Nach der heute vertretenen Einheitstheorie liegt in einem Tötungsvorsatz zwingend auch ein Körperverletzungsvorsatz, da die Körperverletzung ein notwendiges Durchgangsstadium zur Tötung darstellt.[21] Die Verabreichung eines tödlichen Giftes ist eine üble, unangemessene Behandlung (§ 223 Abs. 1 Alt. 1 StGB), da bei der tödlichen Wirkung des Giftes das körperliche Wohlbefinden und die körperliche Unversehrtheit erheblich beeinträchtigt werden. Ebenfalls liegt in der Verabreichung von Gift das Hervorrufen eines pathologischen Zustandes und somit eine Gesundheitsschädigung (§ 223 Abs. 1 Alt. 2 StGB). B hat demnach Vorsatz bzgl. des Grundtatbestandes. 32

bb) Bezüglich der Qualifikation § 224 Abs. 1 StGB

Da B dem V ein vergiftetes Getränk reicht, ist zu überprüfen, ob B Vorsatz hatte, eine gefährliche Körperverletzung durch Beibringung von Gift gemäß § 224 Abs. 1 Nr. 1 Alt. 1 StGB zu begehen. Gift ist jeder organische oder anorganische Stoff, welcher auf chemische oder chemisch-physikalische Weise dazu geeignet ist, zu- 33

[21] Lackner/Kühl/*Kühl* § 212 StGB Rn. 7; anders noch RGSt 61, 375.

mindest eine erhebliche Gesundheitsschädigung hervorzurufen.[22] Eine Beibringung von Gift liegt vor, wenn der Täter das Gift derart mit dem Körper des Opfers in Verbindung bringt, dass es seine gesundheitsschädliche Wirkung entfalten kann.[23] B wollte dem V ein tödliches Gift beibringen, um ihn zu töten. B hatte somit auch Vorsatz bzgl. einer gefährlichen Körperverletzung durch die Beibringung von Gift nach § 224 Abs. 1 Nr. 1 Alt. 1 StGB.

34 Zu überprüfen ist weiter, ob B den Vorsatz hatte, mittels eines hinterlistigen Überfalls nach § 224 Abs. 1 Nr. 3 StGB eine gefährliche Körperverletzung herbeizuführen. Ein hinterlistiger Überfall ist jeder plötzliche, unerwartete Angriff auf einen Ahnungslosen, bei dem der Täter seine wahren Absichten planmäßig berechnend verdeckt, um gerade dadurch dem Angegriffenen die Abwehr zu erschweren.[24] Da B davon ausging, dass der V sterben wollte und mit der Gabe von Gift einverstanden war, gibt es keine Anhaltspunkte, dass B das Verabreichen des Giftes überhaupt als Angriff auf V betrachtete. Ein hinterlistiger Überfall i.S.v. § 224 Abs. 1 Nr. 3 StGB liegt nicht vor.

35 Fraglich ist ferner, ob B die Körperverletzung mit einem anderen gemeinschaftlich nach § 224 Abs. 1 Nr. 4 StGB begehen wollte. Eine mit einem anderen Beteiligten gemeinschaftlich verübte Körperverletzung ist gegeben, wenn bei der Körperverletzungshandlung mindestens zwei Personen unmittelbar am Tatort als Angreifer einverständlich zusammenwirken.[25] Als weiterer Beteiligter käme A infrage, dieser tritt dem V jedoch nicht zusammen mit B unmittelbar gegenüber, sondern ist zum Tatzeitpunkt nicht am Tatort anwesend. Eine mit einem anderen Beteiligten gemeinschaftlich verübte Körperverletzung i.S.v. § 224 Abs. 1 Nr. 4 StGB liegt somit nicht vor.

36 Zu prüfen bleibt, ob B eine Körperverletzung mittels einer das Leben gefährdenden Behandlung nach § 224 Abs. 1 Nr. 5 StGB begehen wollte. Nach der h.M. muss die Behandlung dazu den konkreten Umständen nach objektiv geeignet sein, das Leben des Opfers in Gefahr zu bringen.[26] Teile der Lit. verlangen darüber hinaus, dass nicht nur eine abstrakte, sondern auch eine konkrete Lebensgefährdung des Opfers gegeben sein muss. Nach beiden Ansichten liegt eine das Leben gefährdende Behandlung vor, da B beabsichtigte, dem V ein tödlich wirkendes Gift zu verabreichen. B hatte somit Vorsatz, mittels der Beibringung von Gift und einer das Leben gefährdenden Behandlung eine gefährliche Körperverletzung nach § 224 Abs. 1 Nr. 1, 5 StGB zu begehen.

c) Unmittelbares Ansetzen

37 B hat das vergiftete Getränk dem V gereicht, und dieser hätte es bei einem ungestörten Fortgang zu sich genommen. B hat somit auch subjektiv die Schwelle zum „Jetzt geht's los" überschritten. Ein unmittelbares Ansetzen zur Tatbestandverwirklichung liegt vor.

[22] Schönke/Schröder/*Sternberg-Lieben* § 224 StGB Rn. 2b.
[23] Lackner/Kühl/*Kühl* § 224 StGB Rn. 1b.
[24] Schönke/Schröder/*Sternberg-Lieben* § 224 StGB Rn. 10.
[25] *Fischer* § 224 StGB Rn. 23; *Arzt/Weber/Heinrich/Hilgendorf* § 6 Rn 56.
[26] BGHSt 2, 160, 163; *Wessels/Hettinger/Engländer* BT I Rn. 244.

d) Rechtswidrigkeit

Eine eventuelle Rechtfertigung nach § 34 StGB scheidet aus den bereits genannten Gründen (→ Rn. 11) aus. Eine Rechtfertigung aufgrund einer (mutmaßlichen) Einwilligung ist ebenfalls nicht gegeben. 38

e) Schuld

Ein Erlaubnistatbestandsirrtum liegt ebenfalls nicht vor. Zwar handelt es sich hier um das Rechtsgut der körperlichen Unversehrtheit, aber B geht wiederum von einer Einwilligung zur Tötung aus, nicht von einer Einwilligung zur Körperverletzung. Andere Gesichtspunkte, die gegen die Schuld des B sprechen könnten, sind nicht ersichtlich. B handelte somit schuldhaft. 39

f) Rücktritt vom Versuch

Es liegt wie bei der obigen Prüfung (→ Rn. 18) kein fehlgeschlagener Versuch vor. Die Rücktrittsvoraussetzungen nach § 24 Abs. 1 Satz 1 Alt. 2 StGB sind gegeben. B ist daher wirksam zurückgetreten. 40

g) Ergebnis

B hat sich nicht wegen versuchter gefährlicher Körperverletzung nach §§ 223 Abs. 1, 224 Abs. 1, 22, 23 Abs. 1 StGB strafbar gemacht. 41

3. Ergebnis

B hat sich nicht strafbar gemacht. 42

II. Strafbarkeit des A

1. Anstiftung zum versuchten Mord (§§ 212 Abs. 1, 211, 22, 23 Abs. 1, 26 StGB)

A könnte sich wegen Anstiftung zum versuchten Mord nach §§ 212 Abs. 1, 211, 22, 23 Abs. 1, 26 StGB zum Nachteil des V strafbar gemacht haben. 43

Hinweis: Bei der Prüfung der Strafbarkeit des A könnte man zunächst auch an eine mittelbare Täterschaft denken, da er den B hier quasi als menschliches Werkzeug für die Ausführung der Tat benutzt. Da die Tat des B voll tatbestandlich, rechtswidrig und schuldhaft begangen wurde, scheidet die mittelbare Täterschaft grundsätzlich aus. Bei Vorliegen eines vermeidbaren Verbotsirrtums bejaht die h. M. jedoch in Ausnahmefällen die Möglichkeit einer mittelbaren Täterschaft des Hintermanns. Bei guter Argumentation wäre es daher auch vertretbar, den Einfluss des A auf die Tat als ganz besonders erheblich und diesen deshalb als „Täter hinter dem Täter" einzustufen.
Zu unterscheiden ist zwischen Anstiftung zum Versuch und versuchter Anstiftung nach § 30 Abs. 1 StGB. Im ersten Fall bleibt die Haupttat im Versuchsstadium stecken, aber die Anstiftung zu dem Versuch ist vollendet. Im zweiten Fall bleibt die Anstiftung erfolglos, weil der Anzustiftende beispielsweise die Aufforderung ablehnt, ignoriert oder bereits zur Tat entschlossen ist.

a) Tatbestand

aa) Objektiver Tatbestand

Zunächst müsste eine vorsätzliche und rechtswidrige Haupttat vorliegen, zu der A angestiftet haben könnte. Eine vorsätzliche rechtswidrige Haupttat liegt mit dem von B begangenen versuchten Totschlag (§ 212 Abs. 1, 22, 23 Abs. 1 StGB) vor. 44

Hinweis: Der Rücktritt ist lediglich ein persönlicher Strafaufhebungsgrund und steht der Annahme einer vorsätzlichen rechtswidrigen Haupttat daher nicht entgegen.

45 Des Weiteren müsste A den B zur Tat bestimmt haben, worunter das Hervorrufen des Tatentschlusses zu verstehen ist.[27] Indem A durch die Vorspiegelung falscher Tatsachen den B zur Tötung des V bewegt, begeht er eine Anstiftungshandlung. Der objektive Tatbestand liegt somit vor.

bb) Subjektiver Tatbestand

46 Der subjektive Tatbestand ist gegeben, falls ein doppelter Anstiftervorsatz vorliegt. A müsste zum einen Vorsatz bzgl. der vorsätzlichen rechtswidrigen Haupttat des B aufweisen und zum anderen Vorsatz bzgl. seiner eigenen Teilnahmehandlung, nämlich dem Bestimmen zur Tatausführung, besessen haben. A beabsichtigte den Tod des V und hatte ferner Vorsatz in Bezug auf das Hervorrufen des Tatentschlusses bei B. Der subjektive Tatbestand liegt daher vor.

cc) Tatbestandsverschiebung nach § 28 Abs. 2 StGB

47 Vorliegend besteht die Besonderheit, dass der Haupttäter B zwar keine Mordmerkmale verwirklicht, der Anstifter A jedoch das täterbezogene Mordmerkmal der Habgier aufweisen könnte. Habgier i. S. d. § 211 Abs. 2 Gruppe 1 Var. 3 StGB ist das rücksichtslose Gewinnstreben um jeden Preis.[28] A möchte seinen Vater V töten, um ihn zu beerben. Das Vorliegen des Mordmerkmals der Habgier ist daher zu bejahen.

48 Fraglich ist daher, ob wegen des Vorliegens des Mordmerkmals der Habgier in der Person des A eine Tatbestandsverschiebung von der Anstiftung zum versuchten Totschlag zur Anstiftung zum versuchten Mord in Betracht kommt. Sowohl die Rspr. als auch die h. L. betrachten die täterbezogenen Mordmerkmale der ersten und dritten Gruppe des § 211 Abs. 2 StGB als besondere persönliche Merkmale i. S. d. § 28 StGB. Umstritten ist jedoch, ob § 28 Abs. 1 StGB oder § 28 Abs. 2 StGB angewendet werden muss.

49 Die Rspr. vertritt die Ansicht, es handele sich bei § 212 StGB und § 211 StGB um selbstständige, voneinander unabhängige Tatbestände. Die Mordmerkmale begründen demnach die Strafe und verschärfen sie nicht lediglich, sodass § 28 Abs. 1 StGB einschlägig ist. Dies ergebe sich vor allem aus der Gesetzessystematik, bei der der Mord (§ 211 StGB) vor dem Totschlag (§ 212) StGB aufgeführt ist.[29]

50 Die h. M. in der Lit. sieht den Totschlag nach § 212 StGB als Grundtatbestand und den Mord nach § 211 StGB als unselbstständige Qualifikation an. Demnach sind die Mordmerkmale strafschärfend. § 28 Abs. 2 StGB ist anwendbar, der zur Folge hat, dass bei den täterbezogenen Mordmerkmalen des § 211 StGB auf das Vorliegen der Merkmale bei jedem einzelnen Beteiligten abzustellen ist. Diese Ansicht wird mit dem Argument vertreten, dass beide Vorschriften dem Schutz des Rechtsguts „Leben" dienen und die Systematik des Gesetzes eher für ein Stufenverhältnis bei den Tötungsdelikten spricht.[30] Diese Ansicht verdient Zustimmung. Schon aus

---

[27] Lackner/Kühl/*Kühl* § 26 StGB Rn. 2.

[28] *Fischer* § 211 StGB Rn. 10; vertiefend *Arzt/Weber/Heinrich/Hilgendorf* § 2 Rn. 56ff.

[29] St. Rspr. seit BGHSt 1, 368; vgl. auch Lackner/Kühl/*Kühl* Vor § 211 StGB Rn. 22; eingehend *Mitsch* JuS 1996, 26.

[30] Lackner/Kühl/*Kühl* Vor § 211 StGB Rn. 22; Schönke/Schröder/*Eser/Sternberg-Lieben* Vor §§ 211ff. StGB Rn. 5; *Fischer* § 211 StGB Rn. 6.

dem Leitgesichtspunkt der besonderen Verwerflichkeit der Tötung ergibt sich zwingend, dass nur eine quantitative Abstufung der Strafwürdigkeit, die ihren Grund in einer Unrechts- oder Schuldsteigerung haben kann, infrage steht.[31]

Auf den Fall bezogen verwirklicht A als Teilnehmer das besondere persönliche Merkmal der Habgier. Geht man mit der Lit. davon aus, dass es sich hier um ein strafschärfendes persönliches Merkmal handelt, muss nach § 28 Abs. 2 StGB auf das Vorliegen bei jedem Einzelnen abgestellt werden. Es findet somit eine Tatbestandsverschiebung statt. Soweit die Tat rechtswidrig und schuldhaft begangen worden ist, hat sich A aufgrund der Habgier wegen der Anstiftung zum versuchten Mord strafbar gemacht. **51**

Hinweis: Da § 28 Abs. 1 StGB nur eine ausschließlich vorteilhafte Regelung für den Teilnehmer enthält, kann A nach Ansicht der Rspr. in dieser Konstellation nur wegen einer Anstiftung zum versuchten Totschlag bestraft werden. Dieses Ergebnis ist jedoch äußerst fragwürdig, da es die verwerfliche Gesinnung des A nicht berücksichtigt.

b) Rechtswidrigkeit und Schuld

Die Tat ist rechtswidrig und wurde von A schuldhaft begangen. **52**

c) Rücktritt

Ein Rücktritt ist nicht gegeben, da er einen persönlichen Strafaufhebungsgrund darstellt und A selbst keinerlei relevante Rücktrittshandlung vornimmt. **53**

d) Ergebnis

A hat sich wegen der Anstiftung zum versuchten Mord nach §§ 212 Abs. 1, 211, 22, 23 Abs. 1, 26 StGB zum Nachteil des V strafbar gemacht. **54**

2. Anstiftung zur versuchten gefährlichen Körperverletzung (§§ 223 Abs. 1, 224 Abs. 1, 22, 23 Abs. 1, 26 StGB)

A könnte sich ferner wegen Anstiftung zur versuchten gefährlichen Körperverletzung nach §§ 223 Abs. 1, 224 Abs. 1, 22, 23 Abs. 1, 26 StGB zum Nachteil des V strafbar gemacht haben. **55**

a) Tatbestand

aa) Objektiver Tatbestand

Eine vorsätzliche rechtswidrige Haupttat in Gestalt der von B verübten versuchten gefährlichen Körperverletzung liegt vor. Eine Anstiftungshandlung des A ist ebenfalls gegeben, da er bei B den Tatentschluss zur gefährlichen Körperverletzung hervorruft. **56**

bb) Subjektiver Tatbestand

A handelt mit Vorsatz sowohl in Bezug auf die versuchte gefährliche Körperverletzung als auch hinsichtlich seiner Teilnahmehandlung, des Bestimmens des B zur Tat. Der doppelte Anstiftervorsatz ist gegeben. **57**

[31] Vgl. Lackner/Kühl/*Kühl* Vor § 211 StGB Rn. 22.

b) Rechtswidrigkeit und Schuld

58 Die Tat ist rechtswidrig und schuldhaft begangen worden.

c) Ergebnis

59 A hat sich wegen Anstiftung zur versuchten gefährlichen Körperverletzung nach §§ 223 Abs. 1, 224 Abs. 1, 22, 23 Abs. 1, 26 StGB strafbar gemacht.

3. Konkurrenzen

60 Die Anstiftung des A zur versuchten gefährlichen Körperverletzung gemäß § 223 Abs. 1, 224 Abs. 1 Nr. 1, 5, 22, 23 Abs. 1, 26 StGB tritt im Wege der Subsidiarität hinter der Anstiftung zum versuchten Mord gemäß §§ 212 Abs. 1, 211, 22, 23 Abs. 1, 26 StGB zurück. A hat sich gemäß §§ 212 Abs. 1, 211, 22, 23 Abs. 1, 26 StGB strafbar gemacht.

III. Gesamtergebnis

61 A hat sich wegen Anstiftung zum versuchten Mord gemäß §§ 212 Abs. 1, 211, 22, 23 Abs. 1, 26 StGB strafbar gemacht. B ist wirksam von seiner Tat zurückgetreten und hat sich daher nicht strafbar gemacht.

Fallbeurteilung

Dieser Fall bewegt sich auf einem anspruchsvollen Niveau und berührt Themenkomplexe der Irrtumsproblematik, des Rücktritts und der Täterschaft und Teilnahme.

Bei der Prüfung der Versuchsstrafbarkeit des B ist darauf einzugehen, wie sich der Irrtum über das in Wirklichkeit nicht vorliegende Einverständnis des V in seine Tötung rechtlich auswirkt. Als erster Anknüpfungspunkt ist daher im Tatentschluss zu erörtern, ob ihm nach § 16 Abs. 2 StGB nicht die Privilegierung des § 216 StGB zu Gute kommt. Dies scheitert vorliegend jedoch daran, dass B in diesem Fall von einem ernstlichen und ausdrücklichen Tötungsverlangen des V und nicht nur von einer bloßen Einwilligung ausgehen müsste.

In Rahmen der Rechtswidrigkeit sollten rechtfertigender Notstand und die rechtfertigende Einwilligung angesprochen werden, die jedoch beide wegen der fehlenden Dispositionsfähigkeit über das Rechtsgut „Leben" bzw. schon mangels objektiven Vorliegens ausscheiden. An der Schuld könnte es aufgrund eines Erlaubnistatbestandsirrtums bzw. eines Erlaubnisirrtums fehlen, da B davon ausgeht, aufgrund einer Einwilligung des V gerechtfertigt zu handeln. Da aber selbst bei einer erteilten Einwilligung kein Rechtfertigungsgrund gegeben wäre, scheidet ein Erlaubnistatbestandsirrtum aus. Es kommt lediglich ein Erlaubnisirrtum nach § 17 StGB in Betracht, da B davon ausging, dass eine Tötung durch eine Einwilligung gerechtfertigt sein kann (Doppelirrtum). Da dieser Irrtum jedoch vermeidbar war, lässt er die Schuld nicht entfallen.

Ein weiterer Problemschwerpunkt liegt in der Prüfung eines möglichen Rücktritts, in der es insbesondere fraglich ist, ob der Tatentschluss des B endgültig aufgegeben wurde, da er die Tat gegebenenfalls später noch vollenden möchte. Die unterschiedlichen Auffassungen, wann von einer endgültigen Aufgabe des Tatentschlusses ausgegangen werden kann, sollten an dieser Stelle erörtert werden. Es kommen dabei folgende Varianten in Betracht:

- die endgültige Aufgabe des kriminellen Entschlusses im Ganzen;
- das Abstandnehmen von der konkreten Ausführungshandlung;
- das Abstandnehmen von der vorsätzlich begangenen rechtswidrigen Tat i. S. d. materiellen Straftatbestandes (h. M.).

Bei der Prüfung der Beteiligung des A kommt primär eine Anstiftung in Betracht. Eine Beteiligung in mittelbarer Täterschaft scheidet grundsätzlich aus, da B voll tatbestandsmäßig, rechtswidrig und schuldhaft gehandelt hat, also kein Strafbarkeitsdefizit aufweist. Etwas anderes könnte sich nur daraus ergeben, dass man den A als „Täter hinter dem Täter" ansieht. Fraglich ist indessen, ob A wegen Anstiftung zum versuchten Mord oder wegen Anstiftung zum versuchten Totschlag strafbar ist, da er im Gegensatz zu B das täterbezogene Mordmerkmal der Habgier erfüllt.

Geht man mit der Lit. davon aus, dass § 211 StGB eine Qualifikation zu § 212 StGB darstellt und daher § 28 Abs. 2 StGB zur Anwendung kommt, kann wegen Anstiftung zum versuchten Mord bestraft werden. Sieht man § 211 StGB dagegen als selbstständigen Tatbestand mit der Folge der Anwendbarkeit des § 28 Abs. 1 StGB an, kann nur wegen Anstiftung zum versuchten Totschlag bestraft werden.

Vertiefungshinweise: BGHSt 7, 296 (Rücktrittsproblematik).

Kelker, Erlaubnistatumstands- und Erlaubnisirrtum – eine systematische Erörterung, Jura 2006, 591; *Küper,* § 16 II StGB: eine Irrtumsregelung „im Schatten" der allgemeinen Strafrechtslehre, Jura 2007, 260; *Radke,* Besondere persönliche Merkmale gem. § 28 StGB, JuS 2018, 641.

Fall 16. Schlechte Erziehung

Schwierigkeitsgrad: mittelschwer

Sachverhalt

A ist mit der Erziehung ihrer dreijährigen Tochter T überfordert. Über mehrere Monate hinweg wird das Kind von A fast täglich heftig geschlagen, wobei die Schläge teilweise mit der Hand, teilweise aber auch mit einem Stock ausgeführt werden. B, der Vater von T, ist Libanese und wohnt mit A zusammen. Er hat die blauen Flecken am Körper seiner Tochter schon seit längerem bemerkt, jedoch nichts unternommen, weil er wegen seines noch laufenden Asylverfahrens keinen Bruch mit A riskieren will. Außerdem ist B der Ansicht, dass das deutsche Erziehungsrecht auch schwere Züchtigungen erlaubt. Von der Verwendung des Stocks weiß er nichts. Eines Tages schlägt A die T in Abwesenheit von B so heftig in das Gesicht, dass das Kind gegen die Wand stürzt und ein schweres Schädeltrauma erleidet, an dessen Folgen es einige Tage später stirbt.

Strafbarkeit von A und B?

Gliederung

Rn.

I. Strafbarkeit der A ... 1
1. Gefährliche Körperverletzung (§§ 223 Abs. 1, 224 Abs. 1 StGB) ... 1
a) Tatbestand ... 2
aa) Objektiver Tatbestand ... 2
(1) Objektiver Tatbestand des § 223 Abs. 1 StGB ... 2
(2) Qualifikationen des § 224 Abs. 1 StGB ... 4
bb) Subjektiver Tatbestand ... 6
b) Rechtswidrigkeit ... 8
Problem: Kommt eine Rechtfertigung aufgrund des elterlichen Züchtigungsrechts in Betracht?
c) Schuld ... 9
d) Ergebnis ... 10
2. Misshandlung von Schutzbefohlenen (§ 225 Abs. 1 Nr. 1, 2, Abs. 3 Nr. 1 StGB) ... 11
a) Tatbestand ... 12
aa) Objektiver Tatbestand ... 12
bb) Subjektiver Tatbestand ... 16
b) Rechtswidrigkeit und Schuld ... 17
c) Ergebnis ... 18
3. Körperverletzung mit Todesfolge (§ 227 Abs. 1 StGB) ... 19
a) Tatbestand ... 20
aa) Objektiver Tatbestand ... 20
(1) Verwirklichung des Grunddelikts ... 20
(2) Eintritt der schweren Folge ... 21

Rn.
(3) Gefahrspezifischer Zusammenhang 22
bb) Subjektiver Tatbestand 23
(1) Vorsatz bzgl. des Grunddelikts 23
(2) Mindestens Fahrlässigkeit bzgl. der schweren Folge (§ 18 StGB) 24
b) Rechtswidrigkeit und Schuld 25
c) Ergebnis 26
4. Gesamtergebnis Strafbarkeit der A 27
II. Strafbarkeit des B 28
1. Misshandlung von Schutzbefohlenen (§§ 225 Abs. 1 Nr. 1, 2 StGB) 28
2. Misshandlung von Schutzbefohlenen durch Unterlassen (§§ 225 Abs. 1 Nr. 1, 2, Abs. 3 Nr. 1, 13 Abs. 1 StGB) 29
a) Tatbestand 30
aa) Objektiver Tatbestand 30
(1) Unterlassen der gebotenen Handlung 31
(2) Garantenstellung des B 32
(3) Zumutbarkeit 33
Problem: Ist dem B die Rettungshandlung trotz seiner Abhängigkeit zumutbar?
bb) Subjektiver Tatbestand 34
b) Rechtswidrigkeit 35
c) Schuld 36
Problem: Wie wirkt sich der Irrtum des B über das deutsche Erziehungsrecht aus?
d) Ergebnis 39
3. Körperverletzung durch Unterlassen (§§ 223 Abs. 1, 13 Abs. 1 StGB) 40
a) Tatbestand 41
b) Rechtswidrigkeit und Schuld 42
c) Ergebnis 43
4. Gefährliche Körperverletzung durch Unterlassen (§§ 223 Abs. 1, 224 Abs. 1 Nr. 2 Alt. 2, 13 Abs. 1 StGB) 44
5. Körperverletzung mit Todesfolge durch Unterlassen (§§ 227 Abs. 1, 13 Abs. 1 StGB) 45
a) Tatbestand 45
b) Grunddelikt 46
c) Ergebnis 47
6. Gesamtergebnis zur Strafbarkeit des B 48

Lösung

I. Strafbarkeit der A

1. Gefährliche Körperverletzung (§§ 223 Abs. 1, 224 Abs. 1 StGB)

Hinweis: Ebenso zulässig wäre es, zunächst § 227 StGB und die §§ 223 Abs. 1, 224 Abs. 1 StGB dort inzident im Rahmen des Grunddelikts zu prüfen. Die hier gewählte Prüfungsreihenfolge erscheint indessen als einfacher. Zum Prüfungsaufbau bei § 227 StGB → Rn. 19ff.

1 A könnte sich durch die Misshandlungen der T wegen gefährlicher Körperverletzung nach §§ 223 Abs. 1, 224 Abs. 1 StGB strafbar gemacht haben.

a) Tatbestand

aa) Objektiver Tatbestand

(1) Objektiver Tatbestand des § 223 Abs. 1 StGB

2 Die Schläge mit der Hand und mit dem Stock gegen den Körper der T müssten eine körperliche Misshandlung (§ 223 Abs. 1 Alt. 1 StGB) bzw. eine Gesundheitsschädigung (§ 223 Abs. 1 Alt. 2 StGB) darstellen. Eine körperliche Misshandlung ist jede üble, unangemessene Behandlung, die entweder das körperliche Wohlbefinden oder die körperliche Unversehrtheit nicht nur unerheblich beeinträchtigt.[1] Heftige Schläge, ausgeführt mit der Hand oder einem Stock, beeinträchtigen das körperliche Wohlbefinden erheblich. Zudem trägt die T auch Hämatome davon, sodass auch die körperliche Unversehrtheit beeinträchtigt ist. A hat die T durch die Schläge körperlich misshandelt.

3 Zudem könnte die T auch an ihrer Gesundheit geschädigt worden sein. Eine Gesundheitsschädigung ist jedes Hervorrufen oder Steigern eines auch nur vorübergehend vom normalen Zustand negativ abweichenden Zustandes.[2] Das Auftreten von Blutungen unter der Haut (Hämatome) stellt einen vom normalen Zustand abweichenden pathologischen Zustand dar. Eine Gesundheitsschädigung liegt vor.

(2) Qualifikationen des § 224 Abs. 1 StGB

4 Die Schläge mit dem Stock könnten die Qualifikation des § 224 Abs. 1 Nr. 2 StGB verwirklicht haben. Dazu müsste die Körperverletzung mittels eines gefährlichen Werkzeuges oder einer Waffe begangen worden sein. Waffen sind nach h. M. solche Gegenstände, die nach ihrer Art dazu bestimmt sind, erhebliche Verletzungen zu verursachen.[3] Zwar ist auch ein Stock, der als Schlagmittel verwendet wird, geeignet, erhebliche Verletzungen hervorzurufen, jedoch ist er von seiner Art her nicht dazu bestimmt. Es handelt sich also nicht um eine Waffe i. S. v. § 224 Abs. 1 StGB. Allerdings könnte ein Stock ein gefährliches Werkzeug (§ 224 Abs. 1 Nr. 2 Alt. 2 StGB) darstellen. Ein gefährliches Werkzeug ist ein Gegenstand, der nach seiner objektiven Beschaffenheit und der konkreten Art seiner Verwendung im Einzelfall dazu geeignet ist, erhebliche Körperverletzungen zuzufügen.[4] Ein Stock, der als Schlagwerkzeug gebraucht wird, kann beim Opfer erhebliche Verletzungen hervorrufen. Er stellt somit ein gefährliches Werkzeug dar und ist auch zur Begehung der Körperverletzung als Mittel benutzt worden. Die Qualifikation des § 224 Abs. 1 Nr. 2 Alt. 2 StGB liegt vor.

5 Schließlich könnte der Schlag ins Gesicht, der das Schädeltrauma auslöste, auch eine das Leben gefährdende Handlung i. S. d. § 224 Abs. 1 Nr. 5 StGB darstellen. Umstritten ist die Einordnung dieses Merkmals. Nach der h. M. reicht eine abstrakt generelle Lebensgefährdung aus,[5] während nach einer anderen Ansicht der Eintritt

[1] BGH NStZ 2007, 218; *Fischer* § 223 StGB Rn. 4.
[2] Lackner/Kühl/*Kühl* § 223 StGB Rn. 5 m. w. N.
[3] *Fischer* § 224 StGB Rn. 19.
[4] *Kindhäuser/Hilgendorf* § 224 StGB Rn. 7.
[5] BGHSt 2, 160, 163; *Fischer* § 224 StGB Rn. 27.

einer konkreten Lebensgefährdung gefordert wird.[6] Da das Schädeltrauma im vorliegenden Fall sogar zum Tod der T geführt hat, muss dieser Streit nicht entschieden werden. A hat das Merkmal des § 224 Abs. 1 Nr. 5 StGB erfüllt.

bb) Subjektiver Tatbestand

A müsste vorsätzlich gehandelt haben. Vorsatz (§ 15 StGB) bedeutet das Wissen und Wollen der Tatbestandsverwirklichung. A hatte bei Tatbegehung den notwendigen Vorsatz in Form der Absicht. Ihr kam es gerade darauf an, der T Schmerzen zuzufügen. Der Vorsatz bezog sich auch auf die Verwendung des Stocks als Mittel zur Begehung der Tat (§ 224 Abs. 1 Nr. 2 Alt. 2 StGB). Fraglich ist allein, ob sie auch vorsätzlich bzgl. einer das Leben gefährdenden Behandlung gehandelt hat. 6

In Betracht kommt hier ein bedingter Vorsatz. Dolus eventualis liegt vor, wenn der Täter die Verwirklichung des gesetzlichen Tatbestandes ernstlich für möglich hält und sich damit abfindet[7] bzw. die Tatbestandsverwirklichung billigend in Kauf nimmt.[8] Dagegen vertraut der Täter bei bewusst fahrlässigem Verhalten darauf, dass die Tatbestandsverwirklichung ausbleibt, obwohl er das seinem Verhalten innewohnende Risiko erkennt.[9] Da sich vorliegend aus dem Sachverhalt keine näheren Anhaltspunkte ergeben, dass A sich mit einer lebensgefährdenden Behandlung der T abgefunden hätte, ist ein vorsätzliches Verhalten abzulehnen. A hat daher nur hinsichtlich der § 223 Abs. 1 und § 224 Abs. 1 Nr. 2 Alt. 2 StGB vorsätzlich gehandelt. 7

Hinweis: An dieser Stelle ist es mit dem Argument, dass A mit lebensgefährdenden Verletzungen rechnen musste, auch vertretbar, von einem bedingten Vorsatz hinsichtlich einer das Leben gefährdenden Behandlung auszugehen.

b) Rechtswidrigkeit

Eine mögliche Rechtfertigung der A aufgrund eines elterlichen Züchtigungsrechts scheidet aus mehreren Gründen aus. Zum einen geschahen die Stockschläge nicht aus erzieherischen Erwägungen heraus, sondern waren Ausdruck schlichter Überforderung der A. Darüber hinaus dürften regelmäßige Schläge mit der Hand und mit dem Stock den Rahmen des Maßvollen und Angemessenen, welches die Rspr. und h. M. früher angenommen hat, weit überschritten haben. Schließlich ist für eine mögliche strafrechtliche Rechtfertigung nach Einführung des § 1631 Abs. 2 BGB im Jahr 2000 kein Raum mehr.[10] Mit § 1631 Abs. 2 BGB hat der Gesetzgeber ein gesetzliches „Verbot körperlicher Bestrafungen, seelischer Verletzungen und anderer entwürdigender Maßnahmen“ verankert. Andere Rechtfertigungsgründe kommen nicht in Betracht. A handelte rechtswidrig. 8

Hinweis: Eine Rechtfertigung wegen des elterlichen Züchtigungsrechts bei dem Vorliegen einer tatbestandlichen Körperverletzung ist seit der Einführung des § 1631 Abs. 2 BGB nur noch schwer vertretbar. Die Problematik muss jedoch nicht ausführlich diskutiert werden, wenn die Handlungen aufgrund ihrer Intensität und Dauer auch nach der alten Rechtslage nicht gerechtfertigt waren.

6 Schönke/Schröder/*Sternberg-Lieben* § 224 StGB Rn. 12.

7 So die Formel der h. L., vgl. *Wessels/Beulke/Satzger* AT Rn. 333 m. w. N.

8 So die Formel der Rspr., die freilich inhaltlich kaum von der h. L. abweicht. Vgl. BGHSt 7, 363; 36, 1.

9 Vgl. *Heinrich* Rn. 297.

10 Vgl. dazu *Fischer* § 223 StGB Rn. 40.

c) Schuld

9 A handelte schuldhaft.

d) Ergebnis

10 A hat sich wegen gefährlicher Körperverletzung nach § 223 Abs. 1 und § 224 Abs. 1 Nr. 2 Alt. 2 StGB zum Nachteil der T strafbar gemacht.

2. Misshandlung von Schutzbefohlenen (§ 225 Abs. 1 Nr. 1, 2, Abs. 3 Nr. 1 StGB)

11 A könnte sich, indem sie der T über einen längeren Zeitraum hinweg fast täglich Schläge versetzte, der Misshandlung von Schutzbefohlenen nach § 225 Abs. 1 Nr. 1, 2, Abs. 3 Nr. 1 StGB schuldig gemacht haben.

a) Tatbestand

aa) Objektiver Tatbestand

12 Dazu müsste sie eine Person unter 18 Jahren, die ihrer Fürsorge oder Obhut untersteht oder ihrem Hausstand angehört, gequält oder roh misshandelt haben. Die T ist drei Jahre alt und gehört damit zu den geschützten Personen. Sie müsste der Fürsorge oder Obhut der A unterstellt sein. Unter Fürsorge steht, wer vom Täter derart abhängig ist, dass dieser gesetzlich verpflichtet ist, für das Opfer zu sorgen.[11] Ein Fürsorge- oder Obhutsverhältnis kann kraft Gesetzes entstehen, durch Übertragung durch eine Behörde, durch Vertrag oder durch tatsächliche Übernahme der Fürsorge.[12] Elternschaft begründet ein gesetzliches Fürsorgeverhältnis, insofern ist die T der Fürsorge der A unterstellt. Darüber hinaus gehört die T, die mit A und B zusammen lebt, zum Hausstand der A. Zum Hausstand gehören regelmäßig Familienangehörige, die mit dem Täter zusammenleben.

13 A müsste die T gequält oder roh misshandelt haben. Quälen bedeutet das Verursachen länger dauernder oder sich wiederholender Schmerzen, wobei dieses Tatbestandsmerkmal typischerweise durch Vornahme mehrerer Handlungen verwirklicht wird und gerade die ständige Wiederholung für sich den besonderen Unrechtsgehalt dieser Form der Körperverletzung auszeichnet.[13] A hat die T über einen längeren Zeitraum hinweg durch Schläge mit der Hand und mit einem Stock traktiert. Dies geht mit Schmerzen einher, jedenfalls hat die T Hämatome davon getragen. A hat die T folglich gequält.

14 Ferner könnte auch eine rohe Misshandlung vorliegen. Eine rohe Misshandlung setzt eine gefühllose, fremdes Leiden missachtende Gesinnung voraus.[14] Rohheit bezieht sich dabei nicht nur auf die Gesinnung des Täters, sondern auch auf das „Wie" der Misshandlung.[15] A hat ihre dreijährige Tochter mit einem Stock traktiert. Das Merkmal der Rohheit ist damit erfüllt. Folglich ist auch die Tatvariante der rohen Misshandlung gegeben.

---

[11] Schönke/Schröder/*Sternberg-Lieben* § 225 StGB Rn. 7.

[12] *Fischer* § 225 StGB Rn. 4.

[13] BGH NStZ 2004, 94 m. w. N.

[14] BGH NStZ 2007, 405 m. w. N.; *Fischer* § 225 StGB Rn. 9.

[15] Schönke/Schröder/*Sternberg-Lieben* § 225 StGB Rn. 13 m. w. N.

Weiterhin könnte die Qualifikation des § 225 Abs. 3 Nr. 1 StGB verwirklicht sein. Dazu müsste A die T durch die Tat in die Gefahr des Todes oder einer schweren Gesundheitsschädigung gebracht haben. Bei § 225 Abs. 3 StGB handelt es sich um eine reine Qualifikation, da § 18 StGB mit „besonderer Folge" nur Rechtsgutsverletzungen, nicht bloße Rechtsgutsgefährdungen meint.[16] Erforderlich ist jedoch wie bei erfolgsqualifizierten Delikten ein spezifischer Zurechnungszusammenhang zwischen der Tat nach § 225 Abs. 1 StGB und dem Eintritt der Todesgefahr („durch die Tat").[17] Gerade durch die Zufügung schwerster Verletzungen hat A die T in die Gefahr des Todes gebracht. § 225 Abs. 3 Nr. 1 Alt. 1 StGB ist daher erfüllt. 15

bb) Subjektiver Tatbestand

A müsste vorsätzlich gehandelt haben. Der Vorsatz muss sich dabei auch auf die Jugendlichkeit des Opfers und das Verhältnis zwischen Täter und Opfer beziehen. Der A waren diese Umstände bekannt. Sie handelte mithin mit Vorsatz. 16

b) Rechtswidrigkeit und Schuld

A handelte rechtswidrig und schuldhaft. 17

c) Ergebnis

A hat sich nach § 225 Abs. 1 Nr. 1, 2 Abs. 3 Nr. 1 StGB strafbar gemacht. 18

3. Körperverletzung mit Todesfolge (§ 227 Abs. 1 StGB)

A könnte sich wegen Körperverletzung mit Todesfolge strafbar gemacht haben, als sie die T derart schlug, dass diese mit dem Kopf gegen die Wand prallte und ihren Verletzungen erlag. 19

Hinweis: Bei § 227 StGB handelt es sich um ein sog. erfolgsqualifiziertes Delikt, welches als Grunddelikt eine vollendete Körperverletzung nach §§ 223ff. StGB und als schwere Folge den Eintritt des Todes voraussetzt. Grunddelikt und Folge müssen über einen gefahrspezifischen Zusammenhang verknüpft sein. Darüber hinaus muss der Täter gemäß § 18 StGB wenigstens fahrlässig hinsichtlich der schweren Folge handeln. Vgl. zum Aufbau *Wessels/Hettinger/Engländer* BT I Rn. 282.

a) Tatbestand

aa) Objektiver Tatbestand

(1) Verwirklichung des Grunddelikts

Ein heftiger Schlag mit der Hand ins Gesicht ist eine körperliche Misshandlung i.S.d. § 223 Abs. 1 StGB. Insoweit liegt der objektive Tatbestand des Grunddelikts vor. 20

(2) Eintritt der schweren Folge

Die T ist an den Folgen eines Schädeltraumas, das sie infolge des Schlages und des dadurch verursachten Aufpralls gegen die Wand erlitten hat, verstorben. Mit dem Tod der T ist die schwere Folge des § 227 StGB eingetreten. 21

(3) Gefahrspezifischer Zusammenhang

Der Tod der T muss durch die Körperverletzung verursacht worden sein. Bei der Erfolgsqualifikation des § 227 StGB genügt nach allgemeiner Meinung die bloße 22

[16] *Fischer* § 18 StGB Rn. 4.

[17] Schönke/Schröder/*Sternberg-Lieben* § 225 StGB Rn. 20.

Kausalität zwischen Grunddelikt und dem Eintritt der schweren Folge jedoch nicht. Die Todesfolge muss durch die Körperverletzung „unmittelbar" verursacht worden sein.[18] Einzelheiten zur Unmittelbarkeit sind umstritten,[19] allgemein wird jedoch gefordert, dass sich in dem Todeserfolg die der Verwirklichung des Grunddelikts eigentümliche Gefahr niedergeschlagen haben muss.[20] Dabei berücksichtigen die neuere Rspr. und Lit. auch das der Körperverletzungshandlung anhaftende Risiko eines tödlichen Ausgangs. Der Schlag der A ins Gesicht der T führte dazu, dass diese mit dem Kopf gegen die Wand prallte und sich ein Schädeltrauma zuzog. Das Risiko eines Schädeltraumas, welches zum Tod führt, entspricht der eigentümlichen Gefahr, die durch Schläge in das Gesicht eines Kindes entsteht. Der tatbestandsspezifische Gefahrzusammenhang ist vorliegend zu bejahen.

bb) Subjektiver Tatbestand

(1) Vorsatz bzgl. des Grunddelikts

23 A handelte bzgl. des Grunddelikts vorsätzlich (→ Rn. 6).

(2) Mindestens Fahrlässigkeit bzgl. der schweren Folge (§ 18 StGB)

24 A müsste bzgl. des Eintritts der schweren Folge mindestens fahrlässig gehandelt haben. Fahrlässig handelt, wer die im Verkehr erforderliche Sorgfalt außer Acht lässt. Da die Verwirklichung des Grunddelikts bereits pflichtwidrig war, soll es nach der Rspr. nur darauf ankommen, ob die schwere Folge objektiv und subjektiv vorhersehbar gewesen war.[21] Bei einem heftigen Schlag mit der Hand gegen den Kopf eines Kleinkindes ist es objektiv nicht völlig fern liegend, dass der Kopf aufgrund des Schlages gegen einen anderen Gegenstand geschleudert wird und das Kleinkind dadurch erhebliche Verletzungen davon trägt. A hat den Tod mithin objektiv fahrlässig herbeigeführt.

b) Rechtswidrigkeit und Schuld

25 Rechtfertigungsgründe sind nicht ersichtlich. Anhaltspunkte dafür, dass A den Erfolg subjektiv nicht vorhersehen konnte, liegen nicht vor. Von der subjektiven Vorhersehbarkeit ist daher ebenfalls auszugehen. A handelte mithin auch schuldhaft.

c) Ergebnis

26 A hat sich nach § 227 Abs. 1 StGB strafbar gemacht.

4. Gesamtergebnis Strafbarkeit der A

27 Die A hat sich damit nach §§ 223 Abs. 1, 224 Abs. 1 Nr. 2 Alt. 2, § 225 Abs. 1 Nr. 1, 2, § 227 Abs. 1 StGB strafbar gemacht. Dabei treten beim tödlichen Schlag ins Gesicht die §§ 223 Abs. 1, 224 Abs. 1 Nr. 2 StGB hinter § 227 StGB im Wege der Subsidiarität zurück, die zuvor verwirklichten gefährlichen Körperverletzungen stehen zu § 227 StGB in Tatmehrheit (§ 53 StGB). Die §§ 227 und 225 StGB stehen zueinander in Tateinheit (§ 52 StGB).

[18] *Fischer* § 227 StGB Rn. 3.

[19] Vgl. dazu *Wessels/Hettinger/Engländer* BT I Rn. 267ff. m.w.N.

[20] Lackner/Kühl/*Kühl* § 227 StGB Rn. 2 m.w.N.

[21] Vgl. *Wessels/Hettinger/Engländer* BT I Rn. 277.

II. Strafbarkeit des B

1. Misshandlung von Schutzbefohlenen (§ 225 Abs. 1 Nr. 1, 2 StGB)

Eine Strafbarkeit des B wegen Misshandlung Schutzbefohlener zum Nachteil der T scheidet aus, da B die T nicht selbst geschlagen hat. Auch Mittäterschaft kommt nicht in Betracht. 28

Hinweis: Es könnte auch gleich auf eine Strafbarkeit durch Unterlassen eingegangen werden, da es hier offensichtlich ist, dass B selbst keine aktiven Handlungen zur Verletzung der T vorgenommen hat.

2. Misshandlung von Schutzbefohlenen durch Unterlassen (§§ 225 Abs. 1 Nr. 1, 2 Abs. 3 Nr. 1, 13 Abs. 1 StGB)

B könnte sich jedoch der Misshandlung Schutzbefohlener durch Unterlassen nach §§ 225 Abs. 1 Nr. 1, 2, Abs. 3 Nr. 1, 13 Abs. 1 StGB strafbar gemacht haben, indem er, obwohl er von den Misshandlungen der A wusste, nichts unternahm. 29

a) Tatbestand

aa) Objektiver Tatbestand

Die T ist als Person unter 18 Jahren von A gequält und roh misshandelt worden (→ Rn. 12ff.). 30

(1) Unterlassen der gebotenen Handlung

B müsste die gebotene Handlung unterlassen haben. B hatte Kenntnis von den Misshandlungen der T und hätte einschreiten können, um weitere Misshandlungen und Quälereien zum Nachteil der T zu verhindern. Aufgrund dessen wusste er auch von der Schwere dieser Verletzungen, die zumindest eine schwere Gesundheitsschädigung darstellen (§ 225 Abs. 3 Nr. 1 Alt. 2 StGB). Indem er das nicht getan hat, hat er die T als seiner Fürsorge unterstellte Person gequält.[22] Ein Einschreiten wäre geboten gewesen. B hat jedoch nichts dergleichen getan. Insofern hat er eine gebotene Handlung unterlassen. Das Unterlassen der gebotenen Handlung müsste für den Erfolgseintritt kausal gewesen sein. Denkt man sich ein Einschreiten des B unter Anwendung der modifizierten Conditio-sine-qua-non-Formel hinzu, wäre es mit an Sicherheit grenzender Wahrscheinlichkeit nicht zu weiteren Misshandlungen gekommen. Das Unterlassen war daher kausal für den Erfolgseintritt. Ein Einschreiten war dem B auch möglich. 31

(2) Garantenstellung des B

Eine Strafbarkeit des B setzt des Weiteren eine Garantenstellung voraus, aufgrund derer er rechtlich dafür einzustehen hat, dass der rechtlich missbilligte Erfolg nicht eintritt. Eine derartige Garantenstellung kann sich aus Gesetz, aus Gewährsübernahme (Vertrag), aus einem besonderen Vertrauensverhältnis oder aus Ingerenz ergeben.[23] Als Vater der T obliegen ihm die Pflichten der §§ 1626, 1631 BGB, unter anderem sich gegenseitig beizustehen und Gefahren abzuwehren. B war also mithin Garant der T. 32

[22] Vgl. auch BGH NJW 1995, 2045, 2046.
[23] Vgl. dazu *Wessels/Beulke/Satzger* AT Rn. 1175ff.

(3) Zumutbarkeit

33 Dem B müsste die Vornahme der gebotenen Handlung auch zumutbar gewesen sein. Dies könnte möglicherweise zweifelhaft sein, weil B selbst erhebliche Nachteile mit Blick auf sein laufendes Asylverfahren fürchten musste. Bei der Frage der Zumutbarkeit ist zwischen der Wahrscheinlichkeit des Erfolgseintritts, der Möglichkeit der Rettung und dem Gewicht der gefährdeten Interessen bei Garant und dem Opfer abzuwägen.[24] Hier sind insbesondere die Intensität und auch die Häufigkeit der Misshandlungen gegenüber dem Kleinkind zu berücksichtigen, die in einer Gesamtbetrachtung ein Einschreiten zumutbar erscheinen lassen. Dies wird umso deutlicher, wenn man die gefährdeten Rechtsgüter, einerseits die körperliche Unversehrtheit der T, zum anderen lediglich wirtschaftliche und aufenthaltsrelevante Interessen des B, zueinander in Beziehung setzt. Man wird daher vorliegend von der Zumutbarkeit des Einschreitens ausgehen müssen.

Hinweis: Die Zumutbarkeit der gebotenen Rettungshandlung kann auch in der Schuld geprüft werden. Dies hängt davon ab, ob dieses Regulativ schon die Handlungspflicht als solche berühren oder als persönliches Schuldausschließungsmerkmal fungieren soll.

bb) Subjektiver Tatbestand

34 B müsste vorsätzlich gehandelt haben. Der Täter muss sich dazu seiner Handlungspflicht und der Zumutbarkeit normgemäßen Handelns bewusst sein. B hat trotz Kenntnis der Misshandlungen seiner Tochter T nichts unternommen. Anhaltspunkte für einen möglichen Tatbestandsirrtum i.S.d. § 16 StGB liegen nicht vor. Auch wenn B davon ausging, das deutsche Erziehungswesen lasse eine derartige Behandlung von Kleinkindern zu, hatte er Kenntnis von allen Tatbestandsmerkmalen. B handelte mithin vorsätzlich.

b) Rechtswidrigkeit

35 B handelte auch rechtswidrig.

c) Schuld

36 Fraglich ist jedoch, ob B auch schuldhaft gehandelt hat. Da B irrig davon ausging, dass das deutsche Erziehungswesen auch schwere Züchtigungen erlaube, könnte er sich insoweit in einem Erlaubnistatbestandsirrtum befunden haben. Einem Erlaubnistatbestandsirrtum unterliegt, wer fälschlicherweise die sachlichen Voraussetzungen eines anerkannten Rechtfertigungsgrundes annimmt, also Umstände für gegeben hält, die im Fall ihres tatsächlichen Vorliegens die Tat rechtfertigen würden.[25] Ein elterliches Züchtigungsrecht als Rechtfertigungsgrund existiert im deutschen Recht allerdings nicht (mehr). Jedenfalls wäre ein Züchtigungsrecht als Rechtfertigungsgrund im Rahmen der Misshandlung von Schutzbefohlenen nach § 225 Abs. 1 StGB ausgeschlossen.[26] Das Quälen und rohe Misshandeln von Kindern und Jugendlichen war auch unter den Kriterien der früheren Rspr. nicht mehr „angemessen und maßvoll". Insofern scheidet ein Erlaubnistatbestandsirrtum aus.

---

[24] *Fischer* § 13 StGB Rn. 81.
[25] *Wessels/Beulke/Satzger* AT Rn. 740.
[26] *Fischer* § 225 StGB Rn. 14.

In Betracht kommt jedoch ein Verbotsirrtum des B in der speziellen Form des Gebotsirrtums. Der Gebotsirrtum ist eine besondere Ausprägung des Verbotsirrtums i.S.d. § 17 StGB, der sich aus der speziellen Form des Unterlassungsdelikts ergibt.[27] In einem Verbotsirrtum befindet sich, wer weiß, was er tut, aber irrig annimmt, es sei erlaubt,[28] etwa weil der Täter an das Bestehen eines Rechtfertigungsgrundes glaubt, den das deutsche Strafrecht nicht kennt (Erlaubnisirrtum). B glaubt, dass die Misshandlungen der A von einem im deutschen Erziehungswesen geltenden Züchtigungsrecht gerechtfertigt seien. Insofern sei er zum Einschreiten nicht verpflichtet. Einen derartigen Rechtfertigungsgrund gibt es allerdings nicht. B unterliegt daher einem Erlaubnisirrtum. **37**

Hinweis: Bei einem Erlaubnistatbestandsirrtum irrt der Täter über **Tatsachen,** bei deren Vorliegen ein Rechtfertigungsgrund gegeben wäre. Dagegen irrt der Täter bei einem Erlaubnisirrtum über **rechtliche Wertungen,** hier das Bestehen eines von der Rechtsordnung nicht anerkannten Rechtfertigungsgrundes.

Ein solcher Irrtum schließt die Schuld jedoch nur aus, wenn der Irrtum unvermeidbar war (§ 17 Satz 1 StGB). An die Vermeidbarkeit eines solchen Irrtums stellt die Rspr. strenge Anforderungen. Es wird darauf abgestellt, ob der konkrete Täter nach seinen individuellen Fähigkeiten und nach dem Einsatz aller seiner Erkenntniskräfte und sittlichen Wertvorstellungen und durch Einholung von Erkundigungen[29] zur Einsicht hätte kommen können, Unrecht zu tun. Hier ist zu berücksichtigen, dass B aus einem anderen Kulturkreis stammt und mit der hiesigen Rechts- und Werteordnung nicht vertraut ist. Allerdings hätte er aufgrund der anhaltenden Misshandlungen der T nicht einfach passiv bleiben dürfen, sondern hätte sich durchaus über die Rechtmäßigkeit des Handelns der A erkundigen können. Der Irrtum des B war folglich vermeidbar und lässt die Schuld nicht entfallen. Entschuldigungsgründe kommen nicht in Betracht. B handelte schuldhaft.[30] **38**

d) Ergebnis

B ist strafbar wegen der Misshandlung Schutzbefohlener durch Unterlassen (§§ 225 Abs. 1 Nr. 1, 2, Abs. 3 Nr. 1, 13 Abs. 1 StGB). Die Strafe kann nach §§ 17 Satz 2, 49 Abs. 1 StGB gemildert werden. **39**

3. Körperverletzung durch Unterlassen (§§ 223 Abs. 1, 13 Abs. 1 StGB)

B könnte sich auch wegen Körperverletzung durch Unterlassen nach §§ 223 Abs. 1, 13 Abs. 1 StGB strafbar gemacht haben. **40**

a) Tatbestand

Der tatbestandsmäßige Erfolg ist mit der Gesundheitsschädigung und körperlichen Misshandlung der T durch die A eingetreten. B hat hiervon gewusst und nichts dagegen unternommen, insofern hat er eine gebotene Handlung unterlassen. Das Unterlassen war kausal für die weiteren Misshandlungen der B. Die Vornahme der gebotenen Handlung wäre dem B möglich und auch zumutbar gewesen. B war als **41**

[27] Lackner/Kühl/*Kühl* § 17 StGB Rn. 6.

[28] *Hilgendorf/Valerius* AT II § 8 Rn. 33.

[29] Lackner/Kühl/*Kühl* § 17 StGB Rn. 7.

[30] An dieser Stelle ist auch ein anderes Ergebnis vertretbar.

Vater der T Garant aufgrund elterlicher Sorge aus §§ 1626 Abs. 1, 1631 Abs. 1 BGB. Er handelte schließlich auch in Kenntnis aller Umstände des objektiven Tatbestandes, also vorsätzlich.

b) Rechtswidrigkeit und Schuld

42 B handelte rechtswidrig und schuldhaft.

c) Ergebnis

43 B ist strafbar der Körperverletzung durch Unterlassen nach § 223 Abs. 1, 13 Abs. 1 StGB zum Nachteil der T.

4. Gefährliche Körperverletzung durch Unterlassen (§§ 223 Abs. 1, 224 Abs. 1 Nr. 2 Alt. 2, 13 StGB)

44 Eine Strafbarkeit aus §§ 223 Abs. 1, 224 Abs. 1 Nr. 2 Alt. 2, 13 StGB scheidet aus, da B von den Schlägen mit dem Stock keine Kenntnis hatte.

5. Körperverletzung mit Todesfolge durch Unterlassen (§§ 227 Abs. 1, 13 Abs. 1 StGB)

a) Tatbestand

45 B könnte sich schließlich der Körperverletzung mit Todesfolge durch Unterlassen nach §§ 227 Abs. 1, 13 Abs. 1 StGB schuldig gemacht haben.

b) Grunddelikt

46 Das Grunddelikt der §§ 223 Abs. 1, 13 Abs. 1 StGB wurde objektiv verwirklicht, B hat eine gebotene zumutbare Handlung als Garant unterlassen. Fraglich ist allerdings, ob B diesbezüglich vorsätzlich gehandelt hat. Das könnte insoweit fraglich sein, als die letztlich tödliche Körperverletzung in Abwesenheit des B und damit ohne dessen Kenntnis stattgefunden hat. Wird die aktive Handlung jedoch durch einen Dritten vorgenommen, so muss sich bei § 227 StGB die Vorstellung des Unterlassungstäters auf die konkrete Körperverletzung richten, die nach Art, Ausmaß und Schwere den Tod des Opfers besorgen lässt.[31] Da B gar nicht anwesend war und somit keine Kenntnis von Art, Ausmaß und Schwere der Körperverletzung hatte, muss sein Vorsatz verneint werden. B handelte in Bezug auf das Grunddelikt nicht vorsätzlich.

c) Ergebnis

47 B ist nicht strafbar nach §§ 227 Abs. 1, 13 Abs. 1 StGB.

6. Gesamtergebnis zur Strafbarkeit des B

48 B ist strafbar wegen Misshandlung Schutzbefohlener durch Unterlassen nach §§ 225 Abs. 1 Nr. 1, 2, Abs. 3 Nr. 1, 13 Abs. 1 StGB sowie Körperverletzung durch Unterlassen nach §§ 223 Abs. 1, 13 Abs. 1 StGB. § 223 Abs. 1, 13 Abs. 1 StGB tritt hinter §§ 225 Abs. 1, Abs. 3 Nr. 1, 13 Abs. 1 StGB im Wege der Subsidiarität zurück. B ist also strafbar nach §§ 225 Abs. 1 Nr. 1, 2, Abs. 3 Nr. 1, 13 Abs. 1 StGB.

[31] BGH NStZ 1996, 36 m. w. N.

Fallbeurteilung

Der vorliegende Fall bewegt sich auf einem mittleren Niveau. Aus dem Besonderen Teil des StGB sind nur die Körperverletzungsdelikte anzusprechen. Die Schwerpunkte liegen im Allgemeinen Teil des StGB.

Bei der Prüfung der Strafbarkeit der A sollte vornehmlich auf eine saubere Subsumtion Wert gelegt werden. Näher einzugehen ist auf eine mögliche Rechtfertigung der Handlungen aufgrund eines elterlichen Züchtigungsrechts, welches jedoch schon aufgrund der Intensität und Dauerhaftigkeit der Schläge hier nicht in Betracht kommt. Ferner sollte die Prüfung des erfolgsqualifizierten Delikts (§ 227 StGB) beherrscht werden.

Bei der Untersuchung der Strafbarkeit des B kommen dieselben Delikte wie bei der Strafbarkeit der A in Betracht, mit dem Unterschied, dass diese hier als unechte Unterlassungsdelikte zu prüfen sind. Die Schwerpunkte liegen bei der Zumutbarkeit der gebotenen Rettungshandlung sowie der Irrtumsproblematik. Eine gute Bearbeitung zeichnet sich dadurch aus, dass beide Gesichtspunkte unabhängig voneinander diskutiert werden. Die Annahme des B, das deutsche Recht erlaube auch schwere Züchtigungen, ist als eine spezielle Form des Erlaubnisirrtums (Gebotsirrtum) nach § 17 StGB zu behandeln, weshalb auf die Vermeidbarkeit des Irrtums eingegangen werden muss. Schließlich muss bei der Prüfung der §§ 227, 13 StGB beachtet werden, dass B bei dem heftigen Schlag ins Gesicht nicht anwesend war und sich sein Unterlassungsvorsatz daher nicht auf die konkrete Körperverletzung richtet, die den Tod der T herbeigeführt hat.

Vertiefungshinweise: *Kindhäuser,* Zur Abgrenzung des Irrtums über Tatumstände vom Verbotsirrtum, JuS 2019, 953; *Knödler,* Das hat noch keinem geschadet. Vom Mythos der zulässigen elterlichen Gewalt gegenüber Kindern, ZKJ 2007, 58; *Roxin,* Die strafrechtliche Beurteilung der elterlichen Züchtigung, JuS 2004, 177.

Fall 17. Rache ist süß

Schwierigkeitsgrad: schwer

Sachverhalt

A will an B Rache nehmen, weil diese ihr den süßen C ausgespannt hat. Zu diesem Zweck mischt A ein Getränk an, das bei B Übelkeit erzeugen soll, und bittet ihre Freundin D, der B das Getränk zu bringen. A glaubt, dass D von der Manipulation nichts weiß, doch diese durchschaut die Lage. Da sie mit B einmal eine ähnliche Erfahrung gemacht hat, meint sie jedoch, es geschehe B „nur recht".

D geht mit dem Glas zu B, die gerade wieder intensiv mit C turtelt, und bietet ihr das Getränk an. Doch C entreißt ihr das Glas und trinkt es gierig in einem Zug aus. Schon einige Minuten später setzt die erwartete Wirkung ein. B hat zwar ein wirksames Gegenmittel in ihrer Handtasche, doch sie gibt es C nicht, weil sie sich über dessen rücksichtsloses Verhalten ärgert.

Wie haben sich A, B und D strafbar gemacht?

Gliederung

Rn.

I. Strafbarkeit der D 1
1. Körperverletzung zu Lasten des C (§ 223 Abs. 1 StGB) 1
   a) Tatbestand 2
      aa) Objektiver Tatbestand 2
      bb) Subjektiver Tatbestand 4
      Problem: Wie wirkt sich der Umstand aus, dass das Angriffsobjekt und das Verletzungsobjekt nicht identisch sind?
   b) Ergebnis 7
2. Versuchte Körperverletzung zu Lasten der B (§§ 223 Abs. 1, 22, 23 Abs. 1 StGB) 8
   a) Vorprüfung 9
   b) Tatentschluss 10
   c) Unmittelbares Ansetzen 11
   d) Rechtswidrigkeit, Schuld 12
   e) Ergebnis 13
3. Versuchte gefährliche Körperverletzung zu Lasten der B (§§ 224 Abs. 1, 22, 23 Abs. 1 StGB) 14
   a) Tatentschluss 15
   b) Ergebnis 17
4. Fahrlässige Körperverletzung zu Lasten des C (§ 229 StGB) 18
   a) Handlung, Erfolg, Kausalität 19

Rn.

b) Objektive Sorgfaltspflichtverletzung 20
Problem: War es objektiv vorhersehbar, dass das Getränk nicht von B, sondern von C getrunken wurde?
c) Objektive Zurechnung 21
d) Rechtswidrigkeit 22
e) Schuld 23
f) Ergebnis 24

II. Strafbarkeit der A 25
1. Körperverletzung in mittelbarer Täterschaft zu Lasten des C (§§ 223 Abs. 1, 25 Abs. 1 Alt. 2 StGB) 25
a) Tatbestandsmäßigkeit 26
Problem: Sind für die Annahme einer mittelbaren Täterschaft subjektive oder objektive Kriterien heranzuziehen?
b) Ergebnis 30
2. Versuchte Körperverletzung in mittelbarer Täterschaft zu Lasten des C (§§ 223 Abs. 1, 25 Abs. 1 Alt. 2, 22, 23 Abs. 1 StGB) 31
a) Vorprüfung 32
b) Tatentschluss 33
c) Ergebnis 35
3. Versuchte Körperverletzung in mittelbarer Täterschaft zu Lasten der B (§§ 223 Abs. 1, 25 Abs. 1 Alt. 2, 22, 23 Abs. 1 StGB) 36
a) Vorprüfung 37
b) Tatbestandsmäßigkeit 38
aa) Tatentschluss 38
bb) Unmittelbares Ansetzen 39
c) Rechtswidrigkeit, Schuld 40
d) Ergebnis 41
4. Anstiftung zur versuchten Körperverletzung zu Lasten der B (§§ 223 Abs. 1, 22, 23 Abs. 1, 26 StGB) 42
a) Tatbestand 43
aa) Vorsätzliche rechtswidrige Haupttat 43
bb) Anstiftungshandlung 44
cc) Vorsatz bzgl. der Haupttat 45
dd) Anstiftervorsatz 46
Problem: Ist der Anstiftervorsatz als Minus im Tätervorsatz enthalten?
b) Rechtswidrigkeit, Schuld 48
c) Ergebnis 49
5. Fahrlässige Körperverletzung zu Lasten des C (§ 229 StGB) 50

III. Strafbarkeit der B 52
1. Körperverletzung durch Unterlassen zu Lasten des C (§§ 223 Abs. 1, 13 Abs. 1 StGB) 52
a) Tatbestand 53
aa) Erfolg, Kausalität 53
bb) Garantenstellung 54
b) Ergebnis 55

Rn.
2. Unterlassene Hilfeleistung (§ 323c Abs. 1 StGB) 56
a) Tatbestand 57
b) Ergebnis 58
IV. Gesamtergebnis und Konkurrenzen 59
1. Strafbarkeit der D 59
2. Strafbarkeit der A 60
3. Strafbarkeit der B 61

Lösung

I. Strafbarkeit der D

Hinweis: Weil D der Tat am nächsten steht, sollte ihre Strafbarkeit zuerst geprüft werden. A könnte sowohl mittelbare Täterin als auch Anstifterin sein; ihre Strafbarkeit muss daher nach der Strafbarkeit der D geprüft werden.

1. Körperverletzung zu Lasten des C (§ 223 Abs. 1 StGB)

1 D könnte sich wegen Körperverletzung zu Lasten des C nach § 223 Abs. 1 StGB strafbar gemacht haben, indem sie der B das Übelkeit erregende Getränk anbot, das C in der Folge zu sich nahm.

a) Tatbestand

aa) Objektiver Tatbestand

2 Zunächst müsste eine körperliche Misshandlung bzw. eine Gesundheitsschädigung bei C eingetreten sein. Eine körperliche Misshandlung (§ 223 Abs. 1 Alt. 1 StGB) ist jede üble und unangemessene Behandlung, die geeignet ist, das körperliche Wohlbefinden mehr als nur unerheblich zu beeinträchtigen.[1] Das Verabreichen eines manipulierten, Übelkeit erregenden Getränks ist übel und unangemessen sowie zudem geeignet, das körperliche Wohlbefinden mehr als unerheblich zu beeinträchtigen. Eine körperliche Misshandlung liegt also vor. Eine Gesundheitsschädigung (§ 223 Abs. 1 Alt. 2 StGB) ist das Herbeiführen eines krankhaften Zustandes. Das Getränk löste bei C Übelkeit aus. Damit trat bei ihm ein krankhafter (pathologischer) Zustand ein. Eine Gesundheitsschädigung ist ebenfalls gegeben.

3 Fraglich ist jedoch, ob der Erfolg der D objektiv zurechenbar ist. Die nicht unbestrittene Lehre von der objektiven Zurechnung will als zusätzliches Korrektiv im objektiven Tatbestand prüfen, ob der Täter eine rechtlich missbilligte Gefahr geschaffen hat, die sich im Eintritt des konkreten Erfolges verwirklicht hat.[2] Hier liegt im Anbieten des Getränks an B die Schaffung einer rechtlich missbilligten Gefahr. Fraglich ist jedoch, ob sich im Erfolg diese Gefahr verwirklicht hat, oder ob er als Ergebnis einer eigenverantwortlichen Selbstschädigung[3] und damit als Werk des C (und nicht der D) zu betrachten ist. Hier hat zwar C eine notwendige Ursache für

[1] Lackner/Kühl/*Kühl* § 223 StGB Rn. 4.
[2] Vgl. *Hilgendorf/Valerius* AT § 4 Rn. 46.
[3] *Hilgendorf/Valerius* AT § 4 Rn. 60.

die Körperverletzung selbst gesetzt, indem er das Getränk austrank. Er hatte jedoch keinerlei Kenntnis von der Übelkeit erregenden Eigenschaft des Getränks. Eine eigenverantwortliche Selbstschädigung liegt somit nicht vor. Der Erfolg ist D objektiv zurechenbar. Der objektive Tatbestand ist erfüllt.

bb) Subjektiver Tatbestand

D müsste vorsätzlich gehandelt haben (§ 15 StGB). D wollte das Getränk der B übergeben und so an ihr eine Körperverletzung begehen. Getrunken hat jedoch C das Getränk, und auch der Körperverletzungserfolg ist bei C eingetreten. Es könnte ein nach § 16 Abs. 1 Satz 1 StGB vorsatzausschließender Tatbestandsirrtum vorliegen. 4

Das Angriffsobjekt und das Verletzungsobjekt, an dem der Verletzungserfolg eingetreten ist, sind vorliegend nicht identisch. Es liegt damit der Fall einer sog. aberratio ictus[4] (Fehlgehen der Tat) vor. 5

Hinweis: Die aberratio ictus ist von dem sog. error in persona zu unterscheiden. Ein error in persona liegt vor, wenn sich der Täter über die Identität der anvisierten Person irrt. Dagegen ist eine aberratio ictus gegeben, wenn der Täter seinen Angriff auf eine bestimmte Person lenkt, jedoch eine andere Person trifft, die er gar nicht anvisiert hatte.

Fraglich ist, wie das Problem der aberratio ictus rechtlich zu lösen ist. Nach einer Ansicht ist Vorsatz zu bejahen, wenn tatbestandliche Gleichwertigkeit zwischen dem beabsichtigten und dem tatsächlich getroffenen Verletzungsobjekt gegeben ist.[5] Hier hat D einen anderen Menschen verletzen wollen und die Körperverletzung an einem Menschen ist auch eingetreten. Damit wäre der Vorsatz gegeben. Andererseits kann man auch den Vorsatz als auf das beabsichtigte Tatobjekt konkretisiert ansehen.[6] Geht die Tat fehl und tritt der Verletzungserfolg an einem anderen Objekt ein, entfällt der Vorsatz bzgl. des tatsächlich getroffenen Objekts. Nach dieser Ansicht müsste man den Vorsatz der D verneinen. Für erstere Ansicht spricht, dass auch im Falle einer aberratio ictus das tatbestandlich umschriebene Geschehen sich objektiv und subjektiv voll verwirklicht hat. Gegen sie spricht jedoch, dass so die Anforderungen an die Konkretisierung des Vorsatzes extrem gelockert würden. Der unterstellte Vorsatz hätte kaum noch Bezug zu den faktischen Vorstellungen des Täters vom Ablauf der Tatbestandsverwirklichung. Damit entfällt nach der vorzugswürdigen h.M. im Falle des Fehlgehens der Tat der Vorsatz bzgl. des getroffenen Objekts. D hat somit bzgl. der Verletzung des C nicht vorsätzlich gehandelt. 6

b) Ergebnis

D hat sich nicht wegen (vollendeter) Körperverletzung zu Lasten des C strafbar gemacht. 7

2. Versuchte Körperverletzung zu Lasten der B (§§ 223 Abs. 1, 22, 23 Abs. 1 StGB)

D könnte sich jedoch wegen einer versuchten Körperverletzung zu Lasten der B gemäß §§ 223 Abs. 1, 22, 23 Abs. 1 StGB strafbar gemacht haben. 8

---

4 Lat. ictus = Hieb, Schlag, Stoß.

5 Vgl. *Loewenheim* JuS 1966, 310; *Puppe* GA 1981, 1; *Koriath* JuS 1997, 901.

6 *Wessels/Beulke/Satzger* AT Rn. 375ff.; MünchKommStGB/*Joecks* § 16 StGB Rn. 102; Lackner/Kühl/*Kühl* § 15 StGB Rn. 12; Schönke/Schröder/*Sternberg-Lieben/Schuster* § 15 StGB Rn. 57; *Fischer* § 16 StGB Rn. 6.

a) Vorprüfung

9 Zu einer Körperverletzung an B ist es nicht gekommen, vielmehr ist der Verletzungserfolg an C eingetreten. Die Tat ist mithin nicht vollendet. Der Versuch der Körperverletzung ist strafbar (§§ 23 Abs. 1 Alt. 2, 12 Abs. 2, 223 Abs. 2 StGB).

b) Tatentschluss

10 D müsste zur Tat entschlossen gewesen sein. Dies bedeutet Vorsatz bzgl. aller objektiven Tatbestandsmerkmale sowie das Vorliegen eventueller weiterer subjektiver Merkmale.[7] Vorsatz ist das Wissen und Wollen der Tatbestandsverwirklichung.[8] D wollte B dazu veranlassen, das vergiftete Getränk zu sich zu nehmen. Sie wusste und wollte, dass es dadurch bei dieser zu Übelkeit kommen würde. Damit hatte D Tatvorsatz (Absicht, dolus directus ersten Grades). Der Tatentschluss liegt vor.

c) Unmittelbares Ansetzen

11 D müsste zur Tat unmittelbar angesetzt haben (§ 22 StGB). Dies ist der Fall, wenn der Täter objektiv mit Ausführungshandlungen begonnen hat, die nach seiner Vorstellung von der Tat ohne weitere Zwischenschritte in die Tatbestandsverwirklichung einmünden sollen und subjektiv die Schwelle zum „Jetzt geht's los" überschritten haben.[9] Hier hat D der B das Getränk bereits angeboten. Sie hat damit alles getan, was zur Tatbestandsverwirklichung führen sollte und auch subjektiv die Schwelle des „Jetzt geht's los" überschritten. D hat zur Tat unmittelbar angesetzt.

d) Rechtswidrigkeit, Schuld

12 D hat auch rechtswidrig und schuldhaft gehandelt.

e) Ergebnis

13 D hat sich wegen versuchter Körperverletzung zu Lasten der B nach §§ 223 Abs. 1, 22, 23 Abs. 1 StGB strafbar gemacht.

3. Versuchte gefährliche Körperverletzung zu Lasten der B (§§ 224 Abs. 1, 22, 23 Abs. 1 StGB)

Hinweis: Dies ist ein Beispiel einer getrennten Prüfung von Grundtatbestand und Qualifikation. Die Qualifikationsmerkmale des § 224 Abs. 1 und des § 223 Abs. 1 StGB können natürlich auch gemeinsam im Tatentschluss erörtert werden.

14 Hinsichtlich der Vorprüfung kann auf das bereits zur einfachen Körperverletzung Ausgeführte (→ Rn. 9) verwiesen werden.

a) Tatentschluss

15 Es kommt auch die Qualifikation nach § 224 Abs. 1 Nr. 1 StGB in Betracht. D müsste Vorsatz gehabt haben, die Körperverletzung durch Beibringen von Gift oder sonstigen gesundheitsschädlichen Stoffen zu begehen. Gift ist ein Stoff, der geeignet ist, durch chemische oder physikalisch-chemische Wirkung die Gesundheit

---

[7] *Hilgendorf/Valerius* AT § 4 Rn. 67.
[8] Lackner/Kühl/*Kühl* § 15 StGB Rn. 3.
[9] *Wessels/Beulke/Satzger* AT Rn. 948.

zu schädigen.[10] Ein „sonstiger gesundheitsschädlicher Stoff" ist dagegen ein solcher, der seine Wirkung auf anderem Wege entfaltet, beispielsweise mechanisch.[11] Es ist davon auszugehen, dass der dem Getränk beigegebene Stoff chemisch wirkte. Beigebracht ist ein Gift, wenn es derart mit dem Körper des Opfers in Beziehung gebracht wurde, dass es seine schädliche Wirkung entfalten kann. Dies sollte hier durch das Trinken geschehen.

Aufgrund der relativ hohen Strafandrohung des § 224 Abs. 1 StGB gegenüber **16**
§ 223 Abs. 1 StGB sind an den Grad der Eignung zur Gesundheitsschädigung jedoch erhöhte Anforderungen zu stellen. Die h. M. verlangt, dass die Substanz nach ihrer Art und dem konkreten Einsatz zu einer erheblichen Gesundheitsschädigung geeignet ist.[12] Eine solche Eignung wird man hier verneinen müssen: Eine bloß vorübergehende Übelkeit ist weder nach Dauer noch nach Intensität ein erheblicher Gesundheitsschaden. D fehlte daher der Tatentschluss zur Verwirklichung des § 224 Abs. 1 Nr. 1 StGB.

b) Ergebnis

D hat sich nicht wegen Versuchs der gefährlichen Körperverletzung zu Lasten der B **17**
nach §§ 224 Abs. 1, 22, 23 Abs. 1 StGB strafbar gemacht.

4. Fahrlässige Körperverletzung zu Lasten des C (§ 229 StGB)

In Betracht kommt ferner eine Strafbarkeit wegen fahrlässiger Körperverletzung **18**
nach § 229 StGB zu Lasten des C.

a) Handlung, Erfolg, Kausalität

Der tatbestandsmäßige Erfolg ist mit der Körperverletzung an C eingetreten **19**
(→ Rn. 2 f.). Das Anbieten des Getränks durch D war dafür auch kausal i. S. einer notwendigen Bedingung (conditio sine qua non).

b) Objektive Sorgfaltspflichtverletzung

B müsste bei Vorhersehbarkeit und Vermeidbarkeit des Erfolges eine Sorgfaltspflicht **20**
verletzt haben. Es ist hierbei auf den Ex-ante-Maßstab eines umsichtig handelnden Menschen aus dem Verkehrskreis des Täters unter Berücksichtigung der gegebenen Umstände und der allgemeinen Lebenserfahrung abzustellen.[13] Fraglich ist, ob es vorhersehbar war, dass auch Dritte durch das angebotene manipulierte Getränk eine Körperverletzung erleiden können. Dagegen spricht, dass es nicht den sozial akzeptierten Verhaltensweisen entspricht, fremde Getränke auszutrinken. Man könnte daher argumentieren, dies sei auch nicht vorhersehbar. Andererseits entspricht es der Lebenserfahrung, dass es zumindest nicht völlig unwahrscheinlich ist, dass andere Personen von einem Getränk trinken, sei es, um zu probieren, oder weil der eigentliche Besitzer es nicht austrinken möchte. Es war damit vorhersehbar, dass

10 *Fischer* § 224 StGB Rn. 4.

11 Etwa Glassplitter, aber auch Bakterien oder Viren, soweit sie nicht schon zu den Giften zählen. Vgl. *Fischer* § 224 StGB Rn. 5.

12 BGHSt 51, 18, 22; *Jäger* JuS 2000, 35; *Hilgendorf* ZStW 112, 2000, 811, 828; *Wallschläger* JA 2002, 390; *Wessels/Hettinger/Engländer* BT I Rn. 228.

13 *Hilgendorf/Valerius* AT § 12 Rn. 28; *Wessels/Beulke/Satzger* AT Rn. 1119; *Zieschang* S. 118.

eventuell eine dritte Person von dem Getränk trinken würde. Der daraus folgende Eintritt der Körperverletzung wäre vermeidbar gewesen, hätte D das vergiftete Getränk gar nicht erst durch Anbieten in Verkehr gebracht. D hat daher eine Sorgfaltspflicht verletzt.

c) Objektive Zurechnung

21 Die Tat müsste D auch objektiv zurechenbar sein. D hat eine rechtlich relevante Gefahr geschaffen, indem sie ein manipuliertes Getränk in Verkehr gebracht hat. Diese Gefahr hat sich in der Körperverletzung eines Dritten, der davon getrunken hat, manifestiert. C wusste von der Zusammensetzung des Getränks nichts. Eine eigenverantwortliche Selbstschädigung oder -gefährdung liegt damit nicht vor. Die Tat ist der D objektiv zurechenbar. Der Tatbestand ist damit erfüllt.

d) Rechtswidrigkeit

22 D hat auch rechtswidrig gehandelt.

e) Schuld

23 Das Verhalten der D müsste auch subjektiv vorhersehbar, vermeidbar und sorgfaltspflichtwidrig gewesen sein. Es ist kein Anhaltspunkt dafür ersichtlich, dass B nicht in der Lage gewesen wäre, die Gefährdung Dritter zu erkennen. Gleiches gilt für die Vermeidbarkeit und Sorgfaltspflichtwidrigkeit. Damit liegt auch subjektiv eine Sorgfaltspflichtverletzung vor. D hat schuldhaft gehandelt.

f) Ergebnis

24 D hat sich nach § 229 StGB zu Lasten des C strafbar gemacht.

II. Strafbarkeit der A

1. Körperverletzung in mittelbarer Täterschaft zu Lasten des C (§§ 223 Abs. 1, 25 Abs. 1 Alt. 2 StGB)

25 A könnte sich durch das Anmischen des Getränks und die Beauftragung der D, es der B zu überreichen, wegen Körperverletzung in mittelbarer Täterschaft zu Lasten des C nach §§ 223 Abs. 1, 25 Abs. 1 Alt. 2 StGB strafbar gemacht haben.

a) Tatbestandsmäßigkeit

26 A hat die Tatausführung nicht selbst vorgenommen. Sie könnte jedoch die Tat in mittelbarer Täterschaft durch einen anderen begangen haben (§ 25 Abs. 1 Alt. 2 StGB). Voraussetzung der mittelbaren Täterschaft ist, dass der Täter einen anderen als sein Werkzeug zur Verwirklichung des Tatbestandes benutzt. Dies ist in der Regel dann der Fall, wenn beim Tatmittler ein Strafbarkeitsdefizit auf Vorsatz-, Rechtswidrigkeits- oder Schuldebene besteht. Hier ging A davon aus, D wisse nichts von der Manipulation am Getränk. Damit hätte D keinen Körperverletzungsvorsatz gehabt. In Wirklichkeit wusste diese jedoch, dass das Getränk Übelkeit erregen würde, hat also vorsätzlich gehandelt.

27 Fraglich ist, ob allein die subjektive Vorstellung des Täters, den Vordermann als Werkzeug zu benutzen, zur Begründung der mittelbaren Täterschaft ausreicht. Auf

der Grundlage der Bestimmung der Täterschaft nach subjektiven Anhaltspunkten bejaht die Rspr.[14] das Vorliegen einer mittelbaren Täterschaft, wenn der Beteiligte „die Tat als eigene wollte" (animus auctoris). Dagegen soll nur Teilnehmervorsatz gegeben sein, wenn der Beteiligte die Tat nur „als fremde wollte" (animus socii). A ging subjektiv davon aus, D handle unvorsätzlich, und wollte die Tat als eigene. Demnach hätte A nach der Ansicht der Rspr. als mittelbare Täterin gehandelt.

Nach der in der Lit. überwiegenden Ansicht ist zur Bestimmung der Tätereigenschaft jedoch das objektive Kriterium der Tatherrschaft heranzuziehen. Diese ist umschrieben als das vom Vorsatz umfasste In-den-Händen-Halten des Geschehensablaufs.[15] Dies wäre hier der Fall, wenn A wirklich ein der D überlegenes Wissen über die Zusammensetzung des Getränks besessen hätte. Dies war jedoch nicht gegeben; D handelte strafrechtlich voll verantwortlich. Damit ist nach dieser Ansicht keine mittelbare Täterschaft gegeben. **28**

Für letztere Ansicht spricht, dass nur die objektive Tatherrschaft eine einigermaßen verlässliche Abgrenzung zwischen den sonst nahezu beliebig austauschbaren Beteiligungsformen Täterschaft und Teilnahme ermöglicht. Den Vorzug verdient daher die herrschende Ansicht der Lit.,[16] die einen Tatveranlasser in der vorliegenden Konstellation nur wegen eines Versuchs mittelbarer Tatbegehung[17] (und eventuell vollendeter Anstiftung)[18] bestrafen will. Damit hat A nicht als mittelbare Täterin gehandelt. **29**

b) Ergebnis

A ist nicht strafbar wegen Körperverletzung in mittelbarer Täterschaft zu Lasten des C. **30**

2. Versuchte Körperverletzung in mittelbarer Täterschaft zu Lasten des C (§§ 223 Abs. 1, 25 Abs. 1 Alt. 2, 22, 23 Abs. 1 StGB)

A könnte sich jedoch wegen versuchter Körperverletzung in mittelbarer Täterschaft zu Lasten des C nach §§ 223 Abs. 1, 25 Abs. 1 Alt. 2, 22, 23 Abs. 1 StGB strafbar gemacht haben. **31**

a) Vorprüfung

Die Voraussetzungen der mittelbaren Täterschaft liegen objektiv nicht vor. Der Versuch der Körperverletzung ist nach §§ 23 Abs. 1 Alt. 2, 12 Abs. 2, 223 Abs. 2 StGB strafbar. **32**

b) Tatentschluss

Der Vorstellung der A nach besaß sie die Tatherrschaft kraft überlegenen Wissens und handelte nach § 25 Abs. 1 Alt. 2 StGB durch die vorsatzlose D als Werkzeug. Sie hatte Tatentschluss in Bezug auf die Begehung der Tat in mittelbarer Täterschaft. **33**

---

14 So z. B. in BGHSt 6, 226; 8, 70; 28, 346.

15 *Wessels/Beulke/Satzger* AT Rn. 807; krit. zu objektiven Abgrenzungsversuchen *Baumann/Weber/Mitsch/Eisele* § 25 Rn. 27 ff.

16 Für eine Lösung auf der Grundlage der Minderheitenansicht → Fall 14 Rn. 32 („Der Boxkampf").

17 *Gropp* § 10 Rn. 77; *Maurach/Gössel/Zipf* § 48 Rn. 112.

18 *Jescheck/Weigend* § 62 III 1; Schönke/Schröder/*Heine/Weißer* Vor §§ 25 ff. StGB Rn. 76.

34 A wollte das Übelkeit erregende Getränk jedoch der B, nicht dem C zukommen lassen. Sie hatte Körperverletzungsvorsatz lediglich hinsichtlich der B. Durch das Dazwischentreten des C ging die Tatausführung der beabsichtigten Tatmittlerin fehl (aberratio ictus, → Rn. 5). Aus Sicht des mittelbaren Täters ist dies ebenfalls ein Fehlgehen der Tat,[19] mithin fehlte der A der Vorsatz bzgl. des C als tatsächlichem Verletzungsobjekt. Der Tatentschluss liegt demnach nicht vor.

c) Ergebnis

35 A hat sich nicht wegen Versuchs einer Körperverletzung in mittelbarer Täterschaft zu Lasten des C strafbar gemacht.

3. Versuchte Körperverletzung in mittelbarer Täterschaft zu Lasten der B (§§ 223 Abs. 1, 25 Abs. 1 Alt. 2, 22, 23 Abs. 1 StGB)

36 Ferner könnte sich A wegen Versuchs einer Körperverletzung in mittelbarer Täterschaft zu Lasten der B nach §§ 223 Abs. 1, 25 Abs. 1 Alt. 2, 22, 23 Abs. 1 StGB strafbar gemacht haben.

a) Vorprüfung

37 Zur Körperverletzung der B ist es nicht gekommen. Zudem fehlen die objektiven Voraussetzungen der mittelbaren Täterschaft. Der Versuch der Körperverletzung ist strafbar (§§ 23 Abs. 1 Alt. 2, 12 Abs. 2, 223 Abs. 2 StGB).

b) Tatbestandsmäßigkeit

aa) Tatentschluss

38 A hatte Tatentschluss bzgl. ihrer mittelbaren Täterschaft. D sollte als ihr Werkzeug handeln (§ 25 Abs. 1 Alt. 2 StGB). A wollte die Körperverletzung der B durch das vergiftete Getränk. Damit war sie zur Tat entschlossen.

bb) Unmittelbares Ansetzen

39 A müsste weiterhin zur Tat unmittelbar angesetzt haben (§ 22 StGB). Für den Fall der mittelbaren Täterschaft ist fraglich, wann unmittelbar zur Tat angesetzt wird. Die herrschende Auffassung will die gleichen Grundsätze wie bei der unmittelbaren Täterschaft anwenden. Danach setzt der mittelbare Täter spätestens dann zur Tat an, wenn der Tatmittler dies tut.[20] Hier hat D als Tatmittlerin bereits alles getan, was nach ihrer Vorstellung zur Tatbestandsverwirklichung führen sollte. Damit hat auch A zur Tat in mittelbarer Täterschaft angesetzt.

c) Rechtswidrigkeit, Schuld

40 A hat rechtswidrig und schuldhaft gehandelt.

d) Ergebnis

41 A hat sich wegen Versuchs einer Körperverletzung in mittelbarer Täterschaft zu Lasten der B strafbar gemacht nach §§ 223 Abs. 1, 25 Abs. 1 Alt. 2, 22, 23 Abs. 1 StGB.

---

[19] So die h. M., vgl. *Jescheck/Weigend* § 62 III 2; LK/*Schünemann* § 25 StGB Rn. 149.
[20] Vgl. *Wessels/Beulke/Satzger* AT Rn. 974; *Kindhäuser/Hilgendorf* § 22 StGB Rn. 35.

4. Anstiftung zur versuchten Körperverletzung zu Lasten der B (§§ 223 Abs. 1, 22, 23 Abs. 1, 26 StGB)

A könnte sich ferner wegen Anstiftung zur versuchten Körperverletzung zu Lasten 42
der B nach §§ 223 Abs. 1, 22, 23 Abs. 1, 26 StGB strafbar gemacht haben.

a) Tatbestand

aa) Vorsätzliche rechtswidrige Haupttat

Eine vorsätzliche, rechtswidrige Haupttat liegt in der versuchten Körperverletzung 43
der D zu Lasten der B nach §§ 223 Abs. 1, 22, 23 Abs. 1 StGB.

bb) Anstiftungshandlung

A müsste D zur Tat bestimmt haben (§ 26 StGB). Bestimmen zur Tat bedeutet 44
Hervorrufen des Tatentschlusses.[21] Durch die Aufforderung der A, das Getränk der B anzubieten, fasste D den Entschluss, dies zu tun und damit eine Körperverletzung gegen B zu begehen. A hat D objektiv zur Tat bestimmt.

cc) Vorsatz bzgl. der Haupttat

A müsste Vorsatz bzgl. der Vollendung der Haupttat gehabt haben. Vorsatz ist das 45
Wissen und Wollen der Tatbestandsverwirklichung. A wusste, dass das Getränk bei B Übelkeit verursachen würde und wollte dies. Sie hatte Vorsatz bzgl. der Körperverletzung als Haupttat.

dd) Anstiftervorsatz

A müsste auch Vorsatz bzgl. des Hervorrufens des Tatentschlusses bei D, also der 46
Anstiftungshandlung gehabt haben. Problematisch ist hier, dass A die Tat durch D als Werkzeug begehen und somit mittelbare Täterin sein wollte. Sie wollte die D gerade nicht zur verantwortlichen Tatbegehung anstiften.

Fraglich ist daher, ob der Anstiftervorsatz als Minus im Tätervorsatz enthalten 47
ist. Dies wird teils verneint, da der Anstiftungsvorsatz qualitativ anders geartet sei als der Täterwille.[22] Die h.A. sieht jedoch zu Recht den Anstiftervorsatz als im Vorsatz der täterschaftlichen Begehung als „qualitatives Minus" enthalten an.[23] Ein Täter, der die Tat als eigene begehen will, ist nicht beschwert, wenn ihm lediglich die weniger schwere Beteiligungsform zum Vorwurf gemacht wird. Dies verstößt auch nicht gegen Art. 103 Abs. 2 GG, sofern für die Teilnahme nicht ausnahmsweise ein höherer Strafrahmen eröffnet ist als für die täterschaftliche Beteiligung.[24] Damit ist dieser Ansicht zu folgen. Der Anstiftervorsatz der A ist daher zu bejahen.

b) Rechtswidrigkeit, Schuld

A hat rechtswidrig und schuldhaft gehandelt. 48

---

[21] *Hilgendorf/Valerius* AT § 9 Rn. 121.

[22] *Gropp* § 10 Rn. 77; *Maurach/Gössel/Zipf* § 48 Rn. 113.

[23] *Wessels/Beulke/Satzger* AT Rn. 861; *Jescheck/Weigend* § 62 III 1; Schönke/Schröder/*Heine/Weißer* Vor §§ 25 ff. StGB Rn. 80; *Kühl* § 20 Rn. 87.

[24] *Wessels/Beulke/Satzger* AT Rn. 861.

c) Ergebnis

49 A hat sich wegen Anstiftung zur versuchten Körperverletzung nach §§ 223 Abs. 1, 22, 23 Abs. 1, 26 StGB strafbar gemacht.

5. Fahrlässige Körperverletzung zu Lasten des C (§ 229 StGB)

50 Indem A das manipulierte Getränk in Verkehr brachte, hat sie kausal die Körperverletzung des C herbeigeführt. Der Erfolgseintritt war objektiv und subjektiv vorhersehbar und vermeidbar (→ Rn. 20ff.). Dieses Handeln verstieß gegen die im Verkehr erforderliche Sorgfalt, und der Erfolgseintritt ist A auch objektiv zurechenbar. A wusste zwar nichts davon, dass C bei der Übergabe des Getränks anwesend sein würde, es war aus ihrer subjektiven Perspektive jedoch keineswegs auszuschließen, dass eine dritte Person mit dem Getränk in Kontakt treten könnte. Deshalb liegt auch subjektiv Fahrlässigkeit vor.

51 Damit hat sich A auch nach § 229 StGB wegen fahrlässiger Körperverletzung zu Lasten des C strafbar gemacht.

III. Strafbarkeit der B

1. Körperverletzung durch Unterlassen zu Lasten des C (§§ 223 Abs. 1, 13 Abs. 1 StGB)

52 B könnte sich dadurch, dass sie dem C nicht das Gegenmittel verabreichte, wegen Körperverletzung durch Unterlassen zum Nachteil des C nach §§ 223 Abs. 1, 13 Abs. 1 StGB strafbar gemacht haben.

a) Tatbestand

aa) Erfolg, Kausalität

53 Auch das Fortbestehenlassen der Übelkeit ist eine körperliche Misshandlung und Gesundheitsschädigung. Der Körperverletzungserfolg ist somit eingetreten. B dürfte die ihr mögliche Rettungshandlung nicht ausgeführt haben. B hätte dem C das Gegenmittel geben können. Dies tat sie nicht und führte damit die ihr mögliche Rettungshandlung nicht aus. Es müsste ferner Kausalität gegeben sein, d. h. der Erfolg müsste bei Hinzudenken der Rettungshandlung mit an Sicherheit grenzender Wahrscheinlichkeit entfallen. Hätte B dem C das wirksame Gegenmittel verabreicht, wäre dessen Übelkeit beendet worden. Damit liegt die Kausalität vor.

bb) Garantenstellung

54 B müsste als Garantin zur Abwendung des Erfolges verpflichtet gewesen sein (§ 13 StGB). In Frage kommt hier allein eine Garantenstellung aus enger persönlicher Verbundenheit. B ist die Freundin des C. Um eine Garantenstellung zu begründen, müsste die enge Verbundenheit jedoch rechtlich gefestigt sein, wie dies z. B. bei Familienangehörigen untereinander der Fall ist.[25] Bereits bei Verlobten soll es auf weitere Umstände ankommen.[26] Hier besteht lediglich eine Liebesbeziehung, zudem wohl seit noch nicht allzu langer Zeit. Damit ist B nicht Beschützergarantin

[25] Schönke/Schröder/*Bosch* § 13 StGB Rn. 17.

[26] BGH JR 1955, 104 m. Anm. *Heinitz*.

für die Gesundheit des C. Mangels Garantenstellung scheidet eine Strafbarkeit nach §§ 223 Abs. 1, 13 Abs. 1 StGB daher aus.

b) Ergebnis

B hat sich nicht wegen Körperverletzung durch Unterlassen strafbar gemacht. 55

2. Unterlassene Hilfeleistung (§ 323c Abs.1 StGB)

Es kommt jedoch eine Strafbarkeit wegen unterlassener Hilfeleistung (§ 323c Abs. 1 StGB) in Betracht. 56

a) Tatbestand

Es müsste ein Unglücksfall vorliegen. Unglücksfall ist jedes plötzlich eintretende Ereignis, von dem die unmittelbare Gefahr eines erheblichen Schadens für andere Menschen oder Sachen von bedeutendem Wert ausgeht.[27] Hier war dem C lediglich übel. Sein Zustand verschlechterte sich nicht. Damit lag keine Gefahr eines erheblichen Schadens für einen anderen Menschen vor. Der objektive Tatbestand ist daher nicht erfüllt. 57

b) Ergebnis

B hat sich nicht wegen unterlassener Hilfeleistung nach § 323c Abs. 1 StGB strafbar gemacht. 58

IV. Gesamtergebnis und Konkurrenzen

1. Strafbarkeit der D

D hat sich nach §§ 223 Abs. 1, 22, 23 Abs. 1 StGB zum Nachteil der B und § 229 StGB zum Nachteil des C strafbar gemacht. Die Taten wurden durch eine Handlung im natürlichen Sinne begangen und stehen in Tateinheit (§ 52 StGB). 59

2. Strafbarkeit der A

A hat sich nach §§ 223 Abs. 1, 25 Abs. 1 Alt. 2, 22, 23 Abs. 1 StGB und §§ 223 Abs. 1, 22, 23 Abs. 1, 26 StGB zum Nachteil der B sowie § 229 StGB zum Nachteil des C strafbar gemacht. Die Taten stehen in Tateinheit (§ 52 StGB). 60

3. Strafbarkeit der B

B hat sich nicht strafbar gemacht. 61

Fallbeurteilung

Die Klausur weist einen gehobenen Schwierigkeitsgrad auf. Die zentrale im Fall zu problematisierende Konstellation ist die irrtümliche Annahme der Gutgläubigkeit des Tatmittlers.

[27] *Wessels/Hettinger/Engländer* BT I Rn. 1091.

Der Täter geht bei dieser Problemstellung irrtümlich davon aus, der ins Auge gefasste Tatmittler sei gutgläubig, es fehle ihm also der Vorsatz, oder es liege ein Defizit im Schuldbereich vor (z. B. Schuldunfähigkeit). Die Lösung dieser Problematik hängt systematisch mit der Täterschaftstheorie zusammen.

Die auf der Grundlage der subjektiven Theorie entscheidende Rspr. geht von der Vorstellung des Täters aus. Dieser besitzt hier animus auctoris. Er will die Tat als eigene und stellt sich vor, den Geschehensablauf bestimmend in den Händen zu halten. Damit gelangt man zur Verurteilung wegen mittelbarer Täterschaft.

Zu einem anderen Ergebnis gelangt man ausgehend von der in der Lit. herrschenden Tatherrschaftslehre. Hier kommt es auf die Tatherrschaft an, d. h. ob der Täter das Geschehen tatsächlich in den Händen hält und nach seinen Vorstellungen ablaufen lassen oder hemmen kann. Eine solche Stellung kann gegenüber einem Tatmittler durch überlegenes Wissen begründet werden. Dieses überlegene Wissen und damit die Tatherrschaft liegt beim Irrtum über die Gutgläubigkeit des Vordermannes jedoch nur in der Vorstellung des Täters vor, objektiv hingegen nicht. Eine vollendete mittelbare Täterschaft kommt damit nicht in Betracht.

Für die Ansicht der Lit. wird ins Feld geführt, dass allein die Tatherrschaftslehre einen nachprüfbaren Weg der Abgrenzung von Täterschaft und Teilnahme aufzeigt. Auch wird der Wortlaut des § 25 Abs. 1 Alt. 2 StGB überspannt, wenn man von Begehung „durch einen anderen" spricht, obwohl dieser voll verantwortlich ist. Die Entscheidung für den Weg der Lit. hat aber auch ganz klare klausurtaktische Vorteile: Es stellt sich bei Verneinung einer vollendeten mittelbaren Täterschaft nämlich die Frage, wie der vermeintliche mittelbare Täter zu bestrafen ist.

Nach allgemeinen Grundsätzen kann man zur Strafbarkeit wegen Versuchs der betreffenden Straftat in mittelbarer Täterschaft gelangen,[28] da es an einer objektiven tatbestandlichen Voraussetzung fehlt, die jedoch subjektiv gegeben ist. Nach der h. A. ist alternativ[29] oder zusätzlich[30] wegen Anstiftung (§ 26 StGB) zu bestrafen. Problematisch ist die Begründung des Anstiftervorsatzes: Eigentlich wollte der Täter nicht einen anderen zur Begehung einer Straftat bestimmen, sondern diese Tat selbst (wenn auch „durch einen anderen") begehen. Eine stark vertretene Ansicht behilft sich hier mit der Konstruktion, der Anstiftervorsatz sei als „qualitatives Minus" im Willen zur Tatherrschaft enthalten. Diese Lösung ist aus rechtsstaatlichen Gründen jedoch dann nicht gangbar, wenn wie im Bereich der Aussage- und Urkundendelikte im Einzelfall die Strafandrohung der Anstiftung über derjenigen der mittelbaren täterschaftlichen Beteiligungsform liegt (vgl. §§ 154, 160 StGB bzw. §§ 348, 271 StGB).

Als „Standardlösung" für die Klausur ist die Annahme von Versuch der mittelbaren Begehung und vollendeter Anstiftung in Tateinheit vorzugswürdig, da so alle Probleme dargestellt werden können und sich das Ergebnis aus der allgemeinen Systematik des Verbrechensaufbaus schlüssig ergibt.

---

[28] *Gropp* § 10 Rn. 77; *Maurach/Gössel/Zipf* § 48 Rn. 112 f.

[29] *Jescheck/Weigend* § 62 III 1; Schönke/Schröder/*Heine/Weißer* Vor §§ 25 ff. StGB Rn. 76; *Wessels/Beulke/Satzger* AT Rn. 861.

[30] LK/*Schünemann* § 25 StGB Rn. 14.

Weiterführende Hinweise: Ein ähnliches Problem stellt sich, wenn der Täter irrtümlich von der *Bösgläubigkeit* des Vordermannes ausgeht, dieser aber in Wirklichkeit ein (gutgläubiges) Werkzeug war. Objektiv liegt dann mittelbare Täterschaft, subjektiv Anstiftung vor. Mittelbare Täterschaft scheidet wegen des fehlenden Vorsatzes aus. Vollendete Anstiftung kommt dann in Betracht, wenn sich die Werkzeugqualität des vermeintlich Angestifteten aus einem Schuldmangel ergibt. Eine den Regeln der limitierten Akzessorietät genügende vorsätzliche rechtswidrige Haupttat liegt dann vor. Ist der Mangel dagegen im Vorsatzbereich zu verorten, bleibt mangels vorsätzlicher Haupttat nur eine Strafbarkeit nach § 30 Abs. 1 StGB wegen versuchter Anstiftung, was Strafbarkeitslücken im Bereich der Vergehen zurücklässt.

Vertiefungshinweis: *El-Ghazi,* Die Abgrenzung von error in persona (vel obiecto) und aberratio ictus, JuS 2016, 303; *Kudlich,* Zur Übung – Strafrecht: Irrtumsprobleme bei der mittelbaren Täterschaft, JuS 2003, 755.

Anhang 1: Aufbauschemata

I. Das vollendete vorsätzliche Begehungsdelikt

A. Tatbestand

I. Objektiver Tatbestand
1. Besondere Tätermerkmale (z. B. Amtsträgereigenschaft)
2. Tathandlung
3. Erfolgseintritt
4. Kausalität
5. Gegebenenfalls objektive Zurechnung

II. Subjektiver Tatbestand
1. Vorsatz bzgl. aller objektiven Tatbestandsmerkmale
2. Sonstige subjektive Tatbestandsmerkmale

B. Rechtswidrigkeit

I. Nichteingreifen von Rechtfertigungsgründen

II. Bei offenen Tatbeständen gesonderte Feststellung der Rechtswidrigkeit (z. B. Verwerflichkeit i. S. d. § 240 Abs. 2 StGB)

C. Schuld

I. Schuldfähigkeit (§§ 20, 21 StGB)

II. Vorsatzschuld (entfällt bei einem Erlaubnistatbestandsirrtum)

III. Unrechtsbewusstsein (entfällt bei unvermeidbarem Verbotsirrtum)

IV. Entschuldigungsgründe (z. B. §§ 33, 35 StGB)

V. Spezielle Schuldmerkmale (z. B. Böswilligkeit, § 225 Abs. 1 StGB)

D. Persönliche Strafausschließungs- oder Strafaufhebungsgründe

z. B. tätige Reue (§ 306e Abs. 2 StGB)

E. Strafzumessung

z. B. die Erfüllung von Regelbeispielen (§ 243 StGB)

F. Strafverfolgungsvoraussetzungen

z. B. Strafantragserfordernis (§§ 194, 230, 248a StGB)

II. Das versuchte vorsätzliche Begehungsdelikt

A. Vorprüfung

I. Nichtvollendung der Haupttat
II. Strafbarkeit des Versuchs

B. Tatbestand

I. Subjektiver Tatbestand (Tatentschluss)
  1. Vorsatz bzgl. aller objektiven Tatbestandsmerkmale
  2. Sonstige subjektive Tatbestandsmerkmale
II. Objektiver Tatbestand
  Unmittelbares Ansetzen zur Tatbestandsverwirklichung gemäß § 22 StGB

C. Rechtswidrigkeit

I. Nichteingreifen von Rechtfertigungsgründen
II. Bei offenen Tatbeständen gesonderte Feststellung der Rechtswidrigkeit (z. B. Verwerflichkeit i. S. d. § 240 Abs. 2 StGB)

D. Schuld

I. Schuldfähigkeit (§§ 20, 21 StGB)
II. Vorsatzschuld (entfällt bei einem Erlaubnistatbestandsirrtum)
III. Unrechtsbewusstsein (entfällt bei unvermeidbarem Verbotsirrtum)
IV. Entschuldigungsgründe (z. B. §§ 33, 35 StGB)
V. Spezielle Schuldmerkmale (z. B. Böswilligkeit, § 225 Abs. 1 StGB)

E. Persönliche Strafausschließungs- oder Strafaufhebungsgründe

z. B. Rücktritt (§ 24 StGB), tätige Reue (§ 306e Abs. 2 StGB)

F. Strafzumessung

z. B. die Erfüllung von Regelbeispielen (§ 243 StGB)

G. Strafverfolgungsvoraussetzungen

z. B. Strafantragserfordernis (§§ 230, 248a StGB)

III. Das fahrlässige Begehungsdelikt

A. Tatbestand

I. Erfolgseintritt, Tathandlung und Kausalität
II. Objektive Sorgfaltspflichtverletzung bei objektiver Vorhersehbarkeit des Erfolgseintritts
III. Objektive Zurechnung des Erfolges, insbesondere
   1. Schutzzweckzusammenhang
   2. Pflichtwidrigkeitszusammenhang
   3. Eigenverantwortlichkeitsprinzip

B. Rechtswidrigkeit

C. Schuld

I. Schuldfähigkeit (§§ 20, 21 StGB)
II. Spezielle Schuldmerkmale
III. Persönliche Vorwerfbarkeit der tatbestandlichen Handlung
   1. Subjektive Sorgfaltspflichtverletzung bei subjektiver Vorhersehbarkeit des Erfolgs
   2. Möglichkeit der Unrechtseinsicht (potentielles Unrechtsbewusstsein)
IV. Entschuldigungsgründe einschließlich Unzumutbarkeit normgemäßen Verhaltens

D. Persönliche Strafausschließungs- oder Strafaufhebungsgründe

z. B. tätige Reue (§ 306e Abs. 2 StGB)

E. Strafverfolgungsvoraussetzungen

z. B. Strafantragserfordernis (§ 230 StGB)

IV. Das vorsätzliche unechte Unterlassungsdelikt

A. Tatbestand

I. Objektiver Tatbestand
1. Vorprüfung (nur ansprechen, wenn relevant):
   - Abgrenzung zwischen Tun und Unterlassen
   - Handlungsqualität des Untätigbleibens
2. Eintritt des tatbestandsmäßigen Erfolgs
3. Nichtvornahme der objektiv erforderlichen und rechtlich gebotenen Handlung trotz physisch realer Möglichkeit
4. Quasi-Kausalität
5. Garantenstellung
6. Gleichwertigkeit des Unterlassens im Vergleich zu positivem Tun (nur bei verhaltensgebundenen Delikten)

II. Subjektiver Tatbestand
1. Vorsatz bzgl. aller objektiven Tatbestandsmerkmale
2. Sonstige subjektive Tatbestandsmerkmale

B. Rechtswidrigkeit

Besonderheit: rechtfertigende Pflichtenkollision

C. Schuld

Prüfung wie oben: vgl. Schema zum vollendeten vorsätzlichen Begehungsdelikt; Besonderheit: Unzumutbarkeit normgemäßen Verhaltens als weiterer Entschuldigungsgrund

D. Persönliche Strafausschließungs- oder Strafaufhebungsgründe

z. B. tätige Reue (§ 306e Abs. 2 StGB)

E. Strafzumessung

z. B. die Erfüllung von Regelbeispielen (§ 243 StGB)

F. Strafverfolgungsvoraussetzungen

z. B. Strafantragserfordernis (§§ 194, 230, 248a StGB)

V. Mittäterschaft

Hinweis: Eine getrennte Prüfung der Beteiligten bietet sich an, wenn die einzelnen Tatbeiträge ein sehr unterschiedliches Gewicht aufweisen und daher zweifelhaft ist, ob alle Beteiligten die Voraussetzungen des § 25 Abs. 2 StGB erfüllen. Eine gemeinsame Prüfung ist dagegen sinnvoll, wenn die gemeinsame Tatbegehung klar auf der Hand liegt.

A. Tatbestand

- I. Objektiver Tatbestand
  - 1. Besondere Tätermerkmale (z. B. Amtsträgereigenschaft)
  - 2. Bei nicht eigener Verwirklichung eines Tatbestandsmerkmals: Zurechnung nach § 25 Abs. 2 StGB
    - a) Gemeinsamer Tatplan
    - b) Gemeinsame Tatausführung
      Abgrenzung zur Teilnahme: Tatherrschaftstheorie oder subjektive Theorie
- II. Subjektiver Tatbestand
  - 1. Vorsatz bzgl. aller objektiven Tatbestandsmerkmale inklusive Tatherrschaft
  - 2. Sonstige subjektive Tatbestandsmerkmale
- III. Tatbestandsverschiebung nach § 28 Abs. 2 StGB

B. Rechtswidrigkeit

C. Schuld

zur Prüfung vgl. Schema zum vollendeten vorsätzlichen Begehungsdelikt

D. Persönliche Strafausschließungs- oder Strafaufhebungsgründe

z. B. tätige Reue (§ 306e Abs. 2), Rücktritt (§ 24 StGB)

E. Strafzumessung

z. B. die Erfüllung von Regelbeispielen (§ 243 StGB)

F. Strafverfolgungsvoraussetzungen

z. B. Strafantragserfordernis (§§ 194, 230, 248a StGB)

VI. Mittelbare Täterschaft (Hintermann)

Hinweis: Bei der mittelbaren Täterschaft muss die Strafbarkeit des Tatmittlers vor der Strafbarkeit des Hintermannes geprüft werden. Mittelbare Täterschaft kommt nur in Betracht, wenn der Tatmittler selbst nicht voll tatbestandsmäßig, nicht rechtswidrig oder nicht voll verantwortlich handelt.

A. Tatbestand

I. Objektiver Tatbestand
   1. Besondere Tätermerkmale (z. B. Amtsträgereigenschaft)
   2. Bei nicht eigenhändiger Verwirklichung eines Tatbestandsmerkmals: Zurechnung nach § 25 Abs. 1 Alt. 2 StGB
      a) Wissens- oder Willensherrschaft des Hintermannes
      b) Werkzeugeigenschaft des Tatmittlers: Defekt auf Tatbestands-, Rechtswidrigkeits- oder Schuldebene

II. Subjektiver Tatbestand
   1. Vorsatz bzgl. aller objektiven Tatbestandsmerkmale inklusive Tatherrschaft
   2. Sonstige subjektive Tatbestandsmerkmale

III. Tatbestandsverschiebung nach § 28 Abs. 2 StGB

B. Rechtswidrigkeit

C. Schuld

zur Prüfung vgl. Schema zum vollendeten vorsätzlichen Begehungsdelikt

D. Persönliche Strafausschließungs- oder Strafaufhebungsgründe

z. B. tätige Reue (§ 306e Abs. 2 StGB)

E. Strafzumessung

z. B. die Erfüllung von Regelbeispielen (§ 243 StGB)

F. Strafverfolgungsvoraussetzungen

z. B. Strafantragserfordernis (§§ 194, 230, 248a StGB)

VII. Anstiftung und Beihilfe

A. Tatbestand

I. Objektiver Tatbestand
   1. Teilnahmefähige (vorsätzliche und rechtswidrige) Haupttat
   2. Anstifter- bzw. Beihilfehandlung
      a) Anstiftung: Hervorrufen des Tatentschlusses
      b) Beihilfe: Förderungsbeitrag zur Haupttat

II. Subjektiver Tatbestand
   1. Vorsatz bzgl. der Haupttat
   2. Vorsatz bzgl. der Anstiftungs- bzw. Beihilfehandlung

III. Tatbestandsverschiebung nach § 28 Abs. 2 StGB

B. Rechtswidrigkeit

C. Schuld

Zur Prüfung vgl. Schema zum vollendeten vorsätzlichen Begehungsdelikt.

D. Persönliche Strafausschließungs- oder Strafaufhebungsgründe

z. B. tätige Reue (§ 306e Abs. 2 StGB)

E. Strafzumessung

z. B. die Erfüllung von Regelbeispielen (§ 243 StGB)

F. Strafverfolgungsvoraussetzungen

z. B. Strafantragserfordernis (§§ 194, 230, 248a StGB)

Anhang 2: Wichtige Definitionen

Angriff (§ 32 Abs. 2 StGB) ist jede unmittelbare Bedrohung rechtlich geschützter Güter oder Interessen durch menschliches Verhalten.

Arglos (§ 211 Abs. 2 Gruppe 2 Var. 1 StGB – Heimtücke) ist, wer sich zur Tatzeit keines tätlichen Angriffs auf seine körperliche Unversehrtheit oder sein Leben versieht.

Beendeter Versuch (§ 24 StGB) liegt vor, wenn der Täter nach der letzten Ausführungshandlung glaubt, alles zur Verwirklichung des Tatbestandes Notwendige getan zu haben.

Befriedigung des Geschlechtstriebes (§ 211 Abs. 2 Gruppe 1 Var. 2 StGB) liegt vor, wenn die geschlechtliche Befriedigung in der Tötung gesucht wird oder der Täter tötet, um sich anschließend an der Leiche zu vergehen.

Beschädigen (§ 303 Abs. 1 StGB) ist jede durch körperliche Einwirkung hervorgerufene, nicht nur unerhebliche Substanzverletzung oder Beeinträchtigung der bestimmungsgemäßen Brauchbarkeit der Sache.

Bestimmen (§ 26 StGB) ist das Hervorrufen des Tatentschlusses bei einer anderen Person.

Mit **dolus eventualis** (Vorsatz) handelt, wer die Möglichkeit der Tatbestandsverwirklichung erkennt und diese billigend in Kauf nimmt, sich mit ihr abfindet oder ihr gleichgültig gegenübersteht.

Eindringen (§ 123 Abs. 1 StGB) bedeutet ein Betreten gegen den Willen des Berechtigten.

Erforderlich (§ 32 Abs. 2 StGB) ist eine Verteidigungshandlung dann, wenn es kein gleich effektives milderes Mittel gibt, den Angriff zu beenden.

Fehlgeschlagen (§ 24 StGB) ist der Versuch, wenn die Tathandlung ihr Ziel nicht erreicht hat und der Täter erkennt, dass er dieses Ziel mit den ihm zur Verfügung stehenden Mitteln nicht oder nur mit wesentlicher Verzögerung erreichen kann. Fehlgeschlagen ist der Versuch auch, wenn die Zielerreichung für den Täter sinnlos geworden ist.

Freiwilligkeit (§ 24 StGB) ist bei autonomen Motiven gegeben, also wenn der Täter noch Herr seiner Entschlüsse ist und sich nicht in einer inneren oder äußeren Zwangslage befindet.

Fremd (§ 303 Abs. 1 StGB) ist eine Sache, die zumindest im Miteigentum eines anderen steht, also nicht dem Täter allein gehört oder herrenlos ist.

Geeignet (§ 32 Abs. 2 StGB) ist eine Verteidigungshandlung, die zu einer sofortigen Beendigung des Angriffs führt und eine endgültige Beseitigung der Gefahr gewährleistet.

Gefährliches Werkzeug (§ 224 Abs. 1 Nr. 2 Alt. 2 StGB) ist jeder Gegenstand, der nach seiner objektiven Beschaffenheit und der konkreten Art seiner Verwendung geeignet ist, erhebliche Körperverletzungen hervorzurufen.

Gegenwärtig

- ist ein Angriff (§ 32 Abs. 2 StGB), der unmittelbar bevorsteht, begonnen hat oder noch andauert.

– ist eine Gefahr (§ 34 StGB), wenn bei natürlicher Weiterentwicklung der Dinge der Eintritt eines Schadens sicher oder doch höchstwahrscheinlich ist, falls nicht alsbald Abwehrmaßnahmen getroffen werden.

Gemeingefährlich (§ 211 Abs. 2 Gruppe 2 Var. 3 StGB) ist ein Mittel, dessen Wirkungsweise der Täter in der konkreten Situation nicht sicher zu beherrschen vermag und das dadurch eine Gefahr für Leib oder Leben einer unbestimmten Anzahl von Personen mit sich bringt.

Gemeinschaftlich (§ 224 Abs. 1 Nr. 4 StGB) wird eine Körperverletzung begangen, wenn mindestens zwei Personen zusammenwirken und dem Verletzten unmittelbar gegenüberstehen.

Geschäftsräume (§ 123 Abs. 1 Var. 2 StGB) sind abgeschlossene Betriebs- und Verkaufsstätten, die zumindest vorübergehend gewerblichen, künstlerischen, wissenschaftlichen oder ähnlichen Zwecken dienen.

Gesundheitsschädigung (§ 223 Abs. 1 Alt. 2 StGB) ist das Hervorrufen oder Steigern eines pathologischen, d.h. vom Normalzustand negativ abweichenden, Zustandes.

Gift (§ 224 Abs. 1 Alt. 1 StGB) ist jeder organische oder anorganische Stoff, der unter bestimmten Umständen durch chemische oder chemisch-physikalische Wirkung die Gesundheit zu schädigen geeignet ist.

Grausam (§ 211 Abs. 2 Gruppe 2 Var. 2 StGB) handelt, wer dem Opfer in gefühlloser, unbarmherziger Gesinnung durch Dauer, Stärke oder Wiederholung weit über das zur Tötung erforderliche Maß hinausgehende Schmerzen oder Qualen zufügt.

Habgier (§ 211 Abs. 2 Gruppe 1 Var. 3 StGB) ist krankhaft gesteigertes Gewinnstreben um jeden Preis.

Heimtücke (§ 211 Abs. 2 Gruppe 2 Var. 1 StGB) ist das bewusste Ausnutzen der Arg- und Wehrlosigkeit des Opfers in feindlicher Willensrichtung. Nach a.A. ist zusätzlich ein besonders verwerflicher Vertrauensbruch notwendig.

Hilfeleisten (§ 27 StGB) ist jeder Tatbeitrag, der die Haupttat (physisch oder psychisch) ermöglicht oder erleichtert.

Hinterlistig (§ 224 Abs. 1 Nr. 3 StGB) ist ein Überfall, wenn der Täter seine wahre Absicht planmäßig berechnend verdeckt, um gerade dadurch dem Angegriffenen die Abwehr zu erschweren.

Kausal i.S. einer notwendigen Bedingung (conditio sine qua non) ist ein Verhalten dann, wenn es nicht hinweggedacht werden kann, ohne dass der Erfolg in seiner konkreten Gestalt entfiele.

Körperliche Misshandlung (§ 223 Abs. 1 Alt. 1 StGB) ist jede üble, unangemessene Behandlung, die das körperliche Wohlbefinden oder die körperliche Unversehrtheit mehr als nur unerheblich beeinträchtigt.

Eine **das Leben gefährdende Behandlung** (§ 224 Abs. 1 Nr. 5 StGB) ist eine (abstrakt) zur Gefährdung des Lebens des Opfers geeignete Behandlung.

Mittäterschaft (§ 25 Abs. 2 StGB) ist die gemeinsame Ausführung einer Tat aufgrund eines gemeinsamen Tatplans.

Mittelbarer Täter (§ 25 Abs. 1 Alt. 2 StGB) ist, wer die Straftat durch einen anderen als Werkzeug begeht. Das Werkzeug muss einen Strafbarkeitsdefekt aufweisen, also objektiv tatbestands-, vorsatz-, absichtslos, gerechtfertigt oder schuldlos handeln.

Mordlust (§ 211 Abs. 2 Gruppe 1 Var. 1 StGB) ist gegeben, wenn es dem Täter gerade darauf ankommt, einen Menschen sterben zu sehen, er also um des Tötens willen tötet.

Sonstige **niedrige Beweggründe** (§ 211 Abs. 2 Gruppe 1 Var. 4 StGB) sind Motive, die nach allgemeiner sittlicher Wertung auf niedrigster Stufe stehen, durch hemmungslose Eigensucht bestimmt und besonders verwerflich, ja verächtlich sind.

Objektiv sorgfaltspflichtwidrig (fahrlässig) handelt, wer trotz objektiver Vorhersehbarkeit und Vermeidbarkeit des Erfolges die im Verkehr erforderliche Sorgfalt außer Acht lässt. Es gilt ein Ex-ante-Maßstab, d.h. es wird aus der Perspektive vor Eintritt des Schadens geurteilt.

Objektiv vorhersehbar ist, was ein umsichtig handelnder Mensch aus dem Verkehrskreis des Täters unter den gegebenen Umständen aufgrund der allgemeinen Lebenserfahrung in Rechnung stellen würde. Es gilt ein Ex-ante-Maßstab.

Objektiv zurechenbar ist ein Erfolg, wenn der Täter eine rechtlich relevante Gefahr geschaffen hat, die sich im Eintritt des konkreten Erfolges realisiert hat.

Quasikausal (unechtes Unterlassungsdelikt) ist ein Verhalten, wenn es nicht hinzugedacht werden kann, ohne dass der Erfolg in seiner konkreten Gestalt mit an Sicherheit grenzender Wahrscheinlichkeit entfiele. Der Ausdruck „quasikausal" ist streng genommen nicht erforderlich, wenn sowohl im Bereich der Begehungs- wie dem der Unterlassungsdelikte der Kausalitätsprüfung die Conditio-sine-qua-non-Formel zugrunde gelegt wird.

Rechtswidrig (§ 32 Abs. 2 StGB) ist eine Tat, die mit der Rechtsordnung nicht in Einklang steht. Im Strafrecht wird Rechtswidrigkeit durch die Tatbestandsmäßigkeit eines Verhaltens indiziert. Fehlen Rechtfertigungsgründe, ist das Verhalten rechtswidrig.

Sachen (§ 242 Abs. 1, § 303 Abs. 1 StGB) sind alle körperlichen Gegenstände (entgegen § 90a BGB auch Tiere).

Tatentschluss (Versuch) umfasst den Vorsatz bzgl. aller objektiven Tatbestandsmerkmale und gegebenenfalls das Vorliegen weiterer subjektiver Merkmale.

Tatherrschaft (§ 25 StGB) ist nach der subjektiv-objektiven Theorie das vom Vorsatz getragene In-den-Händen-Halten des tatbestandsmäßigen Geschehensablaufs.

Töten (§ 212 StGB) ist die Herbeiführung des Todes.

Überfall (§ 224 Abs. 1 Nr. 3 StGB) ist jeder plötzliche, unerwartete Angriff auf einen Ahnungslosen.

Unbeendeter Versuch (§ 24 StGB) liegt vor, wenn der Täter nach Abschluss der letzten Ausführungshandlung noch nicht alles getan zu haben glaubt, was nach seiner Vorstellung von der Tat zu deren Vollendung erforderlich ist.

Unglücksfall (§ 323c Abs. 1 Var. 1 StGB) ist ein plötzlich eintretendes Ereignis, das erhebliche Gefahren für Menschen oder Sachen hervorruft.

Unmittelbares Ansetzen (§ 22 StGB) liegt vor, wenn der Täter subjektiv die Schwelle zum „Jetzt geht's los" überschritten und objektiv mit Ausführungshandlungen begonnen hat, die ohne weitere Zwischenschritte in die Erfüllung des Tatbestandes einmünden sollen.

Vermeidbar (§ 17 StGB) ist ein Verbotsirrtum dann, wenn der Täter bei gehöriger Anspannung seines Gewissens und unter Einsatz all seiner intellektuellen Kräfte das Unrecht seines Handels hätte erkennen können.

Vorsatz (§ 15 StGB) ist der Wille zur Verwirklichung eines Straftatbestandes in Kenntnis aller tatbestandsmäßigen Umstände (Kurzformel: Vorsatz ist das Wissen und Wollen der Tatbestandsverwirklichung).

Waffe (§ 224 Abs. 1 Nr. 2 Alt. 1 StGB) ist ein Gegenstand, der nach seiner Art dazu bestimmt ist, erhebliche Verletzungen von Menschen zu verursachen.

Wehrlos (§ 211 Abs. 2 Gruppe 2 Var. 1 StGB – Heimtücke) ist, wer infolge seiner Arglosigkeit zur Verteidigung außerstande oder in der Verteidigung stark eingeschränkt ist.

Wohnung (§ 123 StGB) ist eine Räumlichkeit, deren Hauptzweck darin besteht, Menschen zur ständigen Benutzung zu dienen.

Zerstören (§ 303 Abs. 1 StGB) bedeutet eine völlige Aufhebung der körperlichen Existenz oder der bestimmungsgemäßen Brauchbarkeit einer Sache.

Stichwortverzeichnis

Fette Zahlen verweisen auf die Fälle in Teil 2 des Buches, magere auf deren Randnummern.

Aberratio ictus 5 22f.; **17** 5f.
Abweichung im Kausalverlauf 5 25
Aggressivnotstand 7 17
Akzessorietät 5 19; **7** 24; **13** 19
Angriff (Notwehr) **6** 5; **14** 24
Animuslehre 14 32; **17** 27f.
Ansetzen, unmittelbares **2** 12; **4** 13; **12** 8f.; **14** 18; **15** 9f.; **17** 11
Anstiftung 5 17ff.; **13** 17ff.; **15** 43; **17** 42ff.
Atypischer Kausalverlauf 6 19
Aufbauschemata Anh. 1
Aufgabe des Tatentschlusses 15 23ff.
Aufstiftung 13 21ff.
Aussetzung 12 32

Beendeter Versuch 12 16ff.
Beihilfe 13 23, 31f.; **14** 30ff.
– psychische **13** 20
Beleidigung 14 35
Besondere persönliche Merkmale 5 19; **15** 48
Beteiligung an einer Schlägerei 14 56ff.

Conditio-sine-qua-non-Formel 4 2; **6** 17; **9** 4; **13** 34

Definitionen Anh. 2
Dolus eventualis 3 18; **4** 5; **12** 4; **16** 7
Dolus generalis 10 6f.

Einwilligung 7 15f.; **14** 7, 11f.
– mutmaßliche **7** 15
Erforderlichkeit 8 21f.; **11** 13f.
Erlaubnisirrtum 15 15f.
Erlaubnistatbestandsirrtum 7 22ff.; **11** 42; **15** 13f.; **16** 37
Error in persona 5 3; **17** 4f.
Exzess 5 23; **8** 24f.

Fahrlässige Körperverletzung 4 32ff.; **6** 22; **7** 27ff.; **10** 24ff.; **17** 18ff.
Fahrlässige Tötung 5 28ff.
Fehlgeschlagener Versuch 12 12ff.; **15** 18
Frank'sche Formel 15 21
Freiwilligkeit 12 22; **15** 21

Garantenstellung 16 32; **17** 54
Gebotenheit 2 22; **6** 6; **11** 15ff.; **14** 44
Gebotsirrtum 16 37
Gefährliche Körperverletzung 2 8ff.; **3** 4ff.; **4** 21ff.; **6** 34ff.; **11** 1ff.; **12** 24ff.; **16** 1ff.
Gefährliches Werkzeug 6 35; **10** 21; **11** 4; **13** 10; **14** 3f.
Gefahrspezifischer Zusammenhang 16 22
Gemeinschaftliche Begehung 13 12
Gesundheitsschädigung 1 10; **2** 3; **3** 5; **4** 17; **8** 8; **9** 21; **10** 14; **12** 24; **16** 3
Gift 4 22; **15** 33; **17** 15
Gutachtenstil Teil 1 12; **1** 1
Gutgläubigkeit des Tatmittlers 17 1ff.

Habgier 5 11; **15** 47
Handlung 7 7; **9** 2
Hausfriedensbruch 11 65ff.; **12** 37f.
Heimtücke 5 8ff.; **12** 6
Hemmschwelle 13 4
Hervorrufen des Tatentschlusses 13 20; **15** 45f.
Hilfeleistung, unterlassene **12** 31; **17** 56ff.
Hinterlist 3 7; **10** 16; **12** 26; **13** 11

In dubio pro reo Teil 1 27
Ingerenz 16 32
Interessenabwägung 7 21

Kausalität 9 4
Kausalverlauf
– Abweichung im ~ **5** 25
– atypischer **6** 19

Körperverletzung 1 9ff.; **2** 1ff.; **4** 16ff.
– fahrlässige **4** 32ff.; **6** 22; **7** 27ff.; **10** 24ff.; **17** 18ff.
– gefährliche **2** 8ff.; **3** 4ff.; **4** 21ff.; **6** 34ff.; **11** 1ff.; **12** 24ff.; **16** 1ff.
– schwere **14** 51 ff.
– mit Todesfolge **16** 19ff.
Konkurrenzen 3 21; **4** 36; **5** 31ff.; **6** 40; **10** 30

Lebensgefährdende Behandlung 9 22; **10** 17, 21; **11** 28; **13** 13
Lehre
– von den negativen Tatbestandsmerkmalen **7** 24
– vom Rücktrittshorizont **12** 18

Misshandlung von Schutzbefohlenen 16 11ff., 28ff.
Mittäterschaft Anh. 1, 2
Mittelbare Täterschaft 17 25ff., 36ff.
Mord 5 6ff.; **10** 1ff.; **12** 1ff.
Mordmerkmale, täterbezogene **10** 11; **15** 47
Motivirrtum 5 3
Mutmaßliche Einwilligung 7 15

Niedrige Beweggründe 5 12; **10** 11
Notstand, rechtfertigender **7** 20; **11** 35ff.; **15** 11
Notwehr 2 20ff.; **6** 4ff.; **7** 13ff.; **8** 12ff.; **11** 6ff., 31ff.; **14** 23ff., 41ff.
Notwehrüberschreitung 8 24; **11** 43
Notwehrprovokation 11 15ff., 61f.; **14** 44ff.

Omnimodo facturus 13 20f.

Pflichtwidrigkeitszusammenhang 10 27
Psychische Beihilfe 13 20
Putativnotwehr 8 24

Rechtfertigender Notstand 7 20; **11** 35ff.; **15** 11
Rechtswidrigkeit 6 4ff.; **7** 12f.; **8** 12; **11** 56
Rose-Rosahl-Problematik 5 20ff.
Rücktritt 12 11ff.; **15** 17ff.

Sachbeschädigung 3 13ff.; **6** 11ff.; **9** 9ff.; **11** 47ff., 53ff.; **12** 33f.
Schuld 7 22; **8** 24f.
Schuldtheorie
– eingeschränkte **7** 25
– strenge **7** 23
Schuldunfähigkeit 2 6
Schutzbefohlene, Misshandlung von ~ **16** 11ff., 28ff.
Schwere Körperverletzung 14 51 ff.
Sorgfaltswidrigkeit 5 30; **6** 24; **7** 28f.; **9** 5; **10** 26; **17** 20
Subsumtion Teil 1 5; **1** 2

Täterschaft, mittelbare **17** 25ff., 36ff.
Täterschaft und Teilnahme, Abgrenzung **17** 27ff.
Tatbestandsirrtum 10 22; **16** 34
Tatbestandsverschiebung (§ 28) **15** 47ff.
Tatentschluss 2 11; **3** 3; **4** 12; **7** 3f.; **14** 17; **15** 3ff., 31ff.
– Hervorrufen des ~ **13** 20; **15** 45f.
Tatherrschaft 17 28
Tatmittler, Gutgläubigkeit **17** 1ff.
Totschlag 1 1ff.; **3** 1ff; **4** 1ff.; **5** 1ff.; **6** 1ff.; **7** 1ff.; **8** 1ff.; **13** 1ff.
Tötung
– fahrlässige **5** 28ff.
– auf Verlangen **15** 12

Unbeendeter Versuch 12 16ff.
Unglücksfall 12 31; **17** 57
Unmittelbares Ansetzen 2 12; **4** 13; **12** 8f.; **14** 18; **15** 9f.; **17** 11
Unterlassene Hilfeleistung 12 31; **17** 56ff.
Unterlassungsdelikt 16 29ff., 40ff.; **17** 52ff.
Urteilsstil Teil 1 12ff.; **2** 10

Verbotsirrtum 16 37
Vermeidbarkeit 7 23; **16** 38
Versuch 2 9ff.; **3** 1ff.; **7** 1ff.; **8** 1ff.
– beendeter **12** 16ff.

– fehlgeschlagener **12** 12ff.; **15** 18
– unbeendeter **12** 16 ff.
Vorsatz 1 4; **4** 3ff.; **9** 16; **10** 5ff.; **11** 5
– dolus eventualis **3** 18; **4** 5; **12** 4; **16** 7
– dolus generalis **10** 6f.

Waffe 8 9
Werkzeug, gefährliches **6** 35; **10** 21; **11** 4; **13** 10; **14** 3f.

Züchtigungsrecht 16 8
Zumutbarkeit 16 33
Zurechenbarkeit 6 18f.; **10** 3; **13** 7ff.; **17** 3
Zwischenakte 2 12; **4** 13